Schriftenreihe

Schriften zur Arbeits-, Betriebs- und Organisationspsychologie

Band 66

ISSN 1611-2806

Verlag Dr. Kovač

Jelka Meyer

Störungen und Operational Uncertainty im Rahmen von Projektarbeit

Eine empirische Studie zum Einfluss von kontextbezogenen Faktoren auf den Zusammenhang von Aspekten des Teams, des Individuums sowie der Aufgabe auf die Leistung des Teams

Verlag Dr. Kovač

Hamburg 2013

VERLAG DR. KOVAČ GMBH
FACHVERLAG FÜR WISSENSCHAFTLICHE LITERATUR

Leverkusenstr. 13 · 22761 Hamburg · Tel. 040 - 39 88 80-0 · Fax 040 - 39 88 80-55

E-Mail info@verlagdrkovac.de · Internet www.verlagdrkovac.de

Bibliografische Information der Deutschen Nationalbibliothek
Die Deutsche Nationalbibliothek verzeichnet diese Publikation
in der Deutschen Nationalbibliografie;
detaillierte bibliografische Daten sind im Internet
über http://dnb.d-nb.de abrufbar.

ISSN: 1611-2806

ISBN: 978-3-8300-7063-4

Zugl.: Dissertation, Technische Universität Dresden, 2012 u.d.T.: „Störungen und Operational Uncertainty im Rahmen von Projektarbeit. Eine empirische Studie zum Einfluss von kontextbezogenen Faktoren auf den Zusammenhang von Aspekten des Teams, des Individuums sowie der Aufgabe auf die Leistung in Teams"

© VERLAG DR. KOVAČ GmbH, Hamburg 2013

Printed in Germany
Alle Rechte vorbehalten. Nachdruck, fotomechanische Wiedergabe, Aufnahme in Online-Dienste und Internet sowie Vervielfältigung auf Datenträgern wie CD-ROM etc. nur nach schriftlicher Zustimmung des Verlages.

Gedruckt auf holz-, chlor- und säurefreiem, alterungsbeständigem Papier. Archivbeständig nach ANSI 3948 und ISO 9706.

Inhaltsverzeichnis

ABBILDUNGSVERZEICHNIS IX
TABELLENVERZEICHNIS XI
ZUSAMMENFASSUNG XV

1 EINLEITUNG 1

2 THEORETISCHER HINTERGRUND 5

   2.1 Projekte als Rahmen für die Zusammenarbeit in Teams 6
   2.2 Grundlagen der Teamarbeit 13
      2.2.1 Modelle der Teamarbeit 16
      2.2.2 Leistung von Teams (Output) 20
      2.2.3 Komponenten der Teamarbeit (Input) 23
         2.2.3.1 Ebene des Teams 23
         2.2.3.2 Ebene des Individuums 36
         2.2.3.3 Ebene der Aufgabe 46
      2.2.4 Zusammenfassung des Zusammenhangs von Inputfaktoren und Teamleistung (Fragestellungen Block A) 50
   2.3 Grundlegende Annahmen zum Kontext von Arbeitssystemen 55
      2.3.1 Klassische Theorien der Systemgestaltung 55
         2.3.1.1 Kybernetische Ansätze 55
         2.3.1.2 Ansätze aus der Organisationstheorie 58
         2.3.1.3 Soziotechnischer Systemansatz 64
         2.3.1.4 Zusammenfassung der Theorien der Systemgestaltung ... 78
      2.3.2 Interaktion von Umwelt und System 80
         2.3.2.1 Inhaltliche Dimensionen 81
         2.3.2.2 Formale Dimensionen 83
      2.3.3 Unsicherheit als Folge von Schwankungen und Störungen ... 85
         2.3.3.1 Unsicherheit im betriebswirtschaftlichen Bereich 88
         2.3.3.2 Unsicherheit im arbeits- und organisationspsychologischen Bereich (Operational Uncertainty) 96
      2.3.4 Ableitung der Komponenten von Operational Uncertainty ... 102
      2.3.5 Zusammenfassung des Zusammenhangs von Störungen und Operational Uncertainty (Fragestellungen Block B) 106

2.4 ZUSAMMENFÜHRUNG VON THEORIEN DER TEAMARBEIT UND ANNAHMEN ZU STÖRUNGEN SOWIE UNSICHERHEIT IM RAHMEN VON PROJEKTARBEIT (FRAGESTELLUNGEN BLOCK C) 108
   2.4.1 *Ebene des Teams* 109
   2.4.2 *Ebene des Individuums* 113
   2.4.3 *Ebene der Aufgabe* 116
2.5 HYPOTHESEN 118

3 METHODEN 125

3.1 BESCHREIBUNG DER ERHEBUNG 125
3.2 BESCHREIBUNG DES UNTERSUCHUNGSFELDES UND DER STICHPROBEN 126
3.3 EINGESETZTE VERFAHREN 128
   3.3.1 *Erfassung von Störungen und Unsicherheiten (Operational Uncertainty)* 129
      3.3.1.1 Erfassung von Störungen 129
      3.3.1.2 Erfassung von Unsicherheiten (Operational Uncertainty) 134
   3.3.2 *Leistung* 137
   3.3.3 *TeamPuls®* 138
   3.3.4 *VIST-Modell* 141
   3.3.5 *Fragebogen zum Erleben von Intensität und Tätigkeitsspielraum in der Arbeit (FIT)* 142
3.4 KONTROLLE VON STÖRFAKTOREN 144
3.5 METHODEN DER DATENAUSWERTUNG 147
   3.5.1 *Umgang mit fehlenden Werten* 147
   3.5.2 *Normalverteiltheitsannahme* 148
   3.5.3 *Überprüfung der Skalengüte* 149
      3.5.3.1 Item- & Skalenanalysen 149
      3.5.3.2 Exploratorische Faktorenanalysen 151
   3.5.4 *Prüfung der Urteilerübereinstimmung mittels* $r_{WG(J)}$ 152
   3.5.5 *Multiple und moderierte Regressionsanalysen* 153
      3.5.5.1 Multiple lineare Regression 153
      3.5.5.2 Moderierte Regressionsanalysen 156

4 ERGEBNISSE 161

4.1 VORANALYSEN 161
   4.1.1 *Item- und Skalenanalyse Operational Uncertainty* 161

4.1.2 Explorative Faktorenanalyse Operational Uncertainty 162
4.1.3 Urteilsübereinstimmung mittels $r_{wg(j)}$ 163
4.2 HAUPTANALYSEN 164
4.2.1 Ergebnisse zum Zusammenhang von Inputfaktoren und Teamleistung 164
4.2.2 Ergebnisse zum Zusammenhang von Störungen und Operational Uncertainty 166
4.2.3 Ergebnisse zu den Auswirkungen von Störungen und Operational Uncertainty auf den Zusammenhang von Inputfaktoren und Teamleistung 170
4.2.4 Ergebnisüberblick 196

5 DISKUSSION 199

5.1 DISKUSSION NACH FRAGESTELLUNGEN 200
5.1.1 Zusammenhang von Inputfaktoren und Teamleistung (Fragestellungen 1 bis 3) 201
5.1.2 Zusammenhang von Störungen und Operational Uncertainty 203
5.1.3 Auswirkungen von Störungen und Operational Uncertainty 206
  5.1.3.1 Ebene des Teams (Fragestellungen 5 bis 9) 207
  5.1.3.2 Ebene des Individuums (Fragestellungen 10 bis 13) 213
  5.1.3.3 Ebene der Aufgabe (Fragestellungen 14 und 15) 216
5.2 ÜBERGREIFENDE DISKUSSION DER ERGEBNISSE 219
5.3 EINORDNUNG IN DEN FORSCHUNGSKONTEXT 222
5.4 PRAKTISCHE ANWENDUNG 225
5.5 LIMITATIONEN 230
5.5.1 Inhaltliche Limitationen 230
5.5.2 Methodische Limitationen 233
5.6 AUSBLICK 234

6 LITERATUR 239

7 ANHANG 265

ABBILDUNGSVERZEICHNIS

Abb. 2.1.: Kategorisierung von Projekten nach Boos und Heitger (1990, zit. n. Kuster et al., 2006) 8
Abb. 2.2.: Magisches Dreieck des Projektmanagements 11
Abb. 2.3.: VIE-Theorie von Vroom (nach Heckhausen, 1989) 38
Abb. 2.4.: Job demand / control model nach Karasek (1979) 47
Abb. 2.5.: Postulierte Zusammenhänge auf den Ebenen des Teams, des Individuums und der Aufgaben mit der Leistung des Teams 54
Abb. 2.6.: Das soziotechnische Gestaltungskonzept Mensch-Technik-Organisation (in Anlehnung an Ulich, 2001 und Debitz, 2005) 66
Abb. 2.7.: Autonomie, Kontrolle und Selbstregulation in der soziotechnischen Systemgestaltung (Darstellung nach Grote, 1997) 74
Abb. 2.8.: Ansatz zur Integration soziotechnischer und handlungsregulatorischer Konzepte sowie Vorstellung zum Verhältnis von System und Umwelt (Richter, 1998) 75
Abb. 2.9.: Quellen von Schwankungen und Störungen aus der Systemumwelt (vgl. Debitz, 2005) 82
Abb. 2.10.: Darstellung der Umwelt in drei Segmenten nach Lawrence und Lorsch (1969) 90
Abb. 2.11.: Unsicherheitsmessung nach Lawrence & Lorsch (1967; Auswahl) 91
Abb. 2.12.: Hierarchischer Aufbau der Kontrollkomponenten nach Troy (1981) 105
Abb. 2.13.: Symbol des postulierten Zusammenhangs zwischen Störungen und Operational Uncertainty 107
Abb. 2.14.: Zusammenfassendes Forschungsmodell 117
Abb. 3.1.: Überblick über den Verlauf der Datenerhebung 125
Abb. 3.2.: Verteilung der Alterskategorien (n=185) 127
Abb. 3.3.: Verteilung der Schulbildung (n=252) 127
Abb. 3.4.: Operationalisierung der Bewertung der Störungsquellen 133

Abb. 4.1.: Graphische Darstellung des Einflusses der Teamorganisation auf die Leistung des Teams (Einschätzung durch den Teamleiter) moderiert durch Operational Uncertainty 174

Abb. 4.2.: 3-fach Interaktion der Moderatoren Störungsindex (STI) und Operational Uncertainty (OU) mit dem Prädiktor Teamorganisation bezogen auf das Kriterium Leistung (eingeschätzt durch den Teamleiter) 175

Abb. 4.3.: 3-fach Interaktion der Moderatoren Störungsindex (STI) und Operational Uncertainty (OU) mit dem Prädiktor Engagement & Verantwortung bezogen auf das Kriterium Leistung (eingeschätzt durch den Teamleiter) 179

Abb. 4.4.: Graphische Darstellung des Einflusses von Ziel- & Leistungsorientierung auf die Leistung des Teams (Einschätzung durch den Teamleiter) moderiert durch Operational Uncertainty 182

Abb. 4.5.: 3-fach Interaktion der Moderatoren Störungsindex (STI) und Operational Uncertainty (OU) mit dem Prädiktor Valenz bezogen auf das Kriterium Leistung (eingeschätzt durch den Teamleiter) 187

Abb. 4.6.: Graphische Darstellung des Einflusses der Arbeitsintensität auf die Leistung des Teams (Einschätzung durch den Teamleiter) moderiert durch den Störungsindex 193

TABELLENVERZEICHNIS

Tab. 2.1.: Komponenten des VIST-Modells nach Hertel (2002) 40
Tab. 2.2..: Schritte der MTO-Analyse (Strohm & Ulich, 1997) 68
Tab. 2.3.: Kriterien zur Bewertung eines unabhängigen Arbeitssystems (Strohm & Ulich, 1999) 69
Tab. 2.4.: KOMPASS-Kriterien für die Analyse, Bewertung und Gestaltung von Produktionsaufgaben in soziotechnischen Systemen (Grote, 1997) 71
Tab. 2.5.: Kriterien zur Kontrollierbarkeit von Arbeitssystemen (Grote, 1997) 73
Tab. 2.6.: Hauptdimensionen der Umwelt (Child, 1972; Dess & Beard, 1984) 84
Tab. 2.7.: Überblick über Definitionen von Uncertainty (z. T. angelehnt an Gerloff, Muir & Bodensteiner, 2001) 103
Tab. 3.1.: Überblick über die in den Diplomarbeiten eingesetzten Verfahren 127
Tab. 3.2.: Beschreibung der inhaltlichen Dimensionen 130
Tab. 3.3.: Beschreibung der Koeffizienten zur Item- & Skalenanalyse .. 150
Tab. 4.1.: Item- und Skalenanalyse von Operational Uncertainty und Unsicherheit 162
Tab. 4.2.: Explorative Faktorenanalyse von Operational Uncertainty und Unsicherheit 163
Tab. 4.3.: Vorhersage der Leistung (TL) auf der Ebene des Teams 165
Tab. 4.4.: Vorhersage der Leistung (TL) auf der Ebene des Individuums 166
Tab. 4.5.: Vorhersage der Leistung (TL) auf der Ebene der Aufgabe 166
Tab. 4.6.: Ausprägung der Störungen aufgeschlüsselt nach Störungsquellen 167
Tab. 4.7.: Ausprägung der Operational Uncertainty aufgeschlüsselt nach Störungsquellen 169
Tab. 4.8.: Moderation des Zusammenhangs von Kommunikation und Leistung (TL) durch den Störungsindex 171
Tab. 4.9.: Moderation des Zusammenhangs von Kommunikation und Leistung (TL) durch Operational Uncertainty 171

Tab. 4.10.: Moderation des Zusammenhangs von Kommunikation (K) und Leistung (TL) durch den Störungsindex (STI) und Operational Uncertainty (OU) 172

Tab. 4.11.: Moderation des Zusammenhangs von Teamorganisation (TO) und Leistung (TL) durch den Störungsindex (STI) 173

Tab. 4.12. Moderation des Zusammenhangs von Teamorganisation (TO) und Leistung (TL) durch Operational Uncertainty (OU) 173

Tab. 4.13.: Simple Slopes für die Vorhersage der Leistung (TL) durch die Teamorganisation unter der Bedingung niedrige / hohe Operational Uncertainty 174

Tab. 4.14.: Moderation des Zusammenhangs von Teamorganisation (TO) und Leistung (TL) durch den Störungsindex (STI) und Operational Uncertainty (OU) 175

Tab. 4.15.: Simple Slopes und Slope Differences Test für die Vorhersage der Leistung (TL) durch die Teamorganisation unter Variation der Bedingungen niedriger / hoher Störungsindex und niedrige / hohe Operational Uncertainty 176

Tab. 4.16.: Moderation des Zusammenhangs von Engagement & Verantwortung (EV) und Leistung (TL) durch den Störungsindex (STI) 177

Tab. 4.17.: Moderation des Zusammenhangs von Engagement & Verantwortung (EV) und Leistung (TL) durch Operational Uncertainty (OU) 178

Tab. 4.18.: Moderation des Zusammenhangs von Engagement & Verantwortung (EV) und Leistung (TL) durch den Störungsindex (STI) und Operational Uncertainty (OU) 179

Tab. 4.19.: Simple Slopes und Slope Differences Test für die Vorhersage der Leistung (TL) durch Engagement & Verantwortung unter Variation der Bedingungen niedriger / hoher Störungsindex und niedrige / hohe Operational Uncertainty 180

Tab. 4.20.: Moderation des Zusammenhangs von Ziel- & Leistungsorientierung (ZL) und Leistung (TL) durch den Störungsindex (STI) 181

Tab. 4.21.: Moderation des Zusammenhangs von Ziel- & Leistungsorientierung (ZL) und Leistung (TL) durch Operational Unceratainty (OU) 182

Tab. 4.22.: Simple Slopes für die Vorhersage der Leistung (TL) durch die Ziel- & Leistungsorientierung unter der Bedingung niedrige / hohe Operational Uncertainty 183

Tab. 4.23.: Moderatoren: Störungsindex (STI), Operational Uncertainty (OU), Ziel- & Leistungsorientierung (ZL), Leistung (TL) 183

Tab. 4.24.: Moderation des Zusammenhangs von Führung (F) und Leistung (TL) durch den Störungsindex (STI) 184

Tab. 4.25.: Moderation des Zusammenhangs von Führung (F) und Leistung (TL) durch Operational Uncertainty (OU) 184

Tab. 4.26.: Moderation des Zusammenhangs von Führung (F) und Leistung (TL) durch den Störungsindex (STI) und Operational Uncertainty (OU) 184

Tab. 4.27.: Moderation des Zusammenhangs von Valenz (V) und Leistung (TL) durch den Störungsindex (STI) 185

Tab. 4.28.: Moderation des Zusammenhangs von Valenz (V) und Leistung (TL) durch Operational Uncertainty (OU) 186

Tab. 4.29.: Moderation des Zusammenhangs von Valenz (V) und Leistung (TL) durch den Störungsindex (STI) und Operational Uncertainty (OU) 186

Tab. 4.30.: Simple Slopes und Slope Differences Test für die Vorhersage der Leistung (TL) durch die Valenz unter Variation der Bedingungen niedriger / hoher Störungsindex und niedrige / hohe Operational Uncertainty 188

Tab. 4.31.: Moderation des Zusammenhangs von Instrumentalität (I) und Leistung (TL) durch den Störungsindex (STI) 189

Tab. 4.32.: Moderation des Zusammenhangs von Instrumentalität (I) und Leistung (TL) durch Operational Uncertainty (OU) 189

Tab. 4.33.: Moderation des Zusammenhangs von Instrumentalität (I) und Leistung (TL) durch den Störungsindex (STI) und Operational Uncertainty (OU) 190

Tab. 4.34.: Moderation des Zusammenhangs von Selbstwirksamkeitserwartung (S) und Leistung (TL) durch den Störungsindex (STI) 190

Tab. 4.35.: Moderation des Zusammenhangs von Selbstwirksamkeitserwartung (S) und Leistung (TL) durch Operational Uncertainty (OU) 190
Tab. 4.36.: Moderation des Zusammenhangs von Selbstwirksamkeitserwartung (S) und Leistung (TL) durch den Störungsindex (STI) und Operational Unceratainty (OU) 191
Tab. 4.37.: Moderation des Zusammenhangs von Vertrauen (Vert) und Leistung (TL) durch den Störungsindex (STI) 192
Tab. 4.38.: Moderation des Zusammenhangs von Vertrauen (Vert) und Leistung (TL) durch Operational Uncertainty (OU) 192
Tab. 4.39.: Moderation des Zusammenhangs von Vertrauen (Vert) und Leistung (TL) durch den Störungsindex (STI) und Operational Uncertainty (OU) 192
Tab. 4.40.: Moderation des Zusammenhangs von Arbeitsintensität (Ai) und Leistung (TL) durch den Störungsindex (STI) 193
Tab. 4.41.: Simple Slopes für die Vorhersage der Leistung (TL) durch die Arbeitsintensität unter der Bedingung niedriger / hoher Störungsindex 194
Tab. 4.42.: Moderation des Zusammenhangs von Arbeitsintensität (Ai) und Leistung (TL) durch Operational Uncertainty (OU) 194
Tab. 4.43.: Moderation des Zusammenhangs von Arbeitsintensität (Ai) und Leistung (TL) durch den Störungsindex (STI) und Operational Uncertainty (OU) 195
Tab. 4.44.: Moderation des Zusammenhangs von Tätigkeitsspielraum (Tsp) und Leistung (TL) durch den Störungsindex (STI) 195
Tab. 4.45.: Moderation des Zusammenhangs von Tätigkeitsspielraum (Tsp) und Leistung (TL) durch Operational Uncertainty (OU) 196
Tab. 4.46.: Moderation des Zusammenhangs von Tätigkeitsspielraum (Tsp) und Leistung (TL) durch den Störungsindex (STI) und Operational Uncertainty (OU) 196
Tab. 4.47.: Ergebnissüberblick 197
Tab. 5.1: Risikokategorien in Projekten nach Litke (1995) 226

ZUSAMMENFASSUNG

Das Auftreten von Störungen und daraus folgende Unsicherheiten gilt als charakteristisch für Projektarbeit, die sich insbesondere durch neuartige Zielstellungen in Verbindung mit zeitlichen, finanziellen und personellen Begrenzungen auszeichnet (DIN 69901, zit. n. Schelle, 1998). Den Umgang mit diesen immer komplexer und turbulenter werdenden Arbeitsbedingungen erleichtern teambasierte Arbeitsstrukturen (Grote, 1997), welche nach Kozlowski und Bell (2003) nicht allein für die Gruppe, sondern zusätzlich auf unterschiedlichen Ebenen (Team, Individuum und Aufgabe) sowie unter Berücksichtigung des Kontexts zu betrachten sind. Auf den Ebenen sind Input-Faktoren wie z. B. Teamorganisation (Team: TeamPuls®; Wiedemann, v. Watzdorf & Richter, 2004), Selbstwirksamkeitserwartung (Individuum: VIST-Modell; Hertel, 2002) und Tätigkeitsspielraum (Aufgabe: FIT; Richter, 2010) verankert, während Störungen und Unsicherheiten (Operational Uncertainty; Wall, Cordery & Clegg, 2002) Kontextbedingungen und ihre Auswirkungen als Moderatoren symbolisieren. Letztere gilt es für den Bereich der Projektarbeit zu operationalisieren. Qualität, Quantität, Zeit und Kosten als ökonomische Output-Faktoren (Tannenbaum, Beard & Salas, 1992) vervollständigen das Forschungsmodell. Zusammenfassend besteht die Frage: Welche Aspekte der Zusammenarbeit führen trotz störungsintensiven und unsicheren Kontextbedingungen zu einer hohen Teamleistung?

Der Arbeit liegt eine Gelegenheitsstichprobe von 51 Teams (268 Mitarbeiter) aus dem wirtschaftlichen Bereich zu Grunde. Die Analysen basieren auf multiplen linearen und moderierten Regressionsanalysen.

Positiv hervorzuheben ist die gelungene Übertragung von Operational Uncertainty in den Kontext der Projektarbeit. Jedoch kann der postulierte Zusammenhang von Störungen und Operational Uncertainty nicht nachgewiesen werden. Weitergehend erhält die Relevanz der

Teamstrukturen in der Projektarbeit besondere Bekräftigung: Es zeigt sich für die Teamorganisation eine deutliche Relevanz für die gemeinsame Leistung unter unsicheren Bedingungen sowie in Verbindung eines starken Störungsaufkommens mit hoher Operational Uncertainty. Besteht im Team vor allen Dingen eine hohe Verunsicherung, so kann durch eine starke Ziel- & Leistungsorientierung im Team die Leistung wieder an das hohe Niveau einer ruhigen Arbeitssituation herangeführt werden. Sind beide Moderatoren hoch ausgeprägt, tragen Engagement & Verantwortung im Team sowie die Bedeutung des Gruppenzieles für den Einzelnen (Valenz, Ebene des Individuums) zu einer hohen Teamleistung bei. So entsteht unter der Berücksichtigung des moderierenden Einflusses von Störungen und Unsicherheiten ein wesentlicher Zuwachs an Varianzaufklärung für die Leistungsprädiktion, welche über die bloße Berücksichtigung von Team-, Individual- und Aufgabenmerkmalen hinausgeht.

1 Einleitung

"Wenn Sie nicht in einem „Projekt" arbeiten, haben Sie wahrscheinlich einen undankbaren, langweiligen und sich ständig wiederholenden Job. Sie arbeiten dann wie eine Ameise, die unaufhörlich Krümel zu ihrem Nest schleppt. Wenn Sie dagegen in einem Projekt arbeiten, sieht das Leben gleich ganz anders aus. Sie sind natürlich immer noch eine Krümel schleppende Ameise, aber zwischen Ihnen und dem Ameisenhügel findet ein russisches Hocktanz-Festival statt."

Scott Adams, Das Dilbert Prinzip

So oder ähnlich wie der Cartoonist Scott Adams mögen Mitarbeiter ihre Tätigkeit in Projekten empfinden. Tatsächlich wurden in den letzten Jahren die Arbeitstätigkeiten immer umfangreicher und komplexer, galt es doch insb. in Projekten schwierige Aufgaben in immer kürzerer Zeit und mit einem im Vorwege vereinbarten Budget zu realisieren (vgl. Kirchler, 2005; Parker, Wall & Cordery, 2001). Deutlich macht das Zitat Adams auch, wie schnell „etwas dazwischen kommen kann", was den Verlauf des Arbeitsprozesses erschwert oder gar unmöglich macht. Als Ursache dafür können Störungen innerhalb des Unternehmens (z. B. Ausfälle in der Produktion, mangelnde Qualifikation des Personals), aber auch außerhalb (z. B. Veränderungen des Marktes in Form von verringerter Nachfrage, neuen Konkurrenten, Rohstoffengpässen oder Veränderungen am Finanzmarkt) genannt werden (vgl. Daft, 1995). Diese Dissertation widmet sich daher der Optimierung der Zusammenarbeit und Leistung in Projektteams auch unter unsicheren Gegebenheiten. Zusätzlich zur Projektarbeit werden zur Erhaltung und Verbesserung der Wettbewerbsfähigkeit von Organisationen immer neue Managementformen wie das Lean Management, die Lernende Organisation, modulare und virtuelle Fabriken, Kaizen oder Total Quality Management entwickelt. Gemeinsam ist allen Konzepten

- die vermehrte Einführung von Teams,
- die Dezentralisierung durch Schaffung von kleinen und flexiblen Organisationseinheiten, die näher am Markt und an den Kunden agieren können sowie
- die Hierarchieabflachung im Sinne der Reduzierung von Führungsebenen

(Kauffeld, 2001). Ebenso sehen West, Hirst, Richter und Shipton (2004) die Einführung von innovativer Teamarbeit als eine vielversprechende Möglichkeit für Unternehmen flexibler auf die immer komplexer und turbulenter werdenden Arbeitsbedingungen einzugehen, um den sich permanent verändernden Anforderungen des Marktes, der Kunden, der Technologie u. v. m. gerecht zu werden. Auch wenn Störungen und Unsicherheiten nicht vollständig vermieden werden können, so bieten teambasierte Arbeitsstrukturen vielerlei Wege, um mit ihnen umzugehen (Grote, 1997). Dementsprechend gelten Teams in dem durch eine hohe Dynamik und Unsicherheit geprägten Bereich der Projektarbeit als „Geheimwaffe" für ein erfolgreiches Abschließen der Aufgabe (Deutsche Gesellschaft für Projektmanagement (http://www.gpm-ipma.de/docs/010 01 [19.09.2008]).

Trotz der Einigkeit in Forschungsliteratur und Praxis über die Relevanz von Teamarbeit unter Störungs- und Unsicherheitseinfluss bestehen nur wenige konkrete Ansätze für eine Analyse. Eine Ausnahme bietet die Forschergruppe um Toby Wall (Wall, Cordery & Clegg, 2002; Cordery, Morrision, Wright & Wall; 2010), welche sich mit dem Konzept der Operational Uncertainty (in neueren Veröffentlichungen Task Uncertainty) befasst. Diese Art der Unsicherheit entsteht als Folge von Einflüssen aus der Umwelt auf das Arbeitssystems. Die Übertragung dieses Konzepts in den Bereich der Projektarbeit stellt einen zentralen Punkt in der vorliegenden Dissertation dar. Der zweite Schwerpunkt der

Arbeit ist in der Beobachtung begründet, dass trotz massiv erschwerender Umstände Projekte durchaus zum Erfolg geführt werden können. Hinweise zu leistungsrelevanten Faktoren finden sich in der Gruppenforschung (für einen Überblick: Wegge, 2004), die jedoch die Bedeutung von Einflüssen aus dem Kontext weitestgehend nicht berücksichtigt (Kozlowski & Bell, 2003). Im Rahmen dieser Dissertation soll eine Einbeziehung von Kontextfaktoren in Form von Störungen und Operational Uncertainty in klassische Wirk-modelle erfolgen. Auch wird einer Forderung von Kozlowski und Bell (2003) nach unterschiedlichen Betrachtungsebenen durch Analysen auf den Ebenen des Teams, des Individuums und der Aufgabe Rechnung getragen. Aufbauend auf diesen Annahmen besteht die zentrale Forschungsfrage:

Welche Aspekte der Zusammenarbeit in Teams ermöglichen insbesondere unter störungsintensiven und unsicheren Kontextbedingungen eine hohe Leistung?

Um einen möglichst detaillierten Einblick in die Bedingungen und Wirkweisen zu erhalten, werden Störungen und Operational Uncertainty getrennt und gemeinsam hinsichtlich ihrer moderierenden Wirkung analysiert.

Gemäß dieser zentralen Forschungsfrage erfolgt der Aufbau der vorliegenden Dissertation: Im Bereich des **theoretischen Hintergrundes (Kapitel 2)** sollen zunächst die Grundlagen der Projektarbeit sowie der Teamarbeit als Basis für das gewählte Forschungsmodell vorgestellt werden. Eine Konzentration erfolgt dabei auf allgemeine Teammodelle und ihre Übertragung in den Bereich der Projektarbeit. Nachfolgend werden leistungs-relevante Faktoren auf den Ebenen des Teams, des Individuums und der Aufgabe vorgestellt und in das Forschungsmodell integriert. Als grundlegend für das Verständnis des Zusammenspiels zwischen Umwelt und System bzw. zwischen den umgebenden Organisationseinheiten, Zulieferern, Kunden etc. und dem Projektteam gelten die Annahmen zum Kontext von Arbeitssystemen. Hierauf aufbauend werden Ansätze zur Art, Messung sowie zum Zusammenwirken von

Störungen und Unsicherheiten vorgestellt, welche in der Operationlisierung des Konstrukts Operational Uncertainty für den Bereich der Projektarbeit münden. Eine abschließende Integration der Annahmen zu Projekten, Teamarbeit, Systemgestaltung sowie zu Störungen und Unsicherheiten leitet über zu den 15 Fragestellungen und untersetzenden Hypothesen. Die **Methoden** der vorliegenden Dissertation werden in **Kapitel 3** vorgestellt. Es erfolgt eine Beschreibung des Untersuchungsfeldes, des zeitlichen Vorgehens, der Stichproben sowie der verwendeten Verfahren. Neben zu berücksichtigenden Störfaktoren werden die Methoden der Datenauswertung vorgestellt. In **Kapitel 4** befindet sich eine detaillierte Darstellung der gewonnenen **Ergebnisse**. Hierbei werden zunächst die Vor-analysen zur Übertragung der Operational Uncertainty in den Bereich der Projektarbeit berichtet. Die Präsentation der Ergebnisse im Rahmen der Hauptanalysen geschieht in drei Blöcken: Der erste Block beinhaltet eine Überprüfung des allgemeinen Wirkmodells der Teamarbeit getrennt nach den Ebenen des Teams, des Individuums und der Aufgabe. Der Zusammenhang zwischen Störungen und Unsicherheiten ist im zweiten Block verankert. Block drei beinhaltet ebenfalls strukturiert nach den Ebenen sowie den ausgewählten Faktoren die Überprüfung des moderierenden Einflusses von Störungen und Operational Uncertainty. Eine abschließende **Diskussion** der Ergebnisse erfolgt in **Kapitel 5**. Des Weiteren werden Limitationen angemerkt und ein Ausblick auf nachfolgende Forschungstätigkeiten gegeben. Die Arbeit schließt mit einer Zusammenfassung des gesamten Inhaltes.

2 THEORETISCHER HINTERGRUND

Die allgemeinen Kennzeichen eines Projektes sowie die daraus entstehenden An-forderungen an die Mitarbeiter bilden den Rahmen für die Betrachtungen der vorliegenden Dissertation und werden daher zu Beginn in Kapitel 2.1 genauer erläutert. Grundlage des Erfolgs von Projekten ist die Zusammenarbeit der einzelnen Mitarbeiter zusammengefasst in Teams, die sich in den letzten 20 bis 30 Jahren als zentrale Arbeitsform in den Unternehmen etabliert haben (Antoni, 1995; Guzzo, 1996; Robbins, 2001). Kapitel 2.2 beginnt mit einem Überblick über Definitionen, Modelle (Kap. 2.2.1) und Leistungsmerkmale (Kap. 2.2.2) der Zusammenarbeit in Teams. Eine in der Literatur verbreitete Wahrnehmung der Team-mitglieder als ganz und gar gleichartig entspricht nicht der Realität. Daher soll der Forderung von Kozlowski und Bell (2003) nachgegangen werden, Anforderungen an die Teammitglieder auf den Ebenen des Teams (Kap. 2.2.3.1) und des Individuums (Kap. 2.2.3.2) gleichermaßen zu betrachten. Die Wahrnehmung der Aufgabe (Kap. 2.2.3.3), die das entscheidende Merkmal für die Entstehung des (Projekt-) Teams darstellt, soll ebenfalls erfasst werden. Das letzte Drittel des Theoretischen Hintergrundes widmet sich Störungen und Unsicherheiten im organisationalen Kontext, welche den Bereich der Projektarbeit charakterisieren. Grundlegend für die beiden Komponenten sind die Annahmen und praktischen Anwendungsmöglichkeiten der Systemgestaltung, welche ab Kapitel 2.3 erläutert werden. Als Brücke zwischen der eher konkreten bzw. direkten Gestaltung der Zusammenarbeit und den eher vage bestimmbaren bzw. indirekten Einflüssen aus dem Kontext des Teams fungiert die Operational Uncertainty (betriebliche bzw. betriebsbedingte Unsicherheit, Wall, Cordery & Clegg, 2002), deren Grundlagen und angrenzende Forschungsansätze im Kap. 2.3.3.2 vorgestellt werden sollen. Der Theoretische Hintergrund schließt mit einer Zusammenfassung der aufgeführten Konzepte, der Ableitung des

Forschungsmodells (Kap. 2.4) und den damit verbundenen Hypothesen (Kap. 2.5).

2.1 Projekte als Rahmen für die Zusammenarbeit in Teams

Immer mehr Vorhaben, insb. solche, die eine Innovation zum Ziel haben, werden heute in Unternehmen als Projekt bezeichnet. Nach DIN 69901 (zit. n. Schelle, 1998) ist ein Projekt *„ein Vorhaben, das im Wesentlichen durch die Einmaligkeit der Bedingung in ihrer Gesamtheit gekennzeichnet ist, wie z. B. Zielvorgabe, zeitliche, finanzielle, personelle und andere Begrenzungen, Abgrenzungen gegenüber anderen Vorhaben und einer projektspezifischen Organisation"* (zit. in Schelle, 1998, S. 27). Projektarbeit findet sich vor allem in mittelständischen und großen Unternehmen, um das unternehmerische Risiko, z. B. Kosten für Informationstechnik, gering zu halten und bereichsübergreifende Zusammenarbeit zu organisieren. Die Ziele von Projekten variieren von der Entwicklung neuer Produkte, über die Planung, den Bau und die Inbetriebnahme von Anlagen, der Konstruktion von Maschinen bis hin zur Ein-führung neuer Informationssysteme oder ganzen Organisationsveränderungen. Ebenso kann die innerbetriebliche Projektorganisation unterschiedliche Erscheinungsformen annehmen (nach Kauffeld, 2001; Litke, 1995):

1. Reine Projektorganisation (z. B. zur Entwicklung einer neuen Produktlinie): Die Mitarbeiter sind zur Bearbeitung des Projektes von ihren ursprünglichen Tätigkeiten freigestellt, der Projektleiter ist allein weisungsbefugt.
2. Stabsprojektorganisation (z. B. Abwicklung großer Kundenaufträge, Produktentwicklung): Die Zuordnung der Mitarbeiter bleibt im Wesentlichen bestehen, lediglich ein Projektleiter wird als Stabsstelle hinzugefügt. Dieser besitzt keine Weisungsbefugnis, sondern koordiniert das Projekt in sachlicher, terminlicher und kostenmäßiger Hinsicht.
3. Matrix-Projektorganisation (z. B. Produktentwicklung): Es erfolgt eine Kompetenz-aufteilung in ein funktionales und ein projektori-

entiertes Leitungssystem. Die Projektmitarbeiter verbleiben in ihren Abteilungen und damit im Tagesgeschäft. Die Weisungsbefugnis wird allerdings projektbezogen zwischen Projekt- und Abteilungsleiter aufgeteilt.

Da sich in den vergangenen Jahren immer mehr Unternehmen besonders in der Beratungs- und Softwarebranche gebildet haben, die ausschließlich projektbezogen arbeiten, gilt es auch folgende Variation zu beachten:

4. Projektorientierte Zusammenarbeit: Die Projektarbeit stellt die reguläre Arbeitsform dar. Die Mitarbeiter müssen sich nach abgeschlossenen Aufträgen wieder auf neue Aufgaben und Führungskräfte einstellen.

Die genannten Formen lassen sich aufgrund immer neuer Unternehmensstrukturen und der Einbeziehung von weiteren Organisationen, Kunden oder Institutionen (z. B. Behörden) weiter ergänzen. Zudem kann die Unterscheidung in interne (innerhalb des Unternehmens) und externe Projekte (als Auftrag eines Kunden) getroffen werden (vgl. Kuster, Huber, Lippmann, Schmid, Schneider, Witschi & Wüst, 2006). Interne Projekte lassen sich als Veränderungen am eigenen System betrachten und können massiven Widerstand bei Mitarbeitern und Führungskräften hervorrufen, da sie verschiedenste Interessen berühren und i. d. R. zu einer Verschiebung der Machtverhältnisse führen. Externe Projekte dagegen unterliegen den Vorstellungen und Wünschen des Auftraggebers bzw. des Kunden, die sich in der Regel an der Produktpalette des Unternehmens orientieren (z. B. Einführung von SAP durch das gleichnamige Unternehmen).

Abbildung 2.1. zeigt eine mögliche Kategorisierung von Projekten (Boos & Heitger, 1990, zit. n. Kuster et al., 2006; siehe auch Litke, 1995), in der zwischen dem Ausmaß der sozialen Komplexität und der Neuartigkeit der Aufgabenstellung unterschieden wird.

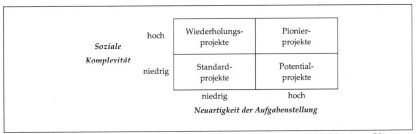

Abb. 2.1.: Kategorisierung von Projekten nach Boos und Heitger (1990, zit. n. Kuster et al., 2006)

Eine geringe Ausprägung der beiden Merkmale Neuartigkeit und Komplexität zeichnen Standardprojekte aus, wie z. B. Kundenprojekte, in denen Softwarebausteine an die Bedürfnisse des Kunden angepasst werden. Wiederholungsprojekte (oder auch Akzeptanzprojekte) sind gekennzeichnet durch einen ebenso hohen Bekanntheitsgrad, finden jedoch unter wesentlich komplexeren Umweltbedingungen statt, z. B. Straßenbauprojekte. Eine hohe Neuartigkeit der Aufgabenstellung verbunden mit einer geringen sozialen Komplexität charakterisiert Potenzialprojekte. So ist z. B. beim Prototypenbau oder anderen Vorprojekten mit wenig Widerstand zu rechnen. Pionierprojekte stellen oftmals folgenreiche Eingriffe in Organisationen dar, übergreifen mehrere Bereiche und sind vom Aufgabenumfang schwer abzuschätzen, z. B. Fusionen. Projekte aus dem Bereich der Forschung und Entwicklung sind mehrheitlich aufgrund der hohen Komplexität und Neuartigkeit der Aufgabenstellung dem Bereich der Pionierprojekte zuzuordnen, während Software-Projekte sich auf der Achse zwischen Standard- und Pionierprojekten bewegen. Diese Kategorisierung kann die Auswahl der Projektorganisation (z. B. Matrixorganisation) erleichtern, aber auch Hinweise auf die zu erwartende Dynamik zwischen Projekt und Umwelt geben. Insbesondere bei Projekten mit hoher sozialer Komplexität empfiehlt es sich, die Kennzahlen z. B. Zeitdauer des Projektes für den besten (minimaler Zeitaufwand) und schlechtesten Fall (maximaler

Zeitaufwand) zu berechnen, um so zu einer annähernd realistischen Schätzung zu gelangen (vgl. Kuster et al., 2006).

Als Grundlage für die Durchführung eines Projektes gilt das Projektmanagement, welches sich in Art und Ausmaß an den Vorgaben des Unternehmens resp. des Auftraggebers, der Größe und Komplexität des Projektes sowie an dem in der Branche üblichen Vorgehen orientiert. Einen Überblick über verschiedene Vorgehensweisen und Zertifizierungen bieten die Dachverbände Project Management Institute (PMI) und International Project Management Association (IPMA) sowie deren Vertreter auf Länderebene (z. B. Deutsche Gesellschaft für Projektmanagement e.V. (GPM) als Vertretung der IMPA). In der vorliegenden Dissertation wurden vornehmlich Softwareentwicklungsprojekte betrachtet. Als beispielhaftes Vorgehen für diesen Bereich kann das traditionelle Wasserfallmodell genannt werden, welches sich aufgrund der Linearität insb. für Projekte mit festen Anforderungen, Leistungen und Abläufen eignet. Der Arbeitsprozess umfasst sechs Schritte:

1. Planung (Projektplan, Projektkalkulation und Lastenheft)
2. Definition (Produktmodell, Pflichtenhefts, graphische Benutzeroberfläche und ggf. Benutzerhandbuch)
3. Entwurf (Spezifikation, Konstruktution, Dokumentation)
4. Implementierung
5. Testung
6. Einsatz und Wartung

Hierin wird der Umfang der zu beachtenden Aspekte deutlich. Insbesondere die Planung und Steuerung von Projektphasen und Zeitplänen, welche dem Projektleiter obliegt, trägt maßgeblich zum Erfolg eines Projektes bei. In dieser Planung sind Aktivitäten, Meilensteine und die damit verbundenen Ergebnisse je Projektphase. Je nach Projektart können darin auch Zuarbeiten, Mitarbeiterqualifikationen oder Werkzeuge notiert sein (Schelle, 1998). Insgesamt dienen sie der Überwachung des Projektfortschritts sowie ggf. als mögliche Grundlage für Interventionen. Neben den formellen Kennzeichen eines Projektes, der innerbetriebliche Projektorganisation, möglichen Kategorisierungen und Managementvorgehen weisen von Rosenstiel, Braumandl und Wastian (2009, S. 12) auf informelle Kennzeichen eines Projektes hin:

- *„Umgang mit Widerstand und Ängsten bei sich selbst und bei anderen Personen, die durch Veränderungen im Rahmen von Projekten und als Folge von Projekten auftreten können*
- *Arbeit unter extremen Zeit-, Termin- und Kostendruck*
- *Unsicherheit und Umgang mit nicht planbaren „Zwischenfällen" und Veränderungen*
- *Umgang mit Risiko-, Konflikt- und Krisensituationen*
- *Abhängigkeit von anderen beteiligten oder betroffenen Personengruppen*
- *Begrenzte Handlungs- und Entscheidungsspielräume*
- *Dilemmasituation des Projektleiters durch begrenzten Zugriff auf personelle und Wissensressourcen*
- *Berücksichtigung von und angemessenes Verhalten gegenüber projektinternen und –externen Personengruppen*
- *Begrenzter Zugriff des Projektleiters auf strategisch wichtige Informationen und Strukturen*
- *Umgang mit der (finanziellen) Alleinverantwortlichkeit für die Ergebnisse"*

Als eine der größten Herausforderungen aus dieser Liste gilt die Abstimmung der interdependenten Messgrößen Leistung / Qualität (auch: Projektziel), Termine / Zeit (Beginn und Ende des Projektes, ggf. Meilensteine) und Kosten (für Arbeitsleistung und anderer Ressourcen). Sie bilden die Eckpunkte des „Magischen Dreiecks" des Projektmanagements (u. a. Schelle, 1998, Abb. 2.2.), welches als wichtigste Metapher für die Herausforderungen der Projektarbeit gilt. Das Dreieck verdeutlicht das Konfliktpotential in Projekten: Soll z. B. mit einer besonderen Leistung innerhalb kürzester Zeit aufgewartet werden, so ist ggf. mit höheren Kosten für mehr Personal oder eine schnellere Logistik zu rechnen. Neues Personal erfordert i. d. R. zusätzlich eine gewisse Einarbeitungszeit, sodass auch hier wieder das Ausmaß der Kosten und der Qualität in Frage gestellt wird usw. Es gilt demnach, immer wieder eine ausreichende oder gar optimale Balance der drei Eckpunkte zu finden.

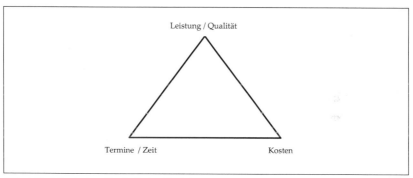

Abb. 2.2.: Magisches Dreieck des Projektmanagements

Die Balance dieser Messgrößen zu erhalten, ist vornehmlich Aufgabe der Projektleiter. Sie sind aufgefordert, Organisation, Planung, Überwachung und Steuerung eines Projektes zu gestalten. Damit kann Projektmanagement auch als Führungskonzept verstanden werden (Litke, 1995). Wegge und Schmidt (2009) fassen die aus arbeitspsychologischer Sicht wichtigsten Anforderungen an die Projektleiter in fünf Punkten zusammen:

1. Umgang mit unklaren (Teil-) Zielen, da auch Pflichtenhefte oftmals nicht alle Anforderungen darstellen
2. Berücksichtigung des starken Zeit- und Kostendrucks
3. Unterstützung der Zusammenarbeit von Personen, die sich noch nicht kennen (Teambuilding)
4. heterogene Projektgruppenzusammensetzung (Zusammenführung des Wissens und der Vorgehensweisen)

5. ggf. keine disziplinarische Führungsverantwortung gegenüber Projektmitgliedern

Ähnliches gilt für die Projektmitglieder. Für sie bedeutet die Abeit in Projekten nicht nur ein rasches Zusammenfinden zu einem funktionsfähigen Team, sondern ebenso eine hohe Arbeitslast unter immensen Zeit- und Erfolgsdruck zu bewältigen (Kauffeld, Grote & Lehmann-Willenbrock, 2009). Neuartigkeit und Komplexität der Aufgaben erfordern zusätzliches Engagement. Weitergehend müssen sich die Projektmitglieder aus unterschiedlichen Abteilungen, Diziplinen oder gar Unternehmen über die in dem betreffenden Projekt vorherrschenden Prioritäten (Kauffeld et al., 2009) und Informationswege (Brodbeck & Guillaume, 2009) verständigen.

Neben den „alltäglichen" Herausforderungen sehen sich Projektleiter und –mitglieder aber auch immer wieder mit nicht planbaren „Zwischenfällen" konfrontiert (Rosenstiel et al., 2009). Brodbeck (1994) merkt an, dass unerwartete Störfälle und Ausfälle zu den am häufigsten genannten Problemen der Projektarbeit gehören. Wastian und Schneider (2007b zit. nach Schneider & Wastian, 2009) nennen z. B. als Gründe für Rückschläge in der Projektbearbeitung Qualitätsmängel, veränderte Rahmenbedingungen oder Koordinations- und Logistikprobleme. Aber auch die projektübergreifende Kooperation mit dem Kunden oder die Zusammenarbeit mit dem Topmanagement können Störungen der Projektbearbeitung verursachen (Lechler & Gemuenden, 1998). Unsicherheiten hinsichtlich des Umgangs damit können als eine der Folgen genannt werden.

Zusammenfassend beschäftigt sich der erste Abschnitt des Theoretischen Hintergrundes mit Projektarbeit, welche den grundlegenden Rahmen der vorliegenden Dissertation darstellt. Aus der aktuell sehr populären Arbeitsform lassen sich Anforder-ungen an Führungskräfte und Mitarbeiter ableiten, wie z. B. das Arbeiten im Team, das Herangehen an neuartige Aufgaben oder der Umgang mit zeitlichen und finanziellen Limitationen. Hilfreich für das Verständnis der Projektarbeit ist eine Einstufung der Organisationsstruktur (z. B. Matrix-Projektorganisation) und der Projektkategorie (z. B. Pionierprojekte) gemessen an der Neuartigkeit der Aufgabenstellung und der sozialen Komplexität. Konfliktpotenzial ergibt sich aus der immerwährenden Notwendigkeit, Kosten, Zeit und Leistung des Projektteams in Balance zu halten. Störend wirken hier z. B. unklare Aufträge, mangelnde Qualität und Koordination, aber auch Widerstände im Projektumfeld. Das nachfolgende Kapitel bietet zunächst einen Überblick über die Grundlagen der Teamarbeit, welche ein Grundverständnis für die Zusammenarbeit in Projektteams vermitteln soll.

2.2 Grundlagen der Teamarbeit

Mit der Einführung von Teamarbeit insbesondere in den 90er Jahren des letzten Jahrhunderts verfolgen Organisationen ökonomische sowie humanitäre Ziele (einen Überblick bietet Wegge, 2004). Zu den ökonomischen Begründungen zählt zu allererst die Steigerung der Wettbewerbsfähigkeit der Organisation, welche mit einer Steigerung der Flexibilität, Verbesserung der Qualität und Produktivität, welche mit dem Aspekt der Teamarbeit in Zusammenhang gebracht werden. Die damit verbundene Förderung des Mitdenkens und der Eigenverantwortung der einzelnen Teammitglieder stellt eine Brücke zu den humanitären Zielen der Teamarbeit dar. Diese umfassen u. a. eine Aufwertung der Arbeitsbedingungen, Förderung der Qualifikationen, Kommunikation und Motivation sowie eine Senkung der Belastungen und Beanspruchungen. Je nach dem welche der Ziele für eine Organisation im Vordergrund stehen, wird die Art der Zusammenarbeit ausgewählt (z. B. Qualitätszirkel zur (Weiter-) Qualifikation der Mitarbeiter und Steigerung der Produktivität), die wiederum zu charakteristischen Chancen und Problemen für die Teammitglieder führen. Bevor jedoch wesentlich Elemente der Teamarbeit betrachtet werden, erfolgt eine Klärung der Begriffe Gruppe und Team.

Die Definitionen des Begriffs Gruppe sind vielfältig und nicht immer widerspruchsfrei (Gebert & von Rosenstiel, 2002; Wegge, 2004). Von einer Gruppe wird im wissenschaft-lichen Bereich in der Regel dann gesprochen, wenn eine Mehrzahl von Personen (mindestens drei, da nur so Koalitionen möglich sind; vgl. Wegge, 2004) über eine längere Zeitdauer interagiert. Die Mitglieder weisen dabei eine Rollendifferenzierung sowie gemeinsame Normen auf (welches durch die Länge der Zusammenarbeit unterstützt wird) und sind durch ein „Wir-Gefühl" miteinander verbunden. Zusätzlich können die Attribute „von der Umgebung als eine Gruppe wahrgenommen" und „eine gemeinsame Zukunft besitzen" noch hinzugefügt werden (vgl. McGrath, 1984; von Rosenstiel, 1978; zusammenfassend Gebert & von Rosenstiel, 2002). Für den Kontext der Arbeits- und Organisationspsychologie ist es ebenfalls von besonderer Wichtigkeit, dass die Gruppe ein gemeinsames Ziel verfolgt (Sader, 1976 zit. n. Ulich, 2001; Hacker, 1994), welches sich an den Vorgaben des Unternehmens orientiert. Hacker (1994) sieht neben dem gemeinsamen Ziel (z. B. erfolgreichste Arbeitsgruppe des Unternehmens zu werden) eine gemeinsame, arbeitsteilig auszuführende Aufgabe im Mittelpunkt der Definition von Gruppenarbeit. Zusätzlich legt er Wert auf eine gemeinsame Handlungsorganisation, gemeinsame Entscheidungen auf Basis von zeitlichen / inhaltlichen Tätigkeitsspielräumen sowie Kommunikation innerhalb der Gruppe, um Gruppenarbeit als solche anzuerkennen. In der neueren Literatur insb. im Bereich der Wirtschaftswissenschaften und der Arbeits- und Organisationspsychologie wird häufiger der Begriff des Teams verwendet (vgl. Guzzo, 1996). Nach Katzenbach und Smith (1993) besteht ein Übergang von Gruppen zu Teams. Gruppen werden zu Teams, wenn ein gemeinsames Commitment zum Team und zum gemeinsamen Ziel sowie Synergien zwischen den Teammitgliedern anstrebt werden. Kirchler ergänzt, dass sich die Mitglieder eines Teams zu einem *„kollektiven Output"* verpflichtet fühlen und dementsprechend Verantwortung übernehmen (Kirchler, 2005, S. 511). Der Übergang besteht demnach in der Intensität des Zusammengehörigkeitsgefühls. Guzzo (1996) bemerkt dazu, dass alle Teams Gruppen seien, jedoch nicht alle Gruppen Teams. In der Umgangssprache werden beide Begriffe jedoch synonym genutzt, bzw. der Begriff „Team" als modernere Variante des Begriffs „Gruppe" verstanden. Auch in der vorliegenden Arbeit soll davon Gebrauch gemacht werden (vgl. Kozlowski & Bell, 2003; Guzzo, 1996). Ein Projektteam zeichnet sich gegenüber anderen Teams vorallem durch eine unterschiedliche Herkunft der Mitglieder (unterschiedliche Abteilungen, Unternehmen) aus, welche unter eng definierten Bedingungen hinsichtlich Zeit, Budget und Ziel zusammenarbeiten (Kirchler, 2004). Ihre Tätigkeit ist geprägt von Komplexität und Neuartigkeit.

Ebenso vielfältig wie die Definition des Begriffs Gruppe bzw. Team zeigen sich auch Klassifikationen von Gruppenarbeit. Neben Dichotomisierungen wie z. B. Hochleistungsteams vs. normale Teams (Katzenbach & Smith, 1993) bestehen Kategorisierungen nach detaillierten Tätigkeitsanforderungen (vgl. Aufgabenklassifikationen nach McGrath, 1984). Diese entsprechen jedoch mehr einer *„Ordnung sozialpsychologischer Forschungstätigkeiten"* (Wegge, 2004, S. 21) als der betrieblichen Praxis (Gemuenden & Hoegl, 1998, S. 283). Ende der 80er Jahre identifizierte Sundstrom (1989) sechs unterschiedliche Arten von Teams im Unternehmen: (1) Projekt-, (2) Produktions-, (3) Service-, (4) Leistungs- (action / performing teams) und (5) Managementteams sowie (6) Parallelformen der genannten Kategorien. Gemuenden und Hoegl (1998) fokussieren verstärkt die generelle Aufgabe und unterscheiden danach zwischen Teams mit operativen (z. B. teilautonome Produktionsgruppen) oder dispositiven (z. B. Strategie- und Steuerungskomitees) Aufgaben sowie deren Mischformen (z. B. Projektteams). Das Problem einer jeden Kategorisierung ist jedoch, dass innerhalb eines Teams sowohl operative als auch dispositive Aufgaben wahrgenommen werden und diese je nach Teammitglied in ihrem Ausmaß variieren (Brodbeck & Frese, 1994).

Zudem kann es je nach Gestaltung der Zusammenarbeit vorkommen, dass Mitglieder des Teams zeitweise allein arbeiten (vgl. Weber, 1997). Eine Klassifizierung kann daher immer nur ein gewisses Maß an Orientierung bieten und wird in der vorliegenden Dissertation nicht berücksichtigt. Im Zentrum steht viel mehr die Optimierung der Zusammenarbeit und Leistung in Projektteams auch unter unsicheren Gegebenheiten. Grundlagen dazu werden im nachfolgenden Abschnitt dargestellt.

2.2.1 Modelle der Teamarbeit

Theoretische Modelle der Zusammenarbeit in Teams bieten die Möglichkeit, zeitliche und inhaltliche Entwicklungen darzustellen und zu analysieren. Auch die Modelle selbst unterliegen einer gewissen Entwicklung von recht starren Stufenmodellen (z. B. Tuckman, 1965) hin zu vielschichtigen Entwürfen mit mehreren Zyklen der Zusammenarbeit (z. B. Ilgen, Hollenbeck, Johnson & Jundt, 2005). Es folgt ein kurzer Überblick, welcher die Auswahl des zugrunde liegenden Forschungsmodells verdeutlicht.

Das bekannteste Modell der Phasen der Zusammenarbeit stammt von Tuckman (1965). Teams durchlaufen ein sogenanntes Stufenmodell mit den Phasen des Formings (Zusammenfindung), des Stormings (Bearbeitung von gegensätzlichen Ansichten), des Normings (Findung von teameigenen Regeln), des Performings (Phase reibungsfreier Zusammenarbeit) sowie ggf. des Adjournings (Auflösung). Mit jeder weiteren Phase intensiviert sich die Beziehung zwischen den Teammitgliedern sowie die Aufgabenorientierung und Effektivität. Es hat sich gezeigt, dass diese Phasen nicht linear verlaufen. Wenn neue Mitglieder zu dem Team hinzustoßen oder sich Aufgabenpakete verändern, können insbesondere Phasen des Stormings und Normings mehrmals durchlaufen werden. Als Kritik wurde zum einen, trotz eines möglichen Springens zwischen den Stufen, die mangelnde Möglichkeit konkrete Verhaltensweisen zu bestimmen, genannt. Zum anderen basiert das

Teammodell auf Tuckmans Beobachtungen von Therapiegruppen und Laborgruppen. Diese Gruppen besitzen jedoch im Gegensatz zu Gruppen im Unternehmen keine gemeinsame Vergangenheit und sind in keinen organisationalen Kontext eingebettet. Kozlowski und Bell (2003) weisen darauf hin, dass Mitglieder in Organisationen durchaus zu Beginn der Teamarbeit bereits in einen Kontext eingebettet sind, der ihnen ein gewisses Maß von Sozialisation und Wissen über die dort herrschende Kultur vermittelt hat. Eine Stormingphase kann demnach milder ausfallen oder gar ganz entfallen. Weiterhin wird die Entwicklung der Gruppe nicht allein durch interne Dynamik bestimmt, sondern unterliegt auch dem Einfluss der Aufgabe, auftretenden Schwierigkeiten (außerhalb des Teams) oder zeitlichen Vorgaben. Unter Beachtung dieser Kritik kann das Phasenmodell von Tuckman mehr als Orientierungshilfe (z. B. Maß für den Prozessfortschritt), denn als empirisch fundiertes Maß angesehen werden. Bemerkenswert ist weiterhin die Vielzahl der Forschungen zur erfolgreichen Zusammenarbeit in Teams, die das Modell von Tuckman bis heute ausgelöst hat. So liegen Modelle zur Teameffektivität z. B. von Cummings (1978), Gladstein (1984), Hackman (1987), Sundstrom, De Meuse und Futrell (1990) oder Tannenbaum, Beard und Salas (1992) vor, um nur einige zu nennen.

Die meisten aktuellen Modelle zur Bestimmung erfolgreicher Zusammenarbeit orientieren sich an Input-Process-Output-Modellen, welche auf McGrath (1964, vgl. auch Guzzo & Shea, 1992) zurückgehen. Hierbei beschreibt der Input die grundlegende Ursache für nachfolgende Prozesse, welche den Effekt des Inputs auf den Output beeinflussen (Kozlowski & Bell, 2003). Inputfaktoren können innerhalb (z. B. Gruppenstruktur, Alter, Wissen, Fähigkeiten und Fertigkeiten) oder außerhalb (z. B. Klima in der Organisation, Trainings, Belohnungen) des Teams verankert sein. Der Prozess beinhaltet Mechanismen, die es fördern (vgl. Hackman, 1987) oder hemmen (vgl. Steiner, 1972), Fähigkeiten und Verhalten der einzelnen Teammitglieder zu einem Output zusammenzuführen. Genauer werden Prozessvariablen z. B. Koordination, Kooperation und Kommunikation gefasst. Prozessfaktoren können als Moderator oder Mediator fungieren. Outcomes sind stark mit Kriterien verbunden, an denen das Team zu einem bestimmten Zeitpunkt gemessen werden sollen (z. B. Zielerreichung, Umsatz).

Ein weitreichendes Modell zu Bestimmung der Teameffektivität stellten 1992 Tannenbaum, Beard und Salas vor. Das „Input-Throughput-Output-Modell" weist im Bereich des Inputs eine Einteilung in Aspekte der Aufgabe (z. B. Art, Komplexität), der Zusammenarbeit (z. B. Teamnormen, Kommunikationsstrukturen), des Individuums (z. B. Persönlichkeit, Einstellungen und Motivation) und des Teams (z. B. Klima, Ressourcen, Machtverteilung) auf. Der „throughput" wird durch Teamprozesse (z. B. Koordination, Kommunikation, Problemlösung) und Interventionen (z. B. individuelle Schulungen und Teamtrainings) definiert. Der Output spaltet sich in individuelle (z. B. Motivation, Einstellungen, mentale Modelle) und teambezogene (z. B. neue Normen, veränderte Regeln, neue Prozesse) Veränderungen auf und umfasst ebenso die Teamleistung (z. B. Qualität, Quantität, Zeit, Fehler, Kosten) als Komponente der Teameffektivität. Auch verweisen die Autoren des Modells auf die Rolle des Feedbacks in Form einer Rückmeldeschleife von Output zum Input.

Trotz des massiven Einflusses dieser Modelle auf die aktuelle Forschung wird bemängelt, dass sie nicht die Komplexität und Anpassungsfähigkeit von Teams berücksichtigen (Ilgen, et al., 2005), „statische" Konstrukte dem Bereich des Prozesses zuordnen, obwohl sie aufgrund ihrer Eigenschaften dem Input zugeordnet werden müssten (vgl. Marks, Mathieu & Zaccaro, 2001) oder Feedbackschleifen nicht integrieren, sondern von einem linearen Übergang von einer Komponente zur anderen (I → P → O) ausgehen (vgl. Hackman, 1987; McGrath, Arrow & Berdahl, 2000). Zu bedenken ist weiterhin, dass Wissen, Einstellungen und Verhalten – langfristig beobachtet – gleichermaßen

Input und Prozess darstellen können, welche die Leistung des Teams beeinflussen. Ebenso stellt die Leistung zu einem Zeitpunkt einen Output, zum nächstfolgenden Zeitpunkt jedoch einen Input dar (Ilgen et al., 2005).

Ein Input-Prozess-Output-Modell, welches auch die zeitliche Entwicklung durch Zu- und Abgänge von Teammitgliedern, Einflüsse aus der Teamumwelt oder Aufgabenveränderungen mit berücksichtigt, bieten Kozlowski, Gully, Nason und Smith (1999, „theory of compilation and performance"). Die genannten Autoren betonen das Erlernen von neuen Fähigkeiten und das Integrieren dieser in den Arbeitsprozess während der unterschiedlichen Phasen der Zusammenarbeit. Auch Ilgen und Kollegen (2005) greifen die Kritik auf und postulieren ein IMOI-Modell, Input – Mediator – Output – Input. Dabei ersetzen die Autoren den Prozessbegriff durch „Mediation", um eine größere Bandbreite von Konstrukten als Einflussvariablen zu zulassen. Das zusätzliche „I" am Ende symbolisiert den zyklischen Verlauf (Output ist gleich Input für nachfolgende Entwicklungen) und den Einfluss des Feedbacks. Auch andere Autoren (z. B. Marks et al., 2001) verstehen I-P-O-Modelle mehr als eine größere Anzahl von sequenziell (teilweise auch parallel) verlaufenden Zyklen, in denen die Bedeutung einzelner Komponenten variieren kann. Bei langfristigeren Zielen, wie es z. B. in der Projektarbeit der Fall ist, hat sich eine Unterteilung des Gesamtzieles in Subziele und damit auch in Teilzyklen etabliert.

Die vorliegende Arbeit befasst sich mit der Auswirkung der Teamarbeit auf die Leistung insbesondere unter dem Auftreten von Störungen und Unsicherheit. Um Letzteres erfassen zu können, sollte das Projekt eine gewisse „Vergangenheit" (Projektfortschritt) aufweisen. Bezogen auf das IMOI-Modell von Ilgen et al. (2005) und die von Marks et al. (2001) postulierten Zyklen der Zusammenarbeit ist damit davon auszugehen, dass der „Output" vorangegangener Projekte oder der zurückliegenden Wochen auch als „Input" der aktuellen Situation zu werten ist. Gleiches gilt für bestehende Prozesse im Team. Auch sie können die bestehende Situation unter den auftretenden Kontextbedingungen maßgeblich beeinflussen. Diese Annahmen sollen bei der Untermauerung des Forschungsmodells der vorliegenden Arbeit mit beachtet werden. In den nachfolgenden Abschnitten werden zunächst der „Output" (Kap. 2.2.2 Leistung von Teams) sowie der mögliche „Input" (2.2.3 Komponenten der Teamarbeit) detailliert betrachtet.

2.2.2 Leistung von Teams (Output)

Basierend auf den vorangegangenen Modellen der Zusammenarbeit im Team soll der „Output" genauer betrachtet werden. Bis heute bestehen in der Literatur vielfältige Ansätze für eine Definition des „Outputs", sprich des Erfolgs von Teamarbeit sowie dessen Messung und Bewertung. Die Erfolgskriterien[1] können ökonomischer (z. B. Umsatz, Gewinn) oder technischer (z. B. Materialaufwand) Natur sein sowie sich auf zwischenmenschliche (z. B. Kohäsion) oder individuelle (z. B. Motivation, Arbeitszufriedenheit) Bereiche beziehen. In Organisationen wird oftmals eine (teilweise auch widersprüchliche) Mischung aus den Erfolgskriterien angestrebt (z. B. Senkung der Material- und Personalkosten bei gleichzeitig steigender Kundenzufriedenheit). Für den Bereich der Arbeits- und Organisationspsychologie regen Guzzo und Dickson (1997, basierend auf Hackman, 1987 bzw. Sundstrom, 1990) an, die Leistungsfähigkeit einer Gruppe hinsichtlich dreier Aspekte zu erfassen: (1) Ergebnis (z. B. Qualität, Quantität, Termintreue oder Kundenzufriedenheit), (2) Konsequenzen für die Teammitglieder (z. B. Arbeitszufriedenheit) und (3) Steigerung der Fähigkeit der Gruppe, in

---

[1] In der Literatur werden die Erfolgskriterien recht breit gefächert erfasst. Es wird teilweise von „efficacy" und teilweise von „performance" gesprochen. Tannenbaum, Salas und Cannon-Bowers (1996) merken an, dass sich die Effektivität eines Teams direkt in der Leistung widerspiegelt. Aus diesem Grund sollen Forschungsarbeiten zu beiden Aspekten in der Arbeit aufgeführt werden.

der Zukunft effektiver zusammenzuarbeiten[2]. Kozlowski und Bell (2003) beschreiben diese Ebenen analog auch als „externer" und „interner" Output bzw. „harte" und „weiche" Kriterien, welche in ihrem Stellenwert für das Team oder die Organisation stark variieren können (Hackman & Walton, 1986). So ist häufig zu beobachten, dass individuelle / soziale Erfolgskriterien insb. unter Zeitdruck zugunsten ökonomischer Kriterien vernachlässigt werden[3].

In der Arbeits- und Organisationspsychologie ebenso wie in der betrieblichen Praxis kann sich der Begriff der „Leistung" auf einen Handlungsprozess an sich (vgl. Kanfer, 1990) oder auf das Ergebnis des Handlungsprozesses (vgl. v. Rosenstiel, 2007) beziehen. Im Rahmen dieser Arbeit wurde der zweite Ansatz gewählt, da sich die Messung des Erfolgs der Projektarbeit am Besten durch den Abgleich von (Teil-) Zielen mit dem tatsächlich Erreichten realisieren lässt.

Die Bearbeitung von Aufgaben, die allein nicht zu bewältigen sind, gilt als einer der wichtigsten Faktoren für die Gestaltung von Teamarbeit (u. a. Wegge, 2004). Die damit verbundene Zusammenarbeit ist gekennzeichnet durch eine hohe Kooperation, Koordination der Aufgaben und eine hohe Interdependenz innerhalb der Teams. Durch den verstärkten Austausch ist jedoch nicht mehr deutlich erkennbar, welcher konkrete Anteil durch einzelne Personen geleistet wurde. Aus diesem Grund verzichten einige Forscher auf die Messung individueller Anteile an der Gruppenleistung (z. B. Karau & Williams, 1993). Weiterhin ist das Verhältnis von individueller zur Gruppenleistung zu beachten, welches stark variieren kann. Besonders deutliche Beispiele dafür finden sich in Steiners (1972) Beschreibungen zu disjunktiven (Gruppenleistung

---

[2] Aufgrund des vorliegenden Stichprobendesigns (Querschnittsstudie mit unterschiedlich lang zusammenarbeitenden Teams) kann der dritte Bereich ‚Steigerung der Effektivität' nicht mit berücksichtig werden.

[3] Bei der Datenerhebung für die vorliegenden Dissertation wurden beide Ebenen, ökonomische (Leistung des Teams) und individuelle / soziale Kriterien (Arbeitszufriedenheit), erfasst. Um den Umfang der Arbeit in einem angemessenen Rahmen zu halten, erfolgt eine Konzentration auf die Leistung der Teams, da diese als zentral für das erfolgreiche Abschließen von Projekten gilt.

entspricht der Leistung des besten Mitglieds) und konjunktiven (Gruppenleistung entspricht der Leistung des schlechtesten Mitglieds) Aufgaben. Dennoch besteht insbesondere von organisationaler Seite ein hohes Interesse bzgl. der Bewertung von Teamleistungen, um z. B. gruppenbezogene Lohnsysteme oder Belohnungen realisieren zu können. Im Sinne der Gerechtigkeit gilt es, individuelle und teambezogene, aber auch situationale Faktoren miteinander zu verrechnen. Generell empfiehlt es sich zur Sicherung der Datenqualität, die Auswahl der Erfolgskriterien an der Art des Teams sowie der Aufgabe zu orientieren (Tannenbaum, Salas und Cannon-Bowers, 1996). Auch Hoegl und Gemuenden (2001) empfehlen für den Kontext der Projektarbeit möglichst unterschiedliche Quellen zur Bestimmung der Teamleistung, um so unterschiedlichen Sichtweisen (z. B. von Kunden, Teammitgliedern, Teamleitern, höhere Projektmanager, unabhängige Experten) zu integrieren, aber auch um komplexen, schwierigen Situationen oder Unsicherheiten während des Projektes gerecht zu werden (vgl. Gemuenden, 1995). Als unabhängiges und damit hochwertiges Maß für den Projekterfolg gilt die objektive Messung von ökonomischen Kennzahlen wie produzierte Stückzahl, Umsatz und Gewinn. Nur lassen sich diese nicht immer eindeutig bestimmen (z. B. aufgrund von Veränderungen des (Projekt-) Ziels) und werden daher nur selten in der arbeitspsychologischen Forschung erhoben (Cohen & Bailey, 1997). Der Erfolg wird in der Regel durch Selbstbeurteilungen des Teams oder des Vorgesetzten erfasst. Dieses Vorgehen wird der Forderung nach unterschiedlichen Blickwinkeln gerecht, beinhaltet jedoch auch eine gewisse „subjektive Färbung" des Urteils (z. B. schätzen Teammitglieder ihre Leistung besser ein als der Teamleiter). Costa (2003) macht jedoch darauf aufmerksam, dass die Teammitglieder den besten Überblick darüber haben, in wie weit ihre aktuellen Leistungen den angestrebten Zielen entsprechen.

Die Leistung eines Projektteams lässt sich inhaltlich durch den Grad der Erreichung der angestrebten Qualität, Kosten und Zeit bestimmen (Hoegl & Gemuenden, 2001). Tannenbaum und Kollegen (1992) wählten in ihrem Modell zum ersten Teilbereich ebenfalls die (ökonomischen) Erfolgskomponenten Qualität, Quantität, Zeit und Kosten, welche sich auch im weiteren Sinne im magischen Dreieck des Projektmanagements und in der MTO-Analyse nach Strohm & Ulich (1997, 1999) wiederfinden. Daher erfolgt eine Integration in der vorliegenden Dissertation.

2.2.3 Komponenten der Teamarbeit (Input)

Bezugnehmend auf die Modelle der Teamarbeit sollen mit den nachfolgend dargestellten Komponenten die Input-Seite des zugrunde liegenden Forschungsmodells betrachtet werden. Auf der Input-Seite sind die grundlegenden Ursachen bzw. nach Ilgen et al. (2005) auch die aus dem zurückliegenden Output resultierenden Bedingungen für nachfolgende Prozesse verankert. Zum besseren Verständnis der Komponenten der Teamarbeit folgt der weitere Aufbau dieser Arbeit der Forderung von Kozlowski und Bell (2003), Anforderungen an die Teammitglieder auf den Ebenen des Individuums, des Teams und der Organisation gleichermaßen zu betrachten. Aufgrund der unterschiedlichen Branchen wird von einer Betrachtung der Organisation abgesehen. Hinzugefügt werden soll die Wahrnehmung der Aufgabe, da diese das entscheidende Merkmal für die Entstehung des (Projekt-) Teams darstellt und damit maßgeblich die Zusammenarbeit der Mitglieder beeinflusst. Nachfolgend werden im Kapitel 2.2.3.1 ausgewählte Faktoren auf der Ebene des Teams betrachtet, das Individuum im Team steht im Kapitel 2.2.3.2 im Fokus, während Aspekte der Aufgabe in Kapitel 2.2.3.3 erörtert werden.

2.2.3.1 Ebene des Teams

Essenziell für die Effektivität und den Erfolg von Teams gelten nach Kozlowski & Bell (2003) die Koordination, Kooperation und Kommunikation. Alle drei Aspekte werden immer wieder miteinander verwechselt und lassen sich auch hinsichtlich von Definitionen nicht vollständig voneinander abgrenzen. In den nachfolgenden Abschnitten soll zunächst auf die Kommunikation eingegangen werden, um dann das nächste Subkapitel der Koordination und Kooperation zu widmen. Als eine Maßnahme zur Koordinierung von Gruppen gilt auch die Zielsetzung, welche als Inputvariable ebenfalls ausgewählt wurde. Abschließend soll die Führung von Gruppen als Bindeglied zwischen den genannten Aspekten näher betrachtet werden.

Kommunikation im Team

Kommunikation gilt als ein grundlegender Faktor für die Zusammenarbeit im Team und damit auch für die gemeinsame Leistung. Eine adäquate Kommunikation bildet die Basis für erfolgreiche Koordinations- und Führungsprozesse (Kozlowski & Bell, 2003). Ebenso schreibt Wegge (2004) der Kommunikation im Team eine besonders wichtige Rolle bei der Erreichung von schwierigen Zielen oder dem Umgang mit schwierigen Situationen im Arbeitsprozess zu. Dieses zeigt sich insbesondere im Bereich der Projektarbeit: 40% der Teilnehmer einer Studie der Deutschen Gesellschaft für Projektmanagement und PA Consulting (2006) gaben „schlechte Kommunikation" als Grund für Misserfolge bei Projekten an.

Das Konstrukt der Kommunikation beinhaltet vornehmlich den Austausch von Informationen zwischen den Teammitgliedern (Pinto & Pinto, 1990). Die Qualität der Kommunikation kann durch Frequenz, Formalität, Struktur und Offenheit des Informationsaustausches beschrieben werden. Mit der Frequenz sind die Häufigkeit und das Ausmaß der Kommunikation verbunden. Während in den 80er Jahren des letzten Jahrhunderts die leistungsmindernde Wirkung umfangreicher interpersonaler Kommunikation diskutiert wurde (z. B. Sommerville, 1982, Kommunikation als non-produktive Zeit), konnten ab den 90er Jahren vermehrt Prozessgewinne in Projektteams durch Kommunikation nachgewiesen werden (z. B. Brodbeck, 1994). Der durchschnittliche Kommunikationsanteil in Software-Projekten liegt zwischen 30 und 50% der Gesamtarbeitszeit (für einen Überblick siehe Brodbeck, 1994). Der Grad der Formalität umfasst Spontanität vs. Vorbereitungsaufwand, z. B. die Organisation einer Videokonferenz. Spontane Gespräche sind oftmals informeller Natur oder dienen der kurzen Absprache, während vorbereitete Meetings eher einen formellen Charakter besitzen. Brodbeck (1994) merkt an, dass sich insbesondere eine spontane, informelle Kommunikation, die dem Austausch und der Evaluation von Ideen dient, positiv auf die Zusammenarbeit in innovativen Projekten auswirkt. Voraussetzung dafür ist die uneingeschränkte Möglichkeit der Teammitglieder mit allen anderen zu kommunizieren (Struktur der Kommunikation), da die Vermittlung über Dritte, z. B. Teamleiter oder –koordinatoren, zu Informationsverlusten oder –verzerrungen sowie zu zeitlichen Verzögerungen führen können. Der letzte Punkt „Offenheit" spiegelt die Weitergabe von wichtigen Informationen oder den Umgang mit sensiblen Daten wider. Ebenso kann die Bereitstellung des (Experten-) Wissens einzelner Mitglieder für das Team darunter gefasst werden.

Projekte beinhalten in der Regel komplexe Zielstellungen, die eine enge Zusammenarbeit der Teammitglieder erfordern. Je intensiver der Kommunikationsaustausch erfolgt, desto schneller können die (Koordinations-) Prozesse innerhalb des Teams realisiert werden und desto höher fällt die Leistung aus (vgl. Brodbeck, 1994, Brown & Eisenhardt, 1995). Brodbeck weist in einer späteren Studie nach (2001), dass dieses insbesondere für den Einfluss aufgabenrelevanter Kommunikation und zu späteren Phasen des Projekts besteht. Weiterhin gilt zu beachten, dass es nicht „die" richtige Kommunikation gibt, sondern nur eine die den Anforderungen der Aufgabe, der Teamgröße und den Persönlichkeiten der Teammitglieder angemessen ist (vgl. Kirchler, 2005). Ebenso Kozlowski und Bell (2003) merken an, dass die Forschung zu Kommunikation aufgrund der Vielfältigkeit des Konstrukts daran ausgerichtet werden sollte, welche Aufgabe die Teammitglieder zu koordinieren haben, wie viel Information sie dafür benötigen und wie schwierig es ist, ihre Aktivitäten aufeinander abzustimmen (z. B. in globalen virtuellen Teams). Auch sollten nicht nur Art und Häufigkeit beachtet werden, sondern auch die Entwicklung der Kommunikation über die Zeit (z. B. wie schnell wird auf Anfragen geantwortet?).

Eng verbunden mit dem Bereich der Kommunikation ist das Konfliktmanagement, da in der Regel nur mittels Gesprächen eine einvernehmliche, stabile Lösung zu erreichen ist. Wie schon aus den Phasen der Teamentwicklung (s. Kap. 2.2.1) hervor geht, gelten Konflikte in Gruppen als natürlich (und damit unvermeidbar) und relevant für die interne Weiterentwicklung der Zusammenarbeit. Die Gründe für Konflikte sind vielfältig: Sie können zum einen im persönlichen Bereich verankert sein (z. B. subjektive Wahrnehmung einer ungleichen Behandlung unter den Mitarbeitern, Übertreten des persönlichen „Territoriums", Abneigung gegen die Einstellungen / Persönlichkeit anderer Kollegen) oder zum anderen auf Sachfragen zurückgehen (z. B. Verteilung von Finanzen, Personal, Räumen und anderen Ressourcen unter Abteilungen, Teams oder Individuen). Der Einfluss von Intragruppenkonflikten auf die Leistung von Teams wurde u. a. von De Dreu und Weingart (2003) sowie von Jehn und Bendersky (2003) betrachtet. In der Metaanalyse von De Dreu und Weingart (2003) konnten auf der Basis von 28 Studien einen negativen Zusammenhang zwischen beziehungs- und aufgabenbezogenen Konflikten und der Teamleistung nachweisen. Dabei fiel der Zusammenhang zwischen beziehungsbezogenen Konflikten minimal stärker aus (ϱ = -.23) als es bei Sachkonflikten (ϱ = -.22). Dieser Effekt verstärkt sich in hoch komplexen Arbeitsumgebungen, wie es in Entscheidungssituationen oder in Projekten der Fall ist. Jehn und Bendersky (2003) rufen in ihrem Modellansatz dazu auf, die Art des Konflikts, das angestrebte Ergebnis, den aktuellen Zustand der Gruppe sowie die Umstände des Auftretens von Konflikten genauer in

Forschungsvorhaben einzubinden, um so auch positive Effekte von Konflikten genauer nachweisen zu können. Eine wesentliche Rolle spielt dabei der Glauben an die Lösbarkeit von Konflikten, welchen Alper, Tjosvold und Law (2000) in ihrem Artikel als „conflict efficacy" bezeichnen.

Koordination und Kooperation

Beginnend mit dem Begriff der Koordination können Aktivitäten zur Abstimmung der Tätigkeiten einzelner Teammitglieder gefasst werden (vgl. Kozlowski & Bell, 2003). Wiedemann, v. Watzdorf und Richter (2004) betrachten diesen Aspekt in ihrem Teamdiagnoseverfahren Teampuls® unter dem Begriff „Teamorganisation", welcher sich aber ebenfalls auf den Abstimmungs- und Besprechungsaufwand bezieht und damit gleichzusetzen ist. Da die Koordination resp. die Organisation in der Regel von einer Führungskraft übernommen wird, ist es nicht verwunderlich, dass 2/3 der Arbeitszeit von Führungskräften auf die Abstimmungsprozesse mit Mitarbeitern, anderen Abteilungen oder Kunden entfallen (Burns, 1957, zit. n. v. Rosenstiel, 2001). Seit den Studien in der schwedischen Automobilindustrie wird jedoch auch die Selbststeuerung in sogenannten „teilautonomen Arbeitsgruppen" (vgl. Antoni, 1995) aufgrund der positiven Auswirkungen auf die Teammitglieder (z. B. Motivation, Selbstbewusstsein) und der Reaktionsfähigkeit auf Schwankungen und Störungen im System (z. B. durch Fehler, Rohstoffengpässe oder Produktveränderungen) immer wieder hervorgehoben. Ähnlich positive Auswirkungen vermuten Gemuenden und Hoegl (1999, 2000) für den Kontext der mit Komplexität und Unsicherheit behafteten Projektarbeit, weshalb dieser Ansatz in der vorliegenden Arbeit Beachtung finden soll. Bei einer Selbststeuerung des Teams tritt die Führungskraft in ihrer Funktion ganz oder teilweise zurück und überlässt die Koordination den (u. U. gewählten) Mitarbeitern. Die umfassendste Liste zu Entscheidungsmöglichkeiten bzw. zur Autonomie in Gruppen geht auf Gulowsen (1972) zurück und wurde von Susman

(1976) in drei Klassen eingeteilt: Entscheidungen zur (1) Selbstregulation, (2) Selbstbestimmung und (3) Selbstverwaltung. In wie weit diese Möglichkeiten genutzt werden können, ist in der Projektarbeit abhängig von der konkreten Aufgabenstellung bzw. dem Einfluss des Kunden. So zeigen sich auch empirische Studien zur Autonomie in Gruppen nicht konsistent: Die Forschungsgruppe um Campion (Campion, Medsker & Higgs, 1993; Campion, Papper & Medsker, 1996) und Gemuenden (Helfert & Gemuenden, 2000; Gemuenden & Lechler, 1997) finden Hinweise auf eine Leistungsförderung, während Cohen und Bailey (1997) die Nützlichkeit von Autonomie in diesem Kontext anzweifeln. Die Wichtigkeit der Koordination im Allgemeinen für die Leistung des Teams belegen verschiedene Studien (z. B. Brannick, Prince, Prince & Salas, 1995; Larson & Schaumann, 1993). Dabei ist es sehr von der konkreten Aufgabe abhängig, in welchem Ausmaß gemeinsame oder individuelle Aufgabenpakete bearbeitet werden müssen. Ein regelmäßiger Abgleich zu den Teamzielen bietet Orientierung hinsichtlich des Bearbeitungsfortschritts und die Möglichkeit, ggf. rechtzeitig Korrekturen einzuleiten.

Weitergehend symbolisiert die Kooperation die willentliche Leistung persönlichen Engagements für die Fertigstellung interdependenter Aufgaben (Wagner, 1995). Wiedemann und Kollegen (2004) spitzen dieses in ihrem Teamdiagnoseverfahren Teampuls® noch weiter zu, in dem sie z. B. das Engagement und die Verantwortung des Teams insbesondere bei Misserfolgen erfassen. Dementsprechend benennen die Autoren den Kooperationsaspekt bei der Betrachtung von Teams als „Engagement & Verantwortung". Um die Kooperation zu fördern, verweisen Hoegl und Gemuenden (1999) auf sechs Aspekte: (1) eine offene Kommunikation miteinander, (2) eng aufeinander abgestimmte Aufgaben im Team, (3) gegenseitige Hilfe bei der Bearbeitung der Aufgaben (ggf. unterstützt durch kooperative Ziele), (4) hoher Arbeitseinsatz als Arbeitsnorm im Team, (5) hohe Gruppenkohäsion und

(6) eine Ausgewogenheit der Beiträge aller Gruppenmitglieder. Als wesentliche Voraussetzung für Kooperation gilt ebenfalls das Vertrauen, wie auch Kauffeld (2001) unterstreicht (Ausführungen zum Vertrauen siehe Kap. 2.2.3.2).

<u>Zielorientierung</u>

Das Setzen von Zielen gilt im betrieblichen Bereich als wichtigstes Instrument zur Motivation von Mitarbeitern. Neben dem motivationalen Effekt für einzelne Mitarbeiter gilt das Setzen von Zielen aber auch als probate Maßnahme zur Koordinierung von Gruppen bzw. Projektteams. Die Autoren Locke und Latham gelten seit Jahren mit der Entwicklung und Erforschung der „Goal-Setting-Theory" als wegweisend im Bereich der Zielsetzung. Damit verbunden ist die grundlegende Frage, warum einige Mitarbeiter ihre Aufgaben besser als andere erledigen, auch wenn Fähigkeiten, Fertigkeiten, Wissen und situative Umstände vergleichbar sind? Als volitionale Erklärung dafür sieht u. a. Nerdinger (1995) die individuell unterschiedlichen Ziele der Mitarbeiter. Eine Zielsetzung erfolgt selbst gesteuert (z. B. persönliche Ziele, Karrierevorhaben) oder aus den Vorhaben des Unternehmens bzw. der Abteilung oder des Teams abgeleitet (vgl. auch Management by Objectives, Odiorne, 1980; Partizipatives Produktionsmanagement (PPM), Pritchard, Kleinbeck & Schmidt, 1993). Dabei sollte, wie in mehreren empirischen Untersuchungen zur „Goal-Setting-Theory" (Locke & Latham, 1990; Latham & Locke, 1991) bestätigt, Folgendes beachtet werden:

1. Das Setzen von schwierigen, herausfordernden Zielen führt zu besseren Leistungen als mittlere oder gar zu leichte Ziele.
2. Herausfordernde und präzise bzw. spezifisch formulierte Ziele führen zu besseren Leistungen als allgemeine, vage Ziele.

Nerdinger (1995) ergänzt, dass insbesondere spezifische Ziele im betrieblichen Kontext deutlich machen, welche Kriterien mit einer effektiven (erwarteten) Leistung der Mitarbeiter verbunden sind.

Ziele können auf verschiedenen Ebenen einer Organisation – Individuum, Abteilung, Gruppe, Individuum - verankert sein. So entsprechen Ziele auf Gruppenebene Zielen, die von allen Gruppenmitgliedern geteilt werden (Wegge, 2004). Eine Übertragung der individuell verankerten Zielsetzungstheorie auf die Gruppenebene gilt als möglich. Die Erreichung der Ziele wird lediglich durch gruppenspezifische Prozesse, z. B. Verstärkung der Kommunikation, Stärkung des kollektiven Selbstvertrauens oder einer Erhöhung der Identifikation mit der Gruppe zusätzlich beeinflusst[4]. Kauffeld und Kollegen (2009) sehen ebenfalls die Klarheit der Ziele als eine wesentliche Vorraussetzung zur Bildung eines gut funktionierenden Teams. Ein Fehlen dieser kann zu unterschiedlichen Ausrichtungen der Teammitglieder und einer Verfolgung eigener Interessen führen. So geben 70% der Teilnehmer einer Studie der Deutschen Gesellschaft für Projektmanagement und PA Consulting (2006) an, „unklare Anforderungen und Ziele" seien die häufigste Ursache für das Scheitern von Projekten.

Die Annahmen der Zielsetzungstheorie konnten in einer Metaanalyse von O"Leary-Kelly, Martocchio und Frink (1994, vgl. auch die Überblicke von Guzzo & Dickson, 1996; Locke & Latham, 1990) mit einer Effektstärke von d = .92 für die Auswirkung von schwierigen vs. leichten Zielen in Bezug auf die Gruppenleistung bestätigt werden. Angemerkt werden soll, dass dieser Effekt bei einfachen Aufgaben deutlicher ausfällt als bei komplexen. Hinsichtlich der Aufgabenkomplexität gilt es zu bedenken, dass das Setzen von schwierigen, spezifischen Zielen mit steigender Komplexität an Wirksamkeit für die Gruppenleistung nachlässt (vgl. Wegge 2004). Dem Ansatz von Wood und Locke (1990) zur Folge ist dieses eine Auswirkung der mangelnden Verfügbarkeit von angemessenen Aufgabenstrategien bzw. Handlungsplänen von neuen

---

[4] Ebenfalls zu beachen, ist eine Verschachtelung von individuellen, gruppenspezifischen und organisationsbezogenen Zielen. Zielkonflikte entstehen u. a. aus einer mangelnden Überführbarkeit der Ziele z. B. aufgrund von Interessenskonflikten von der einen Ebene auf eine andere.

Theoretischer Hintergrund 31

und hoch komplexen Aufgaben. Adäquate Lösungsstrategien können erst mit der Zeit entwickelt und angewandt werden. Ein zusätzlicher Zeitdruck, wie er bei Projektarbeit in der Regel der Fall ist, führt häufig zu Schnellschusshandlungen, welche die Gruppenleistung weiter in Gefahr bringen. Daher ist es ratsam, bei absolut neuartigen Problemstellungen oder einer unerfahrenen Projektgruppe die Zielsetzung anzupassen.

Einer Annahme der Zielsetzungstheorie von Locke und Latham (1990) wurde bisher wenig Beachtung geschenkt: situative Grenzen. Hinter diesem Begriff verbergen sich Grenzbedingungen, die den Prozess zwischen Leistungszielen und der Leistung moderieren. So kann die mangelnde Verfügbarkeit eines Rohstoffs die Fertigstellung eines Produktes und damit die Erreichung des Zieles verzögern oder gar verhindern. Im weiteren Verlauf dieser Dissertation sollen derartige Ereignisse als „Störungen" beschrieben und bewertet werden (siehe Kap. 2.3.2). Wegge (2004) weist darauf hin, dass Grenzbedingungen nicht nur für die individuelle Zielsetzung eine Relevanz besitzen, sondern aufgrund der gegenseitigen Abhängigkeit der Mitglieder ebenso für die Arbeit in Gruppen. In beiden Fällen wird von Locke und Latham empfohlen, Probleme durch Prozess- oder Schwachstellenanalysen zu identifizieren und durch geeignete Maßnahmen zu beheben. Voraussetzung dafür ist eine gewisse Vorhersehbarkeit des Auftretens, welche, wie in der vorliegenden Arbeit deutlich wird, nicht immer gegeben ist. Dennoch passen Menschen ihre Ziele an die Situationen an. Wenn dieses in adäquater Weise geschieht, kann eine Zielerreichung trotz Störungen und Unsicherheiten realisierbar sein.

Die Forschungsbeiträge von Locke und Latham verdeutlichen die handlungsleitende Funktion von Zielen und bieten hilfreiche Ansätze für die Praxis. Sie stellen allerdings wichtige Elemente der Handlungsregulation wie z. B. das Feedback (vgl. Wegge, 2004) nicht sehr stark in den Vordergrund. Das Feedback findet verstärkt Anwendung in den praxisorientierten Forschungsansatz des „Management by Objectives" (MbO), welcher die Mitarbeiter zusätzlich in den Prozess der Zielsetzung mit einbindet. Als Grundlage fungiert ein Gespräch zwischen Führungskraft und Mitarbeiter, in welchem individuelle Ziele für einen bestimmten Zeitraum vereinbart werden. Die Maßnahmen zur Zielerreichung definiert der Mitarbeiter selbstständig. In regelmäßigen Abständen ist es empfehlenswert, Feedbackgespräche zum derzeitigen Stand der Zielerreichung zu führen, um weiter zu motivieren, ggf. gegenzusteuern oder die vereinbarten Ziele anzupassen. Die positive Wirkung des MbO auf die Leistung konnte in mehreren Studien, z. B. Antoni (2005), Rodgers und Hunter (1992), belegt werden. Einen detaillierten Überblick über die Auswirkung von Zielsetzung auf die Leistung bieten auch Latham und Locke (1991). Sie betonen zudem die Rolle von Selbstwirksamkeitserwartung, Rückmeldung und Aufgabenkomplexität als Moderatoren.

Führung von Gruppen

Als Bindeglied zwischen den genannten Aspekten der Koordination von sowie der Kommunikation und Zielsetzung in Teams fungiert die Führung. Führungstheorien setzen an den individuellen Eigenschaften der Führungskraft (z. B. charismatische Führung; House, 1977; Bass, 1985), an den Fähigkeiten und Fertigkeiten des Mitarbeiters (z. B. Situativer Reifegrad-Ansatz von Hersey & Blanchard, 1988) oder an der vorherrschenden Situation (z. B. Normativer Ansatz von Vroom & Yetton, 1973) an. Neuere Führungsansätze integrieren die genannten Sichtweisen und fokussieren zudem die Ebenen der Person, Dyade oder Gruppe. In der vorliegenden Arbeit sollen Theorien der Gruppenführung besonders berücksichtigt werden.

Führung geschieht mittels einer unmittelbaren, absichtlichen und zielbezogenen Einflussnahme von Vorgesetzten auf Mitarbeiter mit Hilfe von Kommunikationsmitteln (Neuberger, 1995). Die Aufgabe einer Führungskraft ist es damit, Mitglieder einer Organisation oder anderer sozialer Einheiten auf das Zielsystem der Gesamtorganisation hin auszurichten (v. Rosenstiel, 2001). Kozlowski und Bell (2003) bemerken, dass die Aufgabe und die Umwelt eine Vielzahl von Herausforderungen für die Teamleiter in Bezug auf die Teamführung bereitstellt. So müssen sie nicht nur auf die Entwicklung des Einzelnen und des gesamten Teams achten, sondern auch (technische) Fehler entdecken, Belastungen sowie Ressourcen ausgeglichen verteilen. In diesem Sinne kann es auch keine „ideale Führungspersönlichkeit" und keinen „optimalen Führungsstil" geben, sondern allein eine Führung, die sich an der Situation und an dem angestrebten Erfolg orientiert (vgl. v. Rosenstiel, 2001).

In der vorliegenden Arbeit, welche im Kontext der Projektarbeit angesiedelt ist, sollen zur Unterlegung des Führungsaspekts der Forschungsansatz von Manz und Sims (1987, 1995) zur Selbststeuerung von Gruppen sowie das ökonomisch orientierte Teammodell von Gemuenden und Hoegl (für einen umfassenden Überblick Gemuenden & Hoegl, 2000) vorgestellt werden. Eine Anpassung des Führungsstils an die Situation greift die „self-leadership"-Theorie von Manz und Sims (1987, 1995) aus dem Blickwinkel der Mitarbeiter auf. Ausgehend von der sozio-technischen Modellannahme (ein durch die (Primär-)Aufgabe definiertes Arbeitssystem, welches das technische und soziale System aufeinander abstimmt und mittels eines organisationalen Transformationsprozesses Input in Output verwandelt; vgl. Weber, 2000) wird ein Arbeitssystem durch (unvorhersehbare) technische und organisatorische Schwankungen und Störungen geprägt. Eine zeitnahe Problemlösung ist vielfach nur den mit dem Arbeitssystem umfassend vertrauten Mitarbeitern möglich. Ebenso besteht die Annahme, dass unter bestimmten Aufgaben- und Umweltbedingungen (u. a. komplexe und teilbare Aufgaben, Mitarbeiter mit einem starken Bedürfnis nach Partizipation, durch Kunden dominierte Arbeitssituationen z. B. Dienstleistungen, Projektarbeit) teilautonome bzw. selbst regulierte Arbeitsgruppen erfolgreicher agieren bzw. mittels der bestehenden (meist hohen)

Qualifikationen innerhalb der Gruppe auftretende Probleme vor Ort lösen. Trotz der Selbstregulation der Gruppe besteht weiterhin ein Führungsbedarf, welcher sich mehr in einer koordinierenden Tätigkeit der Führungskraft als in einer unmittelbaren Machtausübung zeigt (vgl. Manz & Sims, 1995). Auch sollte eine mögliche Überforderung der Gruppe durch zusätzliche organisatorische Aufgaben ausgeschlossen und eine adäquate Grenzregulation zu anderen Gruppen, Abteilungen, Kunden o. ä. sichergestellt werden. Infolgedessen bestehen die Aufgaben der Führungskraft darin, die Selbstregulation innerhalb der Gruppe anzuregen (z. B. durch Qualifikation der Mitarbeiter, Feedback, Förderung der Kommunikation, eigenständiges Problemlösen (Planen) in der Gruppe) und die Grenzregulation zu unterstützen (z. B. durch Informationsweitergabe nach innen und außen, Verhandlungen mit dem Kunden, Konfliktmanagement). Die genannten Aufgaben können nach Manz und Sims (1995) zwischen einem Gruppensprecher aus dem Kreis der Mitarbeiter und einem externen Leiter aufgeteilt werden. Eine ausreichende empirische Überprüfung des Modells von Manz und Sims (1995) ist bisher noch nicht erfolgt. Wegge (2004) gibt jedoch einen Überblick über unterstützende Forschungsarbeiten zur Selbstregulation in Gruppen und der Rolle der Führungskraft im Rahmen dieses Prozesses.

Neben der psychologischen Sichtweise soll an dieser Stelle die betriebswirtschaftliche Perspektive von Hoegl und Gemuenden (1999, 2001) erwähnt werden. Die Autoren unterstreichen ebenfalls die Verbindung von innovativen Aufgaben bzw. von Projektarbeit mit dem möglichen Auftreten extremer Komplexität und Unsicherheit sowie der daraus resultierenden Notwendigkeit für das direkte, zeitnahe Eingreifen der Mitarbeiter und einer intensiven Zusammenarbeit im Team (vgl. Gemuenden & Hoegl, 1998). Innovationsteams lassen sich für sie als bereichsübergreifend, oft mit Planungs- und Entwicklungsaufgaben betraut und in Projektstrukturen organisiert charakterisieren. Entscheidend für den Erfolg ist die Qualität der Zusammenarbeit (Hoegl & Gemuenden, 1999), welche klare, realistische und herausfordernde Gruppenziele als Voraussetzung hat und hohe Kommunikationsanforderungen an die Teammitglieder stellt. Hoegl und Gemuenden betonen ebenso wie Manz und Sims die notwendige Eigenständigkeit der Teammitglieder bei gleichzeitiger Koordination durch eine Führungskraft (vgl. auch Wegge, 2004). In ihrem Modell zur Zusammenarbeit in innovativen Teams unterlegen Gemuenden und Hoegl (2000) den Aspekt der Teamführung mit der Qualität der Zielsetzung, dem Commitment zum Ziel (im Sinne der individuellen Verpflichtung zum kollektiven Ziel), Feedback (Überwachung des Bearbeitungsfortschritts und Evaluation) und den Entscheidungsstrukturen im Team (bezogen auf den Partizipationsgrad der Teammitglieder). Einen signifikanten Zusammenhang der Führung eines Teams mit der Leistung konnten die Autoren auf Basis von 145 Teams (N = 430 Mitarbeiter und Teamleiter) im Rahmen einer Pfadanalysen vermittelt über die Bewertung der Zusammenarbeit im Team nachweisen (GFI = .997, AGFI = .992). Wegge (2004) kritisiert an dem vorgestellten Modell die fehlende Integration der technischen Unterstützung der Gruppe (z. B. durch Informationstechnologie) sowie die mangelnde Beachtung der Grenzregulation nach Außen. Dieses wurde in dem Ansatz von Wurst und Hoegl (2000) weitestgehend ergänzt.

Rückblickend lässt sich die Ebene des Teams mit den Aspekten der Kommunikation, Koordination und Kooperation sowie der kollektiven Zielsetzung und der Führung von Gruppen beschreiben. Wie im Bereich der Zielsetzung angedeutet, bestehen motivationale Einflüsse auf der Ebene des Teams. Ihren Ursprung finden diese in jedem einzelnen Teammitglied und der gegenseitigen Beeinflussung untereinander. Das nachfolgende Kapitel greift das Wirken motivationaler Prozesse aus der Sicht des Individuums im Team auf und erläutert diese auf der Grundlage von Erwartungs x Wert-Theorien.

2.2.3.2 Ebene des Individuums

Nach der Betrachtung des Teams im Ganzen soll nun ein Blick auf das Individuum im Team, genauer auf die Motivation des einzelnen Mitarbeiters im Team, erfolgen. Motivation gilt als wichtigster Garant für Leistung in Gruppen (vgl. Heckhausen, 1989; Nerdinger 1995). Im Allgemeinen umfasst der Begriff der Motivation die Summe der Beweggründe, welche die Entscheidung oder Handlung eines Menschen beeinflussen (Duden – das Fremdwörterbuch, 2001). Die Motivationspsychologie gibt genauer Aufschluss über die Richtung, Intensität und Ausdauer menschlichen Verhaltens (Thomae, 1965).

Empirische Arbeiten zur Motivation sind in der Mehrheit auf der individuellen Ebene angesiedelt (vgl. Nerdinger, 1995), werden jedoch häufig auf Gruppenebene betrachtet und verrechnet[5]. Begründen lässt sich dieses mit einer gegenseitigen Beeinflussung der Teammitglieder, welcher bei einer rein individuellen Betrachtung nicht ausreichend Rechnung getragen wird. Die Effekte der Motivationsverluste oder -gewinne spiegeln sich vor allem in der Leistung des Teams wider. Motivationsverluste treten im Allgemeinen dann auf, wenn Aufgaben nicht klar verteilt bzw. die einzelnen Beiträge nicht eindeutig zu zuordnen sind. Weiterhin gehen sie mit der Reduzierung des eigenen Engagements aus unterschiedlichen Gründen zulasten der verbleibenden Teammitglieder einher. Als Beispiele für Motivationsverluste lassen sich vorrangig das „soziale Faulenzen" („social loafing"; egoistische Motive), das „Trittbrettfahren" („free riding"; Ressourcenschonung) oder „Gimpel-Effekte" („sucker effects"; Empfindung der Ungerechtigkeit) nennen (für einen Überblick siehe Latane, Williams & Harkings, 1979). Motivationsgewinne können beispielsweise durch „Soziale Kompensation" („social compensation"; stärkere Mitglieder gleichen

---

[5] Ein wichtiger Indikator für die Zusammenfassbarkeit der Items stellt die Ausrichtung der Formulierung dar. Bezieht sich das Item auf Aspkete des Teams (z.B. die gemeinsame Aufgabe), so kann eine Aggregierung befürwortet werden.

Leistungsschwankungen aufgrund von persönlichem Interesse aus) oder „Unverzichtbarkeit" („Indispensability"; eigener Beitrag ist für den Gruppenerfolg unverzichtbar und führt zu vermehrter Anstrengung) erklärt werden. Äußere Einflüsse wie eine Wettbewerbssituation zu anderen Teams, Organisationen, etc. oder Zielvereinbarungen können ebenfalls zu Motivationsgewinnen führen. Detaillierte Überblicke über Motivationsgewinne und –verluste bieten u.a. Hertel und Scholl (2006), Schulz-Hardt, Hertel und Brodbeck (2007) sowie Wegge (2004). Als bekannte motivationale Theorien, die vorrangig für die Erläuterung des individuellen Verhaltens konzipiert wurden und aufgrund von Erweiterungen auch auf der Gruppenebene von Bedeutung sind, können die Zielsetzungstheorie (Locke & Latham, 1990) oder aber auch die Erwartungs x Wert-Theorien (z. B. Atkinson, 1957; Vroom, 1964) genannt werden. Eine Erläuterung der Zielsetzungstheorie befindet sich bereits in Kapitel 2.2.3.1. Aufschluss über Erwartungs x Wert-Theorien als Grundlage von motivationalen Prozessen und der gruppenbezogenen Erweiterung in Form des VIST-Modells (Hertel, 2002) bieten die nachfolgenden Erläuterungen.

Erwartungs x Wert-Theorien

Erwartungs x Wert-Theorien gehören zu den Prozesstheorien der Motivation und beinhalten vornehmlich das Ziel der individuellen Nutzenmaximierung. Dieses schließt die Auswahl von Handlungsalternativen zur Erreichung eines (individuell bedeutsamen) Ziels ein und beantwortet damit die Frage, warum Menschen bestimmte Tätigkeiten präferieren und in der Folge Unterschiede in der Leistung zustande kommen. Den einflussreichsten Forschungsansatz zur Auswahl der Handlungsalternativen stellte Vroom 1964 unter dem Begriff „VIE-Theorie" vor. Der Name geht dabei auf die drei Hauptkomponenten Valenz, Instrumentalität und Erwartung zurück. Die Valenz symbolisiert dabei den wahrgenommenen Wert eines Handlungsergebnisses bzw. einer Handlungsfolge. Der Mittel-Zweck-Zusammenhang zwischen

Handlung und Handlungsfolge wird beschrieben mit dem Begriff der Instrumentalität. Diese kann in den Definitionen von Vroom Werte zwischen -1 (Mittel verhindert die Zielerreichung) und +1 (Mittel führt zwangsläufig zur Zielerreichung) annehmen. Die dritte Komponente „Erwartung" spiegelt die subjektive Wahrscheinlichkeit, dass eine Handlung zu einem bestimmten Handlungsergebnis führt, wider. Die Erfolgswahrscheinlichkeit liegt dabei in einem Bereich zwischen 0 und 1.

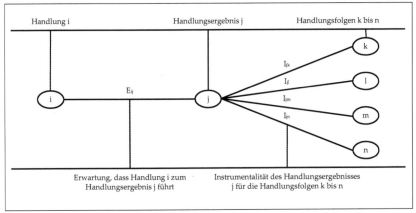

Abb. 2.3.: VIE-Theorie von Vroom (nach Heckhausen, 1989)

Die zeitliche Anordnung der Komponenten erläutert Abb. 2.3.. Dabei wird deutlich, dass eine Handlung (z. B. Lernen) mit einer gewissen erwarteten Wahrscheinlichkeit zu einem Handlungsergebnis (z. B. gute Note) führt, welches verbunden mit einer spezifischen Instrumentalität mit Handlungs(ergebnis)folgen (z. B. Lob, Anerkennung, Geld) verbunden ist. Die Wahl einer Handlungsalternative lässt sich nun durch die Bestimmung der gedanklich antizipierten Valenz des Handlungsergebnisses bestimmen. Diese lässt sich in dem Modell von Vroom mittels folgender Formel ermitteln:

$$V_j = f\left[\sum_{k=1}^{n}(V_k \times I_{jk})\right]$$

V_j = Valenz des Handlungsergebnisses j
I_{jk} = Wahrgenommene Instrumentalität des Handlungsergebnisses j für die Handlungsfolge k
V_k = Valenz der Handlungsfolge k

Ein Individuum präferiert die Handlung, der im Vorwege die höchste Valenz des Handlungsergebnisses zugeschrieben wird. Die VIE-Theorie wird im Rubikon-Modell von Heckhausen (1989) in die motivationale Phase eingeordnet. Sie gibt aber auch Hinweise über die Volition bzw. die Anstrengung zur Umsetzung einer Alternative. Hierfür nutzt Vroom die subjektive Erwartung, dass eine bestimmte Handlung (Anstrengung, Engagement) zu einem erwünschten Handlungsergebnis führt. Vroom definiert dafür folgende Formel:

$$F_i = f\left[\sum_{j=1}^{n}(E_{ij} \times V_j)\right]$$

F_i = Anstrengung für Handlung i
E_{ij} = Subjektive Wahrscheinlichkeit, dass der Handlung i das Ereignis j folgt.
V_j = Valenz des Handlungsergebnisses j

Gemäß den Annahmen sollte ein hohes Anstrengungsniveau dann gewählt werden, wenn eine hohe Erwartung an das gewünschte Ergebnis und eine hohe Valenz des Handlungsergebnisses vorliegen. Eine unabhängige Überprüfung und Bestätigung des VIE-Modells findet sich bei Mitchell (1982). Hierbei ist jedoch zu beachten, dass eine Vorhersage der Auswahl von Handlungsalternativen besser gelingt als die Umsetzung einer Alternative (siehe auch van Eerde & Thierry, 1996). Die von Vroom (1964) postulierte multiplikative Verbindung zwischen den Komponenten wurde immer wieder insb. von van Eerde und Thierry (1996) kritisiert. Die Autoren ermittelten in einer Metaanalyse ein höheres Maß an aufgeklärter Varianz mit einer additiven Verknüpfung der Komponenten als mit einer multiplikativen. Vroom selbst beschreibt die dahin gehende Anpassung seiner Theorie in der Neuauflage seines Buches (1995) als zu voreilig und überlässt es der weitergehenden Forschung, die Verbindungen zwischen den Komponenten zu ermitteln.

Das VIST-Modell

Eine Weiterentwicklung des VIE-Ansatzes stellt das VIST-Modell von Hertel (2002) dar. Es umfasst die Komponenten Valence / Valenz, Instrumetality / Instrumentalität, Self-efficacy / Selbstwirksamkeitserwartung und Trust / Vertrauen (Tab. 2.1.).

Tab. 2.1.: Komponenten des VIST-Modells nach Hertel (2002)

Komponenten	Erläuterung
Valenz	Wert der Teamziele für den einzelnen Mitarbeiter
Instrumentalität	Wahrgenommene Bedeutung des eigenen Beitrags zum Teamziel
Selbstwirksamkeitserwartung	Erwartung, seinen Beitrag zum Erreichen des Teamziels beisteuern zu können.
Vertrauen	Erwartung, dass alle anderen Teammitglieder ebenfalls ihren Beitrag leisten.

Bei diesem Erwartungs x Wert-Modell steht vor allen Dingen das kooperative Verhalten im Sinne einer Maximierung von Gruppeninteressen im Vordergrund und nicht das allein agierende Individuum. Diese Fokuserweiterung greifen auch Karau und Williams (1993, 2001) mit dem CEM (Collective Effort Model)-Modell auf. Sie postulieren, dass ein Zusammenhang zwischen der eigenen Leistung und der Gruppenleistung sowie zwischen den individuellen und den Gruppenkonsequenzen die Motivation der Teammitglieder entscheidend verstärkt. Die Autoren berücksichtigen damit die Tatsache, dass Individuen, die gemeinsam in einem Team arbeiten, sich in ihrem Erleben gegenseitig beeinflussen. Die Perspektive des Individuums im Team wird ebenso im VIST-Modell von Hertel (2002) aufgegriffen. Hertel ergänzt zusätzlich zur Motivation auf Basis des VIE-Modells das Vertrauen als Bindeglied zwischen Individuum und Gruppe. Das Modell wurde von Hertel insb. im Kontext virtueller Teams umfassend erprobt (Hertel, Konradt & Orlikowski, 2004). Es gilt jedoch auch für den Einsatz in „traditionellen" Teams als geeignet. Sicher nachgewiesen werden konnte ein positiver linearer Zusammenhang zwischen motivationalen Faktoren und Leistung, welcher in den nachfolgenden Abschnitten genauer erläutert werden soll.

Valenz. Die Valenz spiegelt den Wert des Teamzieles für den einzelnen Mitarbeiter wider und ist damit klar der Wertkomponente des Forschungsansatzes zu zuordnen. Eine hohe individuelle Bewertung des Teamzieles gilt als Garant für eine hohe Motivation, aber auch als Grund für Motivationsverluste (Hertel, 2002). Letztere können u. a. auf die zeitgleiche Verfolgung mehrerer Ziele (private wie berufliche) zurückgeführt werden. Stehen diese im Widerspruch zu einander (z. B. durch erforderlichen zeitlichen Aufwand, Karriereplanung oder moralische Aspekte) oder schließen sich gar aus, so ist eine Verringerung des Engagements für das Teamziel möglich. Auch führt eine geringe Identifikation mit dem Gruppenziel (z. B. aufgrund geringer sozialer Kontakte zu den anderen Teammitgliedern oder einer unklaren Formulierung des Ziels) zu einer Verringerung der subjektiven Bedeutung des Teamzieles (Karau & Williams, 2001). Die Valenz-Komponente unterscheidet sich folglich von der Zielorientierung des gesamten Teams durch die Hervorhebung des individuellen Blickwinkels und den damit verbundenen Konsequenzen für das individuelle Handeln. Hertel, Konradt & Orlikowski (2004) konnten im Rahmen einer Studie zu virtuellen Teams für alle vier Komponenten einen positiven Zusammenhang zur Teameffektivität nachweisen, welcher sich für Valenz ($r = .39$, $p < .05$) und Instrumentalität ($r = .49$, $p < .05$) signifikant zeigt.

Instrumentalität. Die Komponenten Instrumentalität umfasst die subjektiv wahrgenommene Bedeutung des eigenen Beitrags für die Erreichung des Teamziels[6]. Instrumentalität begünstigt nach Hertel

---

[6] Hertel (2002) verändert damit diese Komponente im Vergleich zu Vroom (1964), der mit dem Begriff den Mittel-Zweck-Zusammenhang zwischen Handlungsergebnis und Handlungsfolgen verbindet.

(2002) eine hohe Motivation dann, wenn die Konsequenzen der eigenen Handlung als von besonderer Wichtigkeit für das Teamziel wahrgenommen werden. Insbesondere im Gruppenkontext können zu viele Fehlannahmen hinsichtlich der individuellen Instrumentalität zu Motivationsverlusten und in der Folge zu Leistungsverlusten führen (siehe auch „free riding"-Effekt, vgl. Kerr & Bruun, 1983). Karau und Williams (1993, 2001) sehen gering wahrgenommene Instrumentalität des eigenen Beitrags ist eine der wichtigsten Begründungen für Motivationsverluste in Gruppen an. Gleichzeitig kann das Wissen über die Wichtigkeit des eigenen Beitrags auch zu einer signifikanten Leistungssteigerung führen (im Sinne von „Es kommt auf mich an!", vgl. Kerr & Bruun (1983), Hertel, Kerr, Scheffler, Geister & Messé, 2000).

Selbstwirksamkeitserwartung. Diese Komponente des VIST-Modells spiegelt die Erwartung, den notwendigen Beitrag zur Erreichung des Teamzieles leisten zu können, wider (Hertel, 2002). Für das Individuum beschreibt Nerdinger (1995, S. 115) Selbstwirksamkeitserwartung als *„Glauben, über die Fähigkeit zur Kontrolle des Handelns und von Ereignissen, die für das eigene Leben wichtig sind, zu verfügen."* Zurückgehend auf die sozial-kognitive Lerntheorie von Albert Bandura (1986) wurde das Konstrukt in den letzten drei Jahrzehnten in mehr als 10000 Studien untersucht, davon fallen ca. 1000 Beiträge in den Bereich der Arbeits- und Organisationspsychologie (Judge, Jackson, Shaw, Scott & Rich, 2007). Es kann damit als bewährtes und gut validiertes Konstrukt angesehen werden.

In verschiedenen Forschungsarbeiten zeigte sich, dass die Erwartungskomponente der Erwartungs x Wert-Modelle vergleichbar mit der Selbstwirksamkeitserwartung gemessen wird (vgl. Nerdinger, 1995; Latham & Locke, 1991) und somit der Erwartungskomponente des VIE-Modells gleichgesetzt werden kann. Es ist davon auszugehen, dass Individuen, die davon überzeugt sind, einen hohen Beitrag für das (Team-) Ziel leisten zu können, eine höhere Motivation aufweisen und damit tatsächlich zu einer hohen Teamleistung beitragen (vgl. für den Kontext der virtuellen Organisationen auch Staples, Hulland & Higgins, 1998). Schwarzer (2000) bemerkt, dass der motivationale Effekt von hoher Selbstwirksamkeitserwartung sich in mehreren Stufen zeigt: Zunächst wählt das Individuum sich schwierige, herausfordernde Aufgaben aus, investiert Anstrengung und bleibt dabei standhaft und ausdauernd (auch wenn Erfolge zunächst ausbleiben oder Rückschläge auftreten). Dieses Vorgehen stellt auch nochmals die Anwendungsbezogenheit der Selbstwirksamkeitserwartung für verschiedenste Kontexte heraus.

Uneinigkeit besteht jedoch darüber, ob es sich bei dem Konzept der Selbstwirksamkeitserwartung um eine generelle oder um eine situationsspezifische Ausprägung handelt. Bandura (1977) selbst empfiehlt, die Selbstwirksamkeitserwartung unter Beachtung der vorherrschenden Situation zu betrachten, was in der Regel in Studien auch Anwendung findet. Schwarzer (1992) betrachtet die Selbstwirksamkeitserwartung hingegen auch als allgemeines Persönlichkeitsmerkmal, welches sich in spezifischen Situationen in entsprechender Ausprägung zeigt. Diese verschiedenen Sichtweisen führten zu einer Entwicklung von Messinstrumenten mit unterschiedlichen Auswirkungen. Während das von Jerusalem und Schwarzer (1992) entwickelte Instrument die generalisierte Selbstwirksamkeitserwartung eines Individuums misst, konzentrieren sich andere Autoren auf den Kontext. Für den Arbeitsbereich sind z. B. die BSW-Skala (Abele, Stief & Andrä, 2000), die Career Attitude Scale (Stickel & Bonett, 1991), die Occupational Self-Efficacy Scale (Betz & Hackett, 1981) oder die Task-Specific Occupational Self-Efficacy Scale (Rooney & Osipow, 1992) zu nennen.

Einen aktuellen Überblick über die Befundlage zum Zusammenhang von Selbstwirksamkeitserwartung und Leistung bieten Judge, Jackson, Shaw, Scott und Rich (2007). Erwähnt werden soll insbesondere die Metaanalyse von Stajkovic und Luthans (1998), welche 114 Studien zum Zusammenhang von Selbstwirksamkeitserwartung und Leistung umfasst und einen starken Zusammenhang von ϱ = .34 berichtet (vgl. auch die Metaanalyse von Judge & Bono, 2001, mit ϱ = .23). Judge und Kollegen (2007) replizieren in einer weiteren Metaanalyse (N = 158 Studien) dieses Ergebnis, weisen zudem auf verschiedene erweiterte Wirkmodelle zur Erläuterung des Zusammenhangs hin. So konnten die Autoren die Einflüsse individuell verankerter Variablen wie Erfahrung, Persönlichkeit (Big Five) und Intelligenz aufdecken. Als wichtige Moderatorvariablen des Zusammenhangs zwischen Selbstwirksamkeitserwartung und Leistung wurde die Job-Komplexität identifiziert (z. B. Judge et al., 2007). Je geringer die Job-Komplexität eingestuft wurde, desto größer bemaß sich der Zusammenhang zwischen der Selbstwirksamkeitserwartung der Mitarbeiter und der gezeigten Leistung[7].

Vertrauen. Die Komponente des Vertrauens wurde von Hertel (2002) als Erweiterung zum VIE-Modell eingeführt und stellt damit die dritte Erwartungskomponente dar. Vertrauen gilt im Allgemeinen als Basis für dauerhaft kooperatives Verhalten ohne äußere Notwendigkeit (z. B. Anweisung vom Vorgesetzten) (Mayer, Davis & Schoorman, 1995) und bedingt den Erfolg der Zusammenarbeit (Dirks & Ferrin, 2001). Dirks und Ferrin (2001) bemerken in ihrem Überblick über Vertrauensmodelle, dass ein Haupteffekt bzgl. der Leistung und anderer Outcomefaktoren in mehr als 90% der Studien nachgewiesen wird, welcher sich in der praktischen Anwendung in Form des Human Ressource Managements in Unternehmen widerspiegelt. Jedoch sind die Ergebnisse der betrachteten Studien nicht immer konsistent und auf allen Ebenen nachweisbar. So befinden sich unter den von den Autoren

---

[7] Die hier genannten Belege gelten für Individuen in Organisationen. Eine ähnliche Position nimmt auch das in dieser vorliegenden Arbeit verwendete VIST-Modell ein (Individuen in Gruppen). Die Möglichkeit eines Blickes auf die Selbstwirksamkeit einer Gruppe oder Organisation als Ganzes vornehmlich postuliert durch Gibson (1999) soll hier nicht verschwiegen werden. Ebenso wie die individuelle Selbstwirksamkeit weist auch die „group efficacy" einen positiven Zusammenhang zur Leistung auf (Gibson, 1999; Gully, Incalcaterra, Joshi & Beaubien, 2002).

betrachteten Studien nur zwei, die den Einfluss des Vertrauens auf die Gruppenleistung belegen (Dirks, 2000, und Friedlander, 1970, beide zit. n. Dirks & Ferrin, 2001). Auch für den Kontext der virtuellen Teams bestehen Hinweise auf einen Zusammenhang (Jarvenpaa & Leidner, 1999).

Vertrauen kann sich auf die anderen Teammitglieder (interpersonales Vertrauen), aber auch auf die Rahmenbedingungen beziehen. Interpersonelles Vertrauen umfasst die Erwartung, dass die Leistung (-sbereitschaft) der Teammitglieder dem gemeinsamen Ziel zugutekommt. Vertrauen ist genauer davon abhängig, wie Gruppenmitglieder das Ziel der Kooperation bewerten und wie sehr sie erwarten, dass eigene Anstrengungen von anderen erwidert werden (Hertel, 2002). Weitergehend ist gemäß des Modells eine Teilung des Vertrauens in „Vertrauen in die Einstellung der anderen Teamglieder" (z. B. Bereitschaft vertraulich mit Informationen umzugehen) und in „Vertrauen in die Kompetenz", wie Qualifikationen und Einsatzbereitschaft der anderen Mitarbeiter, möglich. Das Vertrauen in die Rahmenbedingungen (z. B. die Informations- und Kommunikationstechnologie) sollte dann im Fokus stehen, wenn wie in virtuellen Teams die Möglichkeit zur Zusammenarbeit entscheidend davon abhängig ist.

Alle vier vorgestellten Komponenten wirken nach Hertel (2002) gemeinsam, jedoch weitestgehend unabhängig auf die Motivation. Andere Studien weisen auf einen multiplikativen Zusammenhang hin (z. B. Karau & Williams, 2001), welcher sich in den Metaanalysen von van Eerde und Thierry (1996) nicht als vorteilhaft erwiesen hat. Auch ist die Frage nach einer gegenseitigen Kompensation der Faktoren nach Hertel (2002) aufgrund der ungeklärten Zusammenhänge der Faktoren untereinander noch nicht abschließend zu beantworten. Er empfiehlt weiterhin eine getrennte Betrachtung, welche auch in der vorliegenden Arbeit verfolgt werden soll.

2.2.3.3 Ebene der Aufgabe

Der Fokus der dritten Betrachtungsebene ist auf die Wahrnehmung der individuellen Aufgabe im Team gerichtet. Die Tätigkeiten in Projektteams können allgemein nach Janz, Colquitt und Noe (1997) dem Bereich der „Knowledge-Worker", der hoch ausgebildeten Mitarbeiter, die aufbauend auf fundiertem Wissen und analytischen Fähigkeiten vornehmlich neue Produkte und Dienstleistungen entwickeln, zugeordnet werden. Brodbeck (1993, 2001) beschreibt die Aufgaben im Bereich von Projekten der Softwareentwicklung als hoch komplex, keine Routinetätigkeit und dynamisch. Die Dynamik ist durch Fehlerkorrekturen nach Testungen, zusätzlichen Kundenwünschen etc. begründet und kann zu Anpassungen des Projektes bzw. der Arbeitstätigkeit der Projektmitglieder führen. Insbesondere sozio-technische Ansätze (Parker, Wall & Cordery, 2001; Grote, 1997) betrachten die Bewältigung von Schwankungen und Störungen aus der Umwelt, die relativ zeitnah von den Mitarbeitern selbst behoben werden sollten. So sind auch die Projektmitarbeiter beim Auftreten von z. B. technischen Problemen, fachlichen Fragen oder Missverständnissen oftmals unter Zeitdruck. Karasek und Theorell (1990) weisen darauf hin, dass adäquat gestaltete Tätigkeiten ein verstärktes Sicherheitsgefühl vermitteln. Ähnlich konnte auch Jackson (1989) zeigen, dass Personen, die Kontrolle über ihre Tätigkeit empfinden, selbstständig Problemlösestrategien anwenden, um mit unsicheren Situationen umzugehen. Grundlage für einen selbstständigen Umgang mit den Störungen ist eine Verantwortung der Mitarbeiter für die Aufgabe. Dieses kann durch eine Erweiterung der Entscheidungs- und Gestaltungsbefugnisse in die betriebliche Praxis umgesetzt werden.

Aufbauend auf diesen Annahmen fungiert in der vorliegenden Arbeit das „Job Demands / Control"-Modell von Karasek (1979; Abb. 2.4.) mit dem dazugehörigen „Job Content Questionnaire (JCQ)" als theoretische Grundlage.

Theoretischer Hintergrund 47

		niedrig	hoch
CONTROL (Tätigkeitsspielraum)	hoch	‚low strain job' kein Gesundheitsrisiko, keine Förderung	‚active job' gesundheits-/ lern- /persönlichkeits- förderlich
	niedrig	‚passive job' ggf. Absenkung der Aktivierung u. Problemlösefähigk.	‚high strain job' Gesundheitsrisiko / Fehlbeanspruch- ungsrisiko
		niedrig	hoch
		JOB DEMAND (Arbeitsintensität)	

Abb. 2.4.: Job demand / control model nach Karasek (1979)

Das Modell besagt, dass die Wechselwirkung zwischen Arbeitsintensität (job demands) und Tätigkeitsspielraum (control oder decision authority) einen Einfluss auf arbeitsbezogene Beanspruchungsfolgen (z. B. Gesundheit, Motivation) besitzt. So wird angenommen, dass ein ausreichender Tätigkeitsspielraum ein hohes Maß an Arbeitsintensität ausgleicht und als „active job" bezeichnet werden kann. Ausgeprägte Gesundheitsrisiken werden beim Typus des „high strain jobs" (hohe Arbeitsintensität bei geringem Tätigkeitsspielraum) vermutet. Die postulierten Effekte des Modells (Haupteffekten, Interaktionen) konnten jedoch bisher nicht ausreichend belegt werden (z. B. Karasek & Theorell, 1990). Korunka, Zauchner und Weiss (1997) finden im Kontext organisationaler Veränderungen jedoch Hinweise auf einen Anstieg des Stresses über die Zeit bei hoher Arbeitsintensität und geringem Tätigkeitsspielraum. Weiterhin weisen Karasek und Kollegen (1998) darauf hin, dass mittels einer Abgrenzung des Faktors Skill Utilization eine Steigerung der Validität erreicht werden kann.

Die Dimension „job demands" oder Arbeitsintensität umfasst den erlebten Zeitdruck, Arbeitshektik und widersprüchliche Arbeitsanforderungen, wie sie insbesondere im Bereich der Projektarbeit an der Tagesordnung sind.

Der Begriff des Tätigkeitsspielraums[8] beinhalte die für die Mitarbeiter eines Arbeitssystems gegebenen inhaltlichen und zeitlichen Freiheitsgrade. Dieses umfasst Entscheidungsmöglichkeiten über Art, Abfolge, Mittel und Zeitbindung von Handlungen im Arbeitsprozess (vgl. Hacker, 2005). Für den Bereich der Projektarbeit im Allgemeinen und der Softwareentwicklung im Besonderen merkt Sonnentag (1994 in Frese und Brodbeck) an, dass der (von ihnen bezeichnet als) Handlungsspielraum durch die Vorgaben des Kunden eingeschränkt ist. Spielräume bestehen ihrer Meinung nach hinsichtlich der Aufteilung der Aufgaben innerhalb des Teams, der Reihenfolge der Aufgabenpakete und des Arbeitsortes. Empirisch gestützt wird das Konzept des Tätigkeitsspielraumes im deutschsprachigen Bereich z. B. durch die Studien von Frese und Semmer (1991). Die Autoren wiesen nach, dass Tätigkeiten mit erweitertem Tätigkeitsspielraum mit geringeren negativen gesundheitlichen Folgen einhergehen. Zusammenfassende Überblicke über die positive Wirkung erweiterter Tätigkeits- und Entscheidungsspielräume auf Gesundheit, Arbeitszufriedenheit und Motivation finden sich bei Sonnentag und Frese (2003) sowie Hacker und Richter (2006) oder Rau, Morling und Rösler (2010). Gegenläufig zu diesen Ergebnissen konnte Zapf (1991) bei Software-Entwicklern eine Zunahme der Gereiztheit und verminderte Belastbarkeit bei erhöhtem Tätigkeitsspielraum nachweisen. Demnach besteht die Möglichkeit einer Überforderung der Mitarbeiter bei objektiv vorhandenen oder subjektiv erlebten hohen Tätigkeitsspielräumen, die sich durch mehrfache Arbeitsunterbrechungen, erlebten hohen Zeitdruck sowie vermehrte soziale Stressoren ausdrückt. Aus den genannten Studien ergibt sich der Hinweis auf einen

---

[8] Der Begriff des Tätigkeitsspielraumes ist im Bereich der internationalen Arbeits- & Organisationspsychologie mit den Begriffen der „Kontrolle" (vgl. Frese, 1989; Semmer, 1990) und „Autonomie" (vlg. Ulich, 1998; Grote, 1997) eng verbunden. Richter und Kollegen (2000) führen dieses auf eine parallele Begriffsentwicklung auf Grundlage des tätigkeitspsychologischen Ansatzes von Leontjev sowie den amerikanischen Kontrolltheorien aus der Stressforschung zurück. Als Folge sind heute widersprüchliche Verwendungen der Begriffe zu beobachten.

kurvilinearen Zusammenhang des Tätigkeitsspielraumes mit Befindens- und Verhaltensmerkmalen. Mehr ist demnach nicht immer besser. Richter (2006) warnt entsprechend vor zu schnellen Annahmen rein positiver Auswirkungen erweiterter Spielräume.

Zu den Auswirkungen von Arbeitsintensität und Tätigkeitsspielraum auf die Leistung von Teams oder anderen organisationalen Strukturen gibt es nur wenige Studien verglichen mit der Anzahl der Studien zu Auswirkungen auf Befindens- und Verhaltensmerkmale. Insbesondere der direkte Zusammenhang zwischen der Arbeitsintensität (job demands) und der Leistung der Mitarbeiter wurde nur selten publiziert (vgl. Jex, 1998). Bestehen dazu Ergebnisse, sind die nachgewiesenen Zusammenhänge als mittel bis gering zu bewerten (Jex, 1998; Flynn & James, 2009).

Ausgehend von der Definition des Tatigkeits- resp. Handlungsspielraums als inhaltliche und zeitliche Freiheitsgrade ist in der englischsprachigen Literatur der Begriff der Autonomie gleichzusetzen (vgl. Hacker, 2005). Stewart (2006) fasst für seine Metaanalyse insbesondere die Möglichkeit eines Teams eigenständige Entscheidungen zu fällen, Arbeitsabläufe zu organisieren und die eigenen Arbeitsabläufe an Veränderungen anzupassen für den Begriff der Autonomie zusammen. Allgemein wird von einem Leistungszuwachs durch eine hohe Autonomie des Teams ausgegangen, welche auf die zeitnahe Reaktion auf Störungen (vgl. Grote, 1997) oder eine verbesserte Informationslage innerhalb des Teams (vgl. Hollenbeck, Ilgen, LePine, Colquitt & Hedlund, 1998) zurückgeführt werden kann. Aufgrund der zu erwartenden Abstimmungsprozesse vermutet Stewart (2006) im Rahmen von klar abgesteckten Tätigkeitsfeldern einen hohen Grad von Autonomie in Teams als leistungsmindernd, während für kreative und dynamische Arbeit eine Förderung zu erwarten sei. Allgemein konnte er durch eine Metaanalyse einen moderaten positiven Zusammenhang zwischen Autonomie und Teamleistung nachweisen, welcher sich konträr zu den

Vermutungen bei Teams mit körperlicher Arbeit stärker zeigte als bei sogenannten „knowledge-workern". Auch hier wird vermutet, dass bei hoch komplexen Anforderungen im Rahmen von Wissensarbeit (wie es in der Projektarbeit der Fall ist) eine zu hohe Autonomie resp. ein zu hoher Tätigkeitsspielraum die Leistung des Teams einschränkt (vgl. Cohen & Bailey, 1997).

Zusammenfassend wird die Relevanz des Tätigkeitsspielraums in Wechselwirkung mit der Arbeitsintensität für die Gestaltung von Arbeitsprozessen deutlich. Generell kann von einer positiven Auswirkung der Arbeitsintensität und des Tätigkeitsspielraums auf die Leistung des Teams ausgegangen werden, welche sich jedoch unter einer zu hohen Ausprägung des jeweiligen Merkmals verringert.

2.2.4 Zusammenfassung des Zusammenhangs von Inputfaktoren und Teamleistung (Fragestellungen Block A)

Der zweite Abschnitt des Theoretischen Teils gibt einen Überblick über die Grundlagen der Teamarbeit. Betrachtet werden zunächst verschiedene Modelle der Teamarbeit (z. B. Phasen der Zusammenarbeit, Tuckman, 1965; Input-Process-Output-Modell, McGrath, 1964; Input-Throughput-Output-Modell, Tannenbaum et al., 1992). Die vorliegende Dissertation orientiert sich am Input-Mediator-Output-Input-Modell von Illgen et al. (2005), welches eine grundlegende Erweiterung der Prozessmodelle um einen zyklischen Verlauf postuliert. Eine Zusammenarbeit, wie z. B. ein Projekt, besteht demnach aus mehreren Phasen, in welchen am Ende der jeweilige Output zum Input der nachfolgenden Phase wird. Die Anwendung des Modells ist daher nicht ausschließlich über die vollständige Laufzeit einer Zusammenarbeit notwendig, sondern ermöglicht die Betrachtung einzelner Teilzyklen. Zusätzlich ist eine gewisse Dauer der Zusammenarbeit notwendig, um das Auftreten und die Auswirkungen von Störungen bestimmen zu können. Als Output-Kriterium fungiert in der vorliegenden Arbeit die Leistung des gesamten Teams, genauer die Einhaltung von Qualität,

Quantität, zeitlicher und finanzieller Vorgaben (Tannenbaum et al., 1992). Auf der Seite des Inputs findet sich eine Dreiteilung in die Ebenen des Teams, des Individuums im Team und der Aufgabe (vgl. Kozlowski & Bell, 2003).

Auf der Ebene des Teams leisten die Konstrukte der Kommunikation, der Koordination (in Form der Teamorganisation) und Kooperation (in Form des Engagements und der Verantwortung) sowie der Zielorientierung und Führung einen signifikant positiven Beitrag zur Vorhersage der Teamleistung. Für den Kontext der Projektarbeit bieten die Studien von Brodbeck (1994, 2001) Belege für die positive Auswirkung der aufgabenbezogenen Kommunikation auf die Leistung des Projektteams. Die Abstimmung der Tätigkeiten der einzelnen Teammitglieder obliegt dem Teamleiter, sollte aber aufgrund des schnellen Handlungsbedarfs bei Störungen und Unsicherheiten auch innerhalb des Teams realisiert werden (Gemuenden & Hoegl, 1999, 2000). Eine positive Auswirkung vermehrter Eigenständigkeit des Teams hinsichtlich der Koordinations- und Organisationsprozesse auf die Leistung beobachtete auch die Forschergruppe um Campion (Campion et al., 1997). Um das Potential teaminterner Koordination nutzen zu können, ist eine hohe Kooperation im Sinne des Engagements für andere und der Verantwortungsübernahme unter den Mitgliedern von Nöten (vgl. Hoegl & Gemuenden, 1999). Auch diesem Konstrukt wird eine positive Auswirkung auf die Teamleistung zugeschrieben. Vielfache Forschungstätigkeiten waren in den letzten Jahren für die Zielorientierung in und die Führung von Gruppen zu verzeichnen. O'Leary-Kelly et al. (1994, vgl. auch die Überblicke von Guzzo & Dickson, 1996; Locke & Latham, 1990) bieten mit einer Meta-Analyse einen umfassenden Nachweis für die positive Auswirkung schwieriger Ziele auf die Gruppenleistung. Allerdings nimmt dieser Effekt mit steigender Komplexität der Aufgabe ab. Insbesondere im Bereich der Projektarbeit, welche für immensen Zeitdruck und hoch komplexe, neuartige Aufgaben bekannt ist, gilt dieser Zusammenhang als gefährdet, aber dennoch vorhanden. Ein weiterer Aspekt auf der Teamebene ist die Teamführung. Wie erwähnt, steht hier eher die Koordination der Mitarbeiter als eine unmittelbare Machtausübung im Vordergrund. Dennoch unterstreichen Autoren wie Manz und Sims (1995) sowie Gemuenden und Hoegl (2000) einen Führungsbedarf in Projektgruppen sowie die positive Wirkung auf die Teamleistung.

> *Fragestellung 1:* Welchen Beitrag leisten auf der Ebene des Teams die Konstrukte der Kommunikation, Teamorganisation, Engagement & Verantwortung, Ziel- & Leistungsorientierung und Führung zur Vorhersage der Teamleistung?

Die Betrachtung der Sichtweise des einzelnen Mitarbeiters im Team konzentriert sich vornehmlich auf motivationale Komponenten, die ein persönliches Engagement für die Ziele des Teams und damit für die gemeinsame Leistung versprechen (Ebene 2 - Individuum). Vor diesem Hintergrund nennt Hertel (2002) in seinem VIST-Modell die Bewertung des Teamziels (valence), die Bedeutung des eigenen Beitrags (instrumentality), die Erwartung, die bestehenden Aufgaben lösen zu können (self-efficacy) sowie das Vertrauen in die anderen Teammitglieder (trust) als leistungsrelevant. Genauer konnten Hertel et al. (2004) einen signifikanten Zusammenhang der Bewertung des Teamzieles (Valenz) und des eigenen Beitrags (Instrumentalität) mit der Teameffektivität nachweisen. Zur Komponente der Selbstwirksamkeitserwartung und ihren Zusammenhang zur Leistung erfolgten vielfältige Studien und Metaanalysen (Stajkovic & Luthans, 1998, Judge & Bono, 2001; Judge et al., 2007). Die Komponente des Vertauens in die Einstellung und Kompetenz der anderen Teammitglieder wurde von Hertel als gruppenbezogene Erweiterung zum VIE-Modell von Vroom (1964) eingeführt. Dirks und Ferrin (2001) weisen auf eine größere Anzahl von Studien hin, die den Zusammenhang zwischen Vertrauen und Leistung postulieren.

Auch wenn nur eine geringe Anzahl dieser Studien einen signifikanten Zusammenhang zur Gruppenleistung aufweisen, soll auch in der vorliegenden Arbeit von einem derartigen Zusammenhang ausgegangen werden.

> *Fragestellung 2:* Welchen Beitrag leisten auf der Ebene des Individuums die Konstrukte der Valenz, Instrumentalität, Selbstwirksamkeitserwartung und Vertrauen zur Vorhersage der Teamleistung?

Die dritte Ebene umfasst die Wahrnehmung der mit der individuellen Aufgabe verbundenen Konstrukte des Tätigkeitsspielraums und der Arbeitsintensität (vgl. Hacker & Richter, 2006). Beide Komponenten sind charakteristisch für eine projektbezogene Tätigkeit. Es wird von einer positiven Auswirkung der Arbeitsintensität und des Tätigkeitsspielraums („active jobs") auf die Leistung des Teams ausgegangen, welche sich jedoch unter einer zu hohen Ausprägung des jeweiligen Merkmals verringert (vgl. Cohen & Bailey, 1997).

> *Fragestellung 3:* Welchen Beitrag leisten auf der Ebene der Aufgabe die Konstrukte Arbeitsintensität und Tätigkeitsspielraum zur Vorhersage der Teamleistung?

Zusammenfassend lässt sich eine weitreichende Forschungstätigkeit zu allen drei vorgestellten Ebenen nachweisen. Eine Übersicht der Annahmen bietet Abbildung 2.5. In der Regel richtet sich der Blickwinkel dieser Forschungsvorhaben auf schmale Ausschnitte, die selten mehrere Ebenen oder gar den Kontext der Teamarbeit miteinbeziehen. Diesen Zustand bemängeln auch Kozlowski und Bell (2003), Guzzo und Shea (1992) oder Sundstrom, De Meuse und Futrell (1990). Diese Autoren gehen davon aus, dass der Kontext nicht nur eine Auswirkung auf die Bewältigung der Aufgabe hat, sondern auch die Zusammenarbeit im

Team und individuelle Aspekte (z. B. Normen, Verhalten, Erwartungen, Rollen) mit beeinflusst. Sie fordern eine stärkere Einbeziehung von Faktoren, die sich im weiteren organisationalen Kontext befinden und einen Einfluss auf den (meist ebenfalls kaum beachteten) Work-flow rsp. Arbeitsprozess besitzen. Im Rahmen von Projektarbeit sind hier die nicht planbaren Zwischenfälle, Störungen und Veränderungen, welche Unsicherheiten auslösen können (v. Rosenstiel et al., 2009), als kontextbezogene Faktoren zu nennen. Nachfolgend wird auf Basis von Systemtheorien zunächst ein Einblick in das Zusammenspiel von Arbeitssystem (das Projektteam) und Kontext (in der vornehmlich betriebswirtschaftlichen Literatur verbunden mit dem Begriff der Umwelt) gegeben, um anschließend auf Störungen und Unsicherheiten einzugehen.

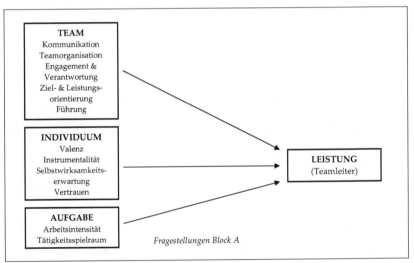

Abb. 2.5.: Postulierte Zusammenhänge auf den Ebenen des Teams, des Individuums und der Aufgaben mit der Leistung des Teams

Theoretischer Hintergrund 55

2.3 Grundlegende Annahmen zum Kontext von Arbeitssystemen

Neben der Zusammenarbeit im Team ist eine Tätigkeit in Projekten oftmals mit einer intensiven Kooperation mit Kunden, weiteren Projektpartnern oder anderen Abteilungen in der eigenen Organisation verbunden. Neben den genannten Aspekten gelten Veränderungen des Marktes, rechtliche Neuerungen und andere Ereignisse als potentielle Einflussfaktoren auf das Projekt und damit auf die Zusammenarbeit des Teams. Diesen Faktoren wurde in der Forschungsliteratur bisher nur wenig Rechnung getragen. Für die geforderte Betrachtung des organisationalen Kontextes (vgl. Kozlowski & Bell, 2003; Guzzo & Shea, 1992; Sundstrom et al., 1990) gilt es jedoch zunächst, neben einer klaren Abgrenzung des „Inneren" zum „Äußeren" des Teams, die Schnittstellen zu identifizieren und Wechselbeziehungen zu charakterisieren. Hierfür bietet sich eine Herangehensweise auf Basis von Systemtheorien an. In dem vorliegenden Kapitel erfolgt zunächst eine Darstellung klassischer Theorien zur Systemgestaltung (Kap. 2.3.1). Sie bilden die Grundlage für Annahmen hinsichtlich des Zusammenwirkens von System (z. B. Organisation oder Team) und Umwelt, welche die Begriffe der Schwankungen und (daraus entstehenden) Unsicherheiten integriert (Kap. 2.3.2). Kapitel 2.3.3 greift insb. die Definition und theoretische Verankerung von Unsicherheit auf.

2.3.1 Klassische Theorien der Systemgestaltung

Die Theorien der Systemgestaltung sind vornehmlich der betriebswirtschaftlichen Literatur zu zuordnen. Ausgewählt wurden zentrale Ansätze aus der Kybernetik (Kap. 2.3.1.1), der Organisationstheorie (Kap. 2.3.1.2) sowie der Soziotechnik (Kap. 2.3.1.3).

2.3.1.1 Kybernetische Ansätze

Der Begriff der „Kybernetik" wurde 1947 von Norbert Wiener geprägt und geht auf den griechischen Begriff „kybernétes", zu Deutsch „Steuermann", zurück (Duden-Redaktion, 2001). Die Disziplinen übergreifende Forschungsrichtung beschäftigt sich mit Regel- und Steuerungsmechanismen für komplexe Systeme, welche in biologischen (z. B. neuronalen Netzwerken) und technischen (z. B. Automatisierungstechniken in Heizungssystemen oder Flugsteuerung), aber auch in sozialen Fragestellungen (z. B. Entscheidungs- und Spieltheorie) Anwendung finden. Als Verbindung zwischen den unterschiedlichen Bereichen dient die Beobachtung, dass dynamische, selbstregulierende Systeme im Allgemeinen das Bestreben zeigen, auch unter verschiedensten Einflüssen ein Gleichgewicht aufrechtzuerhalten, um so ein vorgegebenes oder immanentes Ziel zu erreichen. So gilt die Kybernetik auch als eine der Grundlagen soziotechnischer Systemgestaltung und hielt in Form der systemorietierten Managementtheorie, verbunden mit den Namen Staffort Beer (1985; Kanada, Montreal) und Fredmund Malik (1986, 2002; Schweiz, St. Gallen), Einzug in die moderne Betriebswirtschaftslehre. Für den Bereich der Soziotechnik ist der Name William Ross Ashby (1963) zu nennen.

Zentrales Ziel eines jeden Systems ist es, das eigene Überleben im Sinne der Begrenzung essenzieller Variablen eines Systems (z. B. Blutdruck im Körper, Wassertemperatur in der Heizung) zu sichern (Zustand der Stabilität). Als wirksamste Mechanismen dafür gelten Regulation und Kontrolle, welche Ashby (1963) in seinem *„Gesetz der erforderlichen Varietät"* eindrucksvoll beschreibt. Ashby vertritt darin die Annahme, dass ein System eine Vielzahl von unterschiedlichen Zuständen besitzen kann. Die Anzahl der möglichen Zustände steigt mit der Anzahl der Einflussfaktoren auf das System. Er prägte hierfür den Begriff der *Varietät*. Allerdings ist das Überleben des Systems nur bei einer Auswahl der Zustände möglich oder gesichert. Diese Zustände werden durch die Regulation und Steuerung bestimmter Variablen des Systems (z. B. Warmwasser der Heizung) innerhalb definierter Grenzen von einem System angestrebt.

Einflussfaktoren auf das System können innerhalb oder außerhalb verortet werden. Der Einfluss von Umweltfaktoren wird als äußere Varietät oder Umweltvarietät bezeichnet (z. B. wechselhaftes Wetter) und stellt genauso wie eine innere Varietät (z. B. Widerstände oder Luft in den Rohren) eine Gefährdung des Gleichgewichtszustands des Systems dar. Zum Schutz des Systems empfiehlt Ashby (1963) die Funktion eines Regulators zwischen Umwelt und System (z. B. Thermostat). Aufgabe des Regulators ist es, ungünstige Einflüsse auf die essenziellen Variablen des Systems zu filtern oder abzuschirmen. Im Extremfall kann eine passive (z. B. Heizung aus) oder eine aktive Abwehr der Einflüsse (z. B. Heizung auf maximaler Temperatur) erfolgen. Der Regulator verringert oder blockiert demnach den Fluss der Varietät (Ashby, 1963). Im positiven Fall sorgt der Regulator dafür, dass das System nicht alle denkbaren, sondern nur die für das Überleben förderlichen Zustände annimmt (z. B. Heizungstemperatur passt Raumtemperatur an Zielwert an). Auch ist damit verbunden eine Reduktion der (Umwelt-) Komplexität (z. B. Reaktion nicht auf kurzfristige Temperaturveränderungen durch Lüften o. ä., sondern nur auf massive Schwankungen).

Abschließend ist bei einer aktiven Regulation zu beachten, dass die von außen auf das System wirkende Varietät nur durch eine entsprechende Varietät des Regulators abgewehrt oder verringert werden kann (Gesetz der erforderlichen Varietät). Ashby (1963) formuliert es konkreter: „...*only variety can destroy variety.*" Malik (1986, S. 191) ergänzt: „[...] *ein System mit einer gegebenen Komplexität* [ist] *nur mithilfe eines mindestens ebenso komplexen Systems unter Kontrolle* [zu] *bringen.*" Dieses gilt es in der praktischen Umsetzung der kybernetischen Denkweise, durch eine aktive Auseinandersetzung mit der Umwelt und ihren Einflüssen zu realisieren.

Im Rahmen dieser Arbeit wird das Handeln von Projektteams in Bezug auf Anforderungen der direkten Umwelt (z. B. Zulieferer, Kunden etc.) betrachtet. Weiterführend von der Kybernetik als grundlegende Denkart zum Verhalten von Systemen soll daher in den nachfolgenden Abschnitten der Blick auf Ansätze der Organisationstheorie gelenkt werden.

2.3.1.2 Ansätze aus der Organisationstheorie

Im Bereich der Organisationstheorie werden mehrere Theorien für die Unterlegung des Systemansatzes genannt (für einen detaillierten Überblick: Schreyögg, 1996). Vornehmlich kann zwischen deterministischen und interaktionalen Ansätzen unterschieden werden. Im Allgemeinen sehen deterministische Ansätze den Einfluss der Umwelt als entscheidenden Faktor, dem sich die Organisationen anzupassen haben. Ein gegenläufiger Einfluss der Organisation auf die Umwelt gilt als vernachlässigbar. Im langfristigen Verlauf kann, z. B. im Sinne einer evolutionstheoretischen Sichtweise, eine mangelnde oder verspätete Anpassung der Organisation an die wechselnden Anforderungen der Umwelt zu einem „Aussterben" (Auslese) der Organisation führen. Interaktionale Ansätze implizieren dagegen, dass sich Organisation und Umwelt in einem Prozess der ständig wechselseitigen Beeinflussung befinden. Detaillierte Erläuterungen und Beispiele finden sich in den nachfolgenden Abschnitten.

Deterministische Ansätze: Struktur der Umwelt

Schreyögg (1996) nennt die Mikroökonomische Gleichgewichtstheorie sowie evolutionstheoretische und kontingenztheoretische Ansätze als wichtige Vertreter des deterministischen Forschungsansatzes. Die *Mikroökonomische Gleichgewichtstheorie* ist stark an die Veränderungen des Marktes und den daraus resultierenden Anforderungen an Unternehmen orientiert. Da dieses den Gegenstand der vorliegenden Arbeit nicht maßgeblich berührt, soll auf eine detaillierte Darstellung verzichtet werden. *Evolutionstheoretische Ansätze* gleichen biologischen Entwicklungstheorien. Im Rahmen dieser Theorien wird von einer Entwicklung und Auseinandersetzung der Organisation mit der Umwelt ausgegangen. Wie angedeutet, besteht keine Möglichkeit, den Einflüssen der Umwelt auszuweichen. Gleichzeitig werden Organisationen als operativ-geschlossene, selbstreproduktive Systeme angesehen, deren Gegenwehr keine sichtbaren Spuren hinterlässt und damit vernachlässigbar ist. Verlaufen die Bewährungs- und Aussonderungsprozesse ungünstig, so wird auch hier mit einer „natürlichen Selektion" der Unternehmen am Markt gerechnet (McKelvey & Aldrich, 1983). Den biologischen Basiskonzepten folgend, beschreiben Aldrich und Mueller (1982) die hintergründigen Prozessphasen des benannten Verlaufes mit Variation (Neugründung und Umwandlung der Organisation), Selektion (Bestehenbleiben oder Ausscheiden als Folge des Abgleichs mit den Anforderungen der Umwelt) und Retention (Weitergabe der erfolgreichen Variation an weitere Generationen). Leider lässt sich im Rahmen der evolutionstheoretischen Ansätze immer nur im Rückblick beantworten, welche Organisationen die Ausleseprozesse überleben (Aldrich, 1979). Daher besitzt dieser Forschungsansatz nur einen heuristischen Wert für betriebliche Fragestellungen (Schreyögg, 1996).

Die *Kontigenztheoretischen Ansätze* nehmen kausale Beziehungen zwischen Umwelt und Struktur der Organisation an, welche weiterhin mit Veränderungen der Umwelt als wesentlicher Einflussfaktor verbunden sind. Erstmalig wird im Rahmen der Organisationstheoretischen Ansätze versucht, Kontextfaktoren zu operationalisieren und deren Einfluss auf die Unternehmen in der Praxis nachzuweisen. Dabei bezieht sich der Begriff des „Kontextes" auf die allgemeine Umwelt. Wegweisend in diesem Bereich ist die Pilotstudie von Burns und Starker (1961) in englischen und schottischen Industriebetrieben, die aufgrund von unterschiedlich starken Umweltveränderungen die Managementstruktur verändern mussten. Die Rate der Veränderungen in der Technologie fungiert als Indikator für die Umweltdynamik. Als wichtigstes Grundmuster identifizierten die Autoren die Notwendigkeit einer flexiblen

Organisationsstruktur in instabilen, turbulenten Umwelten, während in stabilen Umwelten mechanistische Organisationsstrukturen als adäquat angesehen werden (vgl. Burns & Starker, 1961; Burns, 1963). Einer Veränderung der Umwelt sollte mit einer Anpassung des Unternehmens in Form eines innerorganisatorischen Wandels begegnet werden, da mehr oder weniger starke Abweichungen mit einem Verlust der Effizienz verbunden sind. Die Erkenntnisse von Burns und Starker (1961) wurden aufgrund mangelnder Methodik starker Kritik ausgesetzt, regten jedoch zu einer vermehrten Forschungstätigkeit in diesem Bereich an (vgl. Schreyögg, 1996). Einen der wichtigsten nachfolgenden Ansätze stellten Lawrence und Lorsch (1967) in Form des *Differenzierungs- und Integrationsmodells* vor, welches im Kapitel 2.3.3.1 näher vorgestellt werden soll.

Grundsätzlich kritisiert Schreyögg (1996) an den kontingenztheoretischen Ansätzen die Grundannahme, dass sich neben den komplexen Organisationsstrukturen in komplexen Umwelten auch die mechanistischen Strukturen in stabilen Umwelten bewähren sollen. Für ihn sprechen z. B. Motivationsprobleme oder lange, starre Informationswege in Behörden gegen den zweiten Teil der Annahme. Zusätzlich stellt er den mangelnden Einfluss einer Organisation auf die bestehende Umwelt in Frage. So kann z. B. schon durch die Auswahl des Produktionsstandortes die Struktur der Umwelt ausgewählt bzw. beeinflusst werden. Diese Annahme wird auch in interaktionalen Ansätzen aufgegriffen, welche im Folgenden erläutert werden sollen.

Interaktionale Ansätze

Die interaktionalen Ansätze fassen Organisation als nicht hilflos der Umwelt ausgeliefert auf. Viel mehr betonen sie die wechselseitige Beeinflussung. Schreyögg (1996) gibt einen Überblick über den *Ressourcenabhängigkeits-Ansatz* (Fokus: Systemtheoretisches Input/ Output-Modell innerhalb der Organisation), den *strategischen Ansatz* (Fokus: Proaktive Gestaltungspotenziale der Organisation bzgl. der Umwelt) sowie über *interorganisationale Beziehungen* (Fokus: Organisationsübergreifende Handlungszusammenhänge).

Ressourcenabhängigkeits-Ansatz. Der Ressourcenabhängigkeits-Ansatz geht maßgeblich auf Pfeffer und Salancik (1978) zurück und zeigt sich, stärker als die bereits vorgestellten deterministischen Ansätze, gestaltungsorientiert. Kern des Ansatzes ist ein systemtheoretisches Input/Output-Modell, in das Ressourcen hinein und Produkte bzw. Dienstleistungen hinausfließen. Die zur Bestandssicherung benötigten Ressourcen sind in der Umwelt, genauer in externen Organisationen oder Institutionen, verankert (System zu System-Bezug) und müssen in ausreichender Menge beschafft werden. Gleichzeitig sollte eine kontrollierte und garantierte Abgabe des Outputs (z. B.) an Großkunden favorisiert werden. Ziel des Systems ist es demnach zunächst nicht, die Produktivität im Allgemeinen zu erhöhen, sondern eine grenzerhaltende Stabilisierung des Leistungsflusses zu gewährleisten. Zusätzlich betrachten die Forscher die Umwelt nicht als anonymen, körperlosen Raum. Sie wird vielmehr als institutionell begriffen, sprich der Organisation stehen identifizierbare und individuelle Systeme gegenüber (z. B. Lieferanten, Kunden, Banken, andere Institutionen). Hieraus ergibt sich eine Gestaltbarkeit von Austauschbeziehungen, die von der Größe der Abhängigkeit der Organisation zu den Ressourcenquellen geprägt ist (Stichwort Angebot und Nachfrage). Genauer kann jede Organisation selbst entscheiden, welche Informationen gesammelt und ausgewertet, welche Zulieferer ausgewählt, welche Technologie eingesetzt oder welche Absatzwege genutzt werden. Die Organisation schafft sich ihre Umwelt mit diesem Vorgehen im weitesten Sinne selbst.

Trotz aktuell bestehender Machtpositionen ist nur schwer vorhersagbar, wie sich das Verhalten der externen Organisationen und Institutionen oder gar des gesamten Marktes entwickelt. Schreyögg (1996, in Anlehnung an Thompson, 1967) beschreibt diese Situation als einen Zustand der Ungewissheit, in dem der Grad, wann freiwilliger

Leistungsaustausch zur expliziten Ressourcenabhängigkeit wird, variiert. Als beeinflussend gelten die Menge der auf dem Markt verfügbaren Ressourcen und die Anzahl der damit verbundenen Anbieter. Um dieser Ungewissheitssituation zu begegnen, wählen Organisationen unterschiedliche Handlungsstrategien. Hier sollen die interne Absorption/Kompensation (z. B. durch eine Flexibilisierung der Organisationsstruktur, der Aufbau von Material-Puffern, der Aufbau neuer, möglichst weit entfernter Geschäftsfelder) sowie die extern verankerten Integrationen (z. B. Aufkauf von vor- und nachgelagerten Unternehmen), Kooperation (z. B. Joint Venture, langfristige Verträge) und Intervention (z. B. Schwächung der Machtbasis ressourcenkritischer Organisationen im Sinne von Lobbyismus oder der Mobilisierung einer kritischen Öffentlichkeit) genannt werden.

Der Ressourcenabhängigkeits-Ansatz betrachtet vornehmlich Stabilisierungs- und Ungewissheitsreduktionsmöglichkeiten aus der Perspektive des Unternehmens. Schreyögg (1996) kritisiert die Vernachlässigung relevanter sozioökonomischer Aspekte, wie die Wettbewerbsintensität oder den Wertewandel. Ein praktischer Nutzen ergibt sich jedoch für die Auswahl von Instrumenten zur Unsicherheitsbekämpfung und der Generierung von Handlungsalternativen, die nicht allein auf Veränderungen in der Organisation bezogen sind.

Unternehmensstrategischer Ansatz. Der unternehmensstrategische Ansatz unterliegt dem Leitgedanken, dass die Umwelt keine potentielle Bedrohung ist, sondern viel mehr ein Ort neuer Chancen. Basierend auf der Theorie des unvollkommenen Marktes (vgl. Schreyögg, 1996) besteht hier das Ziel, Wettbewerbsvorteile durch „monopolistische Konkurrenz" (Chamberlin, 1950) mittels der Vermeidung von Unsicherheiten und Abhängigkeiten bei gleichzeitigem Ausbau der Machtposition herauszuarbeiten. Ähnlich zum Ressourcenabhängigkeits-Ansatz spielen hier der Handlungsspielraum einer Organisation ebenso wie das Vorgehen bei Entscheidungen oder die Möglichkeiten der Umweltauswahl und –

gestaltung eine entscheidende Rolle. Der unternehmensstrategische Ansatz ist jedoch nicht nur auf externe Ressourcen begrenzt, sondern umfasst alle intern- und extern gerichteten Strategien, um die Stärken der Unternehmung unter Beachtung der Umweltgegebenheiten herauszustellen und zu bewahren. Dieses kann grenzstiftend (schließend, vom Markt abgewandt) oder grenzübergreifend (öffnend, den Markt integrierend) in unterschiedlichen Bereichen der Organisation geschehen (Schreyögg, 1996). Es ist zu beachten, dass bei der Interaktion mehrerer Systeme selten eine rein kooperative Zusammenarbeit besteht. Viel mehr herrscht ein kompetitives Klima, in dem der Erfolg einer Organisation einen Rückschlag für eine andere Organisation bedeuten kann. Die entstehende Diskontinuität der Umwelt führt zu einer immerwährenden Notwendigkeit der Strategieanpassung seitens der Unternehmen.

Interorganisationale Beziehungen. Wie in der Beschreibung des Ressourcenabhängigkeits- und Unternehmensstrategischen Ansatzes angedeutet, besteht in der Regel eine kompetitive Beziehung zwischen Unternehmen, die zu einer isolierten Betrachtung der einzelnen (eigenen) Organisation führt. Eine Ausnahme bilden Forschungen zu interorganisationale Beziehungen in Form von Netzwerken, welche die einzelne Organisation zurücktreten lassen und das Unternehmen als Teil eines strategischen Kollektivs in den Vordergrund rücken (Ortmann & Sydow, 2001). Dabei kann zwischen den interorganisationalen Beziehungen (direkt vs. indirekt in Form eines Netzwerkmanagers o. ä.) und dem Ausmaß der Interdependenz (kommensalistisch vs. symbiotisch) unterschieden werden (Astley & Fombrun, 1983). Ziel dieser Partnerunternehmen ist es, am Markt als eine Organisation aufzutreten und mittels kollektiver Strategien bestehende Unsicherheiten und Abhängigkeiten einzugrenzen oder gar auszuschließen. Gleichzeitig erfolgt eine interne Stützung innerhalb des Netzwerks (z. B. durch Personalüberlassungen bei erhöhtem Auftragsvolumen) zur Stabilisierung des Auftretens am Markt. Als moderne Ansätze interaktionaler Beziehungen gelten virtuelle Fabriken, Unternehmen und Teams (Überblick: Picot, Reichwald & Wiegand, 2003).

Die beschriebenen Ansätze verdeutlichen die Auseinandersetzung und Interaktion des Systems mit der Umwelt im Allgemeinen wirtschaftlichen Kontext. Um der Bedeutung der Umwelt gerecht zu werden, sollte bei der Systemgestaltung oder -anpassung konkreter Organisationen oder Organisationsteilen die beschriebene Wechselbeziehung mit bedacht werden. Theoretische Grundlagen sowie konkrete Vorgehensweisen bietet dafür der Soziotechnische Systemansatz, welcher nachfolgend beschrieben werden soll.

2.3.1.3 Soziotechnischer Systemansatz

Die Entwicklung des soziotechnischen Systemansatzes geht zurück auf die 30er Jahre des letzten Jahrhunderts. Vorherrschend war damals die individuumsorientierte Sicht der Psychotechnik bzw. die Trennung von Kopf- und Handarbeit durch den bestehenden Taylorismus. Als Wendepunkte gelten die kontrovers diskutierten Ergebnisse der amerikanischen Hawthorne-Studien (Mayo, 1933; Roethlisberger und Dickson, 1939) sowie die Studien des Tavistock Institute of Human Relations im britischen Kohlebergbau (Trist & Bamforth, 1951). Insbesondere die Rückführung geringer Arbeitsmotivation, hoher Fehl- und Fluktuationsraten, hoher Unfallzahlen und häufiger Streiks auf die Einführung neuer Förderungstechniken und damit auch auf das soziale System der Bergarbeiter durch Trist und Bamforth (1951) veränderten die Sicht auf die Arbeitsgestaltung. Zusammenfassend hoben die Studien zum ersten Mal die Bedeutung sozialer Beziehungen am Arbeitsplatz, des Arbeitsinhalts und des Technikeinflusses auf die Bewältigung der Arbeit sowie die Gesundheit der Mitarbeiter hervor (vgl. Ulich, 2001; Grote, 1997).

Die Erkenntnisse zur soziotechnischen Systemgestaltung beeinflussen bis heute die Forschungstätigkeiten der internationalen Arbeits- und Organisationspsychologie sowie die Entwicklung praxisorientierter Konzepte für die Wirtschaft (Ulich, 2001). Im deutschsprachigen Bereich wurde die Umsetzung jedoch lange hinausgezögert. Ulich (2001) sieht darin eine gewisse Angst vor zu viel Mitbestimmung im Unternehmen. Nichtsdestotrotz konnten sich in den 80er Jahren teilautonome Arbeitsgruppen in der Industrie etablieren (Antoni, 1996). Ebenso ist seit Beginn der 90er Jahre eine wachsende Projektkultur in deutschen Unternehmen aufgrund der Gestaltung des Arbeitssystems rund um die primäre Aufgabe als eine Folge soziotechnischen Systemdenkens festzustellen.

Mensch-Technik-Organisation (MTO)-Ansatz

Einer der umfassendsten systemischen Gestaltungsansätze für Organisationen stammt von Ulich (Strohm & Ulich, 1997, 1999) mit dem Ziel der *ganzheitlichen Betriebsanalyse unter Berücksichtigung von Mensch, Technik und Organisation* (MTO). Als wegweisend für die Entwicklung des MTO-Ansatzes nennt Ulich neben dem soziotechnischen Systemansatz die Handlungsregulationstheorie (Hacker & Richter, 2006) sowie die Arbeitsanalyseverfahren VERA, RHIA und KABA (Kurzbeschreibung aller Verfahren in Dunkel, 1999).

Im Mittelpunkt der Betrachtungen der MTO-Analyse steht die Primäraufgabe als Verbindungsglied zwischen dem sozialen und dem technischen Teilsystem (vgl. Abb. 2.6.). Ulich (1997) bezieht jedoch im Gegensatz zur Handlungsregulationstheorie auch die Organisationsstruktur in seinen Ansatz mit ein. Ziel des MTO-Ansatzes ist die gemeinsame Optimierung („joint optimization") der Bereiche des sozialen (Mensch) sowie technischen Systems (Technik) und der Organisation. Zu beachten sind dabei die gemeinsamen Abhängigkeiten. So entscheidet die Verbindung zwischen Mensch und Technik (Mensch-Maschine-Funktionsteilung) z. B. über die Gestaltung des Produktionssystems (Organisation) und den Grad der Automatisierung (Ulich, 2001). Das soziotechnische System ist weiterhin gekennzeichnet durch einen Transformationsprozess (Wertschöpfung), welcher Input (Rohstoffe, Informationen und andere Ressourcen) in Output (z. B. Produkte, Dienstleistungen) wandelt. Zur Beurteilung der primären Aufgabenerfüllung sollten ökonomische (z. B. Kosten, Zeit) wie ökologische Kriterien (z. B. Abwasser, Müll) ebenso wie die Qualität und Quantität des Outputs beachtet werden.

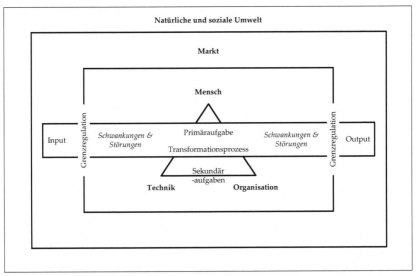

Abb. 2.6.: Das soziotechnische Gestaltungskonzept Mensch-Technik-Organisation (in Anlehnung an Ulich, 2001 und Debitz, 2005)

Sekundäre Aufgaben umfassen nach Ulich (2001) zunächst Systemerhaltungsfunktionen (z. B. Personalbetreuung, Wartung und Unterhalt der Maschinen), aber auch Systemregulationsfunktionen (z. B. Steuerung des Inputs bzw. der Ressourcen, Koordination des Transformationsprozesses). Um diesen Transformationsprozess möglichst stabil zu halten, schottet sich das System durch eine mehr oder weniger durchlässige Grenzregulation vom Markt sowie von der natürlichen und sozialen Umwelt ab (vgl. die Funktion des Regulators bei Ashby, 1963). Die Aufgabe der Grenzregulation wird im klassischen Ansatz der Führungskraft zugeschrieben. Susman (1976) ergänzt jedoch, dass diese Aufgabe auch von der Gruppe übernommen werden sollte. Ein Einfluss von intern oder extern kann damit eingedämmt, aber nicht vollständig durch die genannten Systemregulationsfunktionen verhindert werden. Grote, Wäfler, Ryser, Weik, Zölch und Windischer (1999) empfehlen eine lokale Bewältigung von Schwankungen und Störungen. Eine detailliertere Betrachtung des Einflusses von Schwankungen und Störungen erfolgt ab Kapitel 2.3.2.

Die Durchführung des MTO-Ansatzes umfasst eine Analyse der Ebenen des Unternehmens, der Organisationseinheit, der Gruppe und des Individuums. Strohm und Ulich (1997) empfehlen sieben Analyseschritte, die in Tabelle 2.2. dargestellt sind. Ebenso wie bei den Schritten der soziotechnischen Analyse nach Emery (1967) sind auch hier die Schritte 3 „Analyse von Arbeitssystemen" und 4 „Analyse von Arbeitsgruppen" für die vorliegende Dissertation von besonderer Bedeutung: Aus dem dritten Bereich der Arbeitssystemanalyse wird der Umgang mit Schwankungen und Störungen herausgegriffen. Nach Alioth (1980) können zwei Quellen von Schwankungen und Störungen unterschieden werden: „Schwankungen sind Anforderungen aus der Umwelt und deren Folgen [...] auf die Austauschbeziehungen auf der Input- und Outputseite des Systems [...] Schwankungen bzw. Störungen, die im Transformationsprozess selbst auftauchen [...]" (Alioth, 1980, S. 33, Hervorhebungen im Original).

Je mehr Systemschwankungen zu erwarten sind, desto höher ist der Grad der Ungewissheit. Bei hoher Ungewissheit müssen dem System Regulationsmechanismen zur Verfügung gestellt werden (Alioth, 1980). Als Voraussetzung dafür gilt eine relativ unabhängige Regulierbarkeit des Arbeitssystems. Nur bei einer Unabhängigkeit benachbarter oder übergeordneter Arbeitssysteme bestehen die notwendigen Freiheitsgrade für die situationsspezifische Abstimmung des sozialen und technischen Teilsystems.

Tab. 2.2..: Schritte der MTO-Analyse (Strohm & Ulich, 1997)

Schritt	Analysegegenstand	Methoden
1 Analyse auf der Ebene des Unternehmens	Markt, Produkt, Unternehmensorganisation, Unternehmensziele, Qualifikationsstrukturen, Lohnsysteme, Arbeitszeit, Technikeinsatz, Qualifikationsmanagement etc.	Dokumentenanalysen, Experteninterviews
2 Analyse von Auftragsdurchläufen	Auftragsdurchläufe von 2 bis 5 typischen und abgeschlossenen Aufträgen	Dokumentenanalysen, Experteninterviews, Arbeitsablauforientierte Betriebsbegehungen
3 Analyse von Arbeitssystemen	Inputs, Transformationsprozesse, Outputs, soziale und technische Teilsysteme, technisch-organisatorische Gestaltung, Schwankungen und Störungen, Hauptprobleme	Dokumentenanalysen, Experteninterviews
4 Analyse von Arbeitsgruppen	Möglichkeiten zur kollektiven Regulation von Arbeitsaufgaben, Arbeitszeit, Aus- und Weiterbildung, Gruppenzusammensetzung, interne und externe Koordination	Dokumentenanalysen, Gruppeninterviews, Beobachtungsinterviews
5 Bedingungsbezogene Analyse von Schlüsseltätigkeiten	Teilaufgaben, Tätigkeitsabläufe, Kommunikations- und Kooperationserfordernisse, Mensch-Maschine-Funktionsteilung und – Interaktion, Regulationshindernisse etc.	Beobachtungsinterviews, Ganzschichtbeobachtungen
6 Personenbezogene Arbeitsanalysen	Erwartungen der Beschäftigten an ihre Arbeit sowie Wahrnehmung der Arbeitssituation durch die Beschäftigten	Schriftliche Erhebung mit Skalierungsverfahren
7 Analyse der soziotechnischen Geschichte	Strategien, Vorgehen und Meilensteine bei technisch-organisatorischer Entwicklung der Organisation	Dokumentenanalysen, Experteninterviews

Für die Unabhängigkeit des Systems bestehen verschiedene Kriterien (Tab. 2.3.), wie sie von Alioth (1980), Strohm & Ulich (1997, 1999), Grote (1997) und Ulich (2001) immer wieder genannt und begründet wurden. Die im Arbeitssystem auftretenden Schwankungen und Störungen werden mit zusätzlichen Kriterien eingestuft und mit einer Ursachensuche (basierend auf den in Tabelle 2.3 genannten Bewertungskriterien) in Verbindung gebracht. So können im Rahmen der MTO-Analyse wichtige korrektive Gestaltungshinweise formuliert und begründet werden (Strohm & Ulich, 1999).

Tab. 2.3.: Kriterien zur Bewertung eines unabhängigen Arbeitssystems (Strohm & Ulich, 1999)

Kriterium	Beschreibung
1 Unabhängigkeit der Organisationseinheit	Inwieweit ist der unabhängigen Organisationseinheit eine ganzheitliche Aufgabe bzw. eine vollständige Primäraufgabe übertragen, so dass die Einheit in der Lage ist, Schwankungen und Störungen am Entstehungsort aufzufangen und selbst zu regulieren?
2 Aufgabenzusammenhang innerhalb der Organisationseinheit	Weisen die verschiedenen Teilaufgaben innerhalb des Arbeitssystems einen inhaltlichen Zusammenhang auf? Wird dadurch arbeitsbezogene Kommunikation und soziale Unterstützung ermöglicht?
3 Einheit von Produkt und Organisation	Sind Ablauf- und Aufbaustrukturen so gestaltet, dass Arbeitsergebnisse sowohl qualitativ als auch quantitativ dem Arbeitssystem zugeordnet werden? Wird dadurch zusätzlich eine Identifikation mit dem Produkt ermöglicht?
4 Polyvalenz (bzw. Flexibilität) der Beschäftigten	Wie viele Beschäftigte eines Arbeitssystems sind für die Erfüllung bzw. die Ausführung der verschiedenen Teilaufgaben des Arbeitssystems qualifiziert? Können sie sich dadurch gegenseitig unterstützen oder vertreten?
5 Technisch-organisatorische Konvergenz	Sind arbeitsorganisatorische und technologische Bedingungen in einem Arbeitssystem optimal aufeinander abgestimmt?

Der vierte Schritt, die Analyse und Bewertung von Arbeitsgruppen, ist verbunden mit dem Leitmotiv selbstregulierender (selbststeuernder bzw. teilautonomer) Gruppen, welches sich in humanen und zugleich wirtschaftlichen Arbeitsstrukturen manifestiert (vgl. Antoni, 1999). Arbeitsstrukturen gelten als Ergebnis der Zusammenführung von sozialem (Organisationssystem, individuelle und gruppenspezifische Bedürfnisse sowie Qualifikationen) und technischem (Betriebsmittel, technologische und räumliche Bedingungen) Teilsystem sowie der Organisation. Die Kombination der genannten Bereiche findet in einzelnen Arbeitsrollen Ausdruck. Eine Begründung für eine Bildung selbstregulierender Gruppen kann auf die für die Vollendung der Primäraufgabe erforderlichen Arbeitsrollen und damit verbundenen Kooperationsanforderungen zurückgeführt werden (Ulich, 2001). Eine weitere findet sich in der oben beschriebenen Problematik des Umgangs mit Schwankungen und Störungen. Die Basis zur Beurteilung der Zusammenarbeit in Gruppen bzw. Teams befindet sich im Kapitel 2.2.

Methode zur komplementären Analyse und Gestaltung von Produktionsaufgaben in soziotechnischen Systemen (KOMPASS)

Ebenfalls aus Zürich stammt die Methode zur komplementären Analyse und Gestaltung von Produktionsaufgaben in soziotechnischen Systemen (KOMPASS) von Grote (1997). Die KOMPASS-Methode dient der Analyse (Grote, Wäfler, Ryser, Weik, Zölch & Windischer (1999) und Gestaltung (Wäfler, Windischer, Ryser, Weik & Grote, 1999) von Arbeitstätigkeiten in automatisierten und risikoreichen Systemen. Als grundlegend werden hier die Unterschiede zwischen Mensch und Technik betrachtet. Ziel der Arbeitsgestaltung ist eine Nutzung der Stärken beider Seiten unter der Berücksichtigung der jeweiligen Schwächen. Der Erfolg des Technologieeinsatzes ist nicht dadurch bestimmt, ob Technik eingesetzt wird, sondern ob sie richtig eingesetzt wird. Eine Gestaltung soziotechnischer Systeme ist demnach so auszurichten, dass

Mensch und Technik sich *"bezüglich ihrer spezifischen Schwächen unterstützen und bezüglich ihrer Stärken fördern"* (Wäfler et al., 1999, S. 15). Das KOMPASS-Verfahren besteht aus sechs Modulen, von denen eine für die Projekt-organisation, zwei für die Analyse und Bewertung sowie drei für die Gestaltung von Arbeitsverhältnissen verwandt werden. In Tabelle 2.4. findet sich eine Aufzählung der einzelnen Kriterien, die den Ebenen des Arbeitssystems, der individuellen Arbeitstätigkeit sowie dem Mensch-Maschine-System zugeordnet sind und auf allgemein akzeptierten Konzepten und Verfahren (z. B. Dunckel, Volpert, Zölch, Kreutner, Pleiss & Hennes, 1993; Emery, 1959; Hacker, Fritsche, Richter & Iwanowa, 1995; Oesterreich & Volpert, 1991; Susman, 1976; Ulich, 1994) aufbauen.

Tab. 2.4.: KOMPASS-Kriterien für die Analyse, Bewertung und Gestaltung von Produktionsaufgaben in soziotechnischen Systemen (Grote, 1997)

Ebene	Kriterien
Arbeitssystem	Vollständigkeit der Aufgabe des Arbeitssystems, Unabhängigkeit des Arbeitssystems, Passung der Regulationserfordernisse und –möglichkeiten, Polyvalenz der Mitarbeiter, Autonomie der Produktionsgruppen, Grenzregulation durch Vorgesetzte
Arbeitstätigkeit	Ganzheitlichkeit der individuellen Aufgabe, Denk-, Planungs- und Kommunikationserfordernisse, Lern- und Entwicklungsmöglichkeiten, Anforderungsvielfalt, Durchschaubarkeit der Arbeitsabläufe, Gestaltbarkeit der Arbeitsbedingungen, Zeitelastizität, Vermeidung von Belastungen
Mensch-Maschine-System	Kopplung, Prozesstransparenz, Autorität, Flexibilität

Während die Kriterien auf den Ebenen des Arbeitssystems und der Arbeitstätigkeit an den genannten Forschungsansätzen orientiert wurden, entwickelte Grote die Kriterien für die Erfassung des Mensch-Maschine-Systems neu. Grote (1997) nennt als wesentliche Ziele neuerer Arbeitspsychologie und Organisationswissenschaften die Förderung individueller und kollektiver Autonomie sowie die Schaffung von lokalen Kontrollmöglichkeiten und Selbstregulation. Dieses ist insbesondere in dynamischen und risikoreichen Systemen (zu denen auch die Projektarbeit gezählt werden kann) von Vorteil.

Mit dem Begriff der *Autonomie* verbindet sie die individuelle oder kollektive Einflussnahme auf die Festlegung von Zielen bzw. auf die Selbstbestimmung hinsichtlich zu erreichender Ziele sowie hinsichtlich der Regeln, die bei der Erhebung dieser Ziele einzuhalten sind. Der Begriff der Kontrolle (lat.-fr., Fremdwörter-Duden, 2001) besitzt im Allgemeinen zwei Konnotationen: Zum einen besteht eine Verbindung zur „Aufsicht, Überwachung und Überprüfung" von z. B. Sachverhalten oder Arbeitsergebnissen, zum anderen kann von einer „Herrschaft" über z. B. Personen oder Situationen gesprochen werden. Letztere Sichtweise wird von Grote (1997) aufgegriffen, in dem sie das Kontroll-Konzept im Rahmen des Züricher Soziotechnikansatzes als bestehende Einflussmöglichkeiten hinsichtlich selbst- oder fremdbestimmter Ziele charakterisiert. In Anlehnung an die Kontrolltheorien in Psychologie und Systemtheorie nennen Grote und Kollegen (1999) die *Durchschaubarkeit* eines zu kontrollierenden Systems, die *Vorhersehbarkeit* seines Verhaltens und die Möglichkeit der *Einflussnahme* als zentrale Aspekte der Kontrolle. Die Autoren stufen die Komponenten nicht als unabhängig voneinander ein. Viel mehr sehen sie die Durchschaubarkeit und Vorhersehbarkeit als eine Voraussetzung, um die Beeinflussbarkeit sinnvoll zu nutzen. Umgekehrt kann auch die Beeinflussbarkeit als eine Förderung der Durchschaubarkeit und Vorhersehbarkeit des Systems gewertet werden. Das Maß der tatsächlichen Einflussnahme ist abhängig von der mentalen Vorstellung der Organisation aufseiten der Mitarbeiter, deren Ausbildungsstand sowie der Gestaltung des soziotechnischen Systems selbst. Eine Förderung erfolgt durch weitreichendes subjektives Arbeitshandeln, welches durch dialogisches-interaktives Vorgehen, intuitiv assoziatives Denken und komplexe sinnliche Wahrnehmung charakterisiert sein sollte (Grote et al., 1999). Dieses ist bei der vielfach

Theoretischer Hintergrund 73

vorherrschenden Teilung und Abkapslung der einzelnen Arbeitsschritte vom Transformationsprozess nur schwer möglich. Um dennoch die Möglichkeit der Durchschaubarkeit und Vorhersehbarkeit zu begünstigen, nennt Grote (1997) vier Kriterien der Kontrollierbarkeit von Arbeitssystemen (Tab. 2.5.)

Tab. 2.5.: Kriterien zur Kontrollierbarkeit von Arbeitssystemen (Grote, 1997)

Kriterium	Beschreibung
1 Kopplung	Die Kopplung umfasst das Ausmaß der Bindung des Operateurs an das technische System hinsichtlich der Zeit, des Ortes, Arbeitsverfahrens und geforderten kognitiven Aufwand. Für alle vier Aspekte sollten Wahlmöglichkeiten im Rahmen des technischen Systems bestehen, die der Operateur sinnvoll nutzen kann.
2 Prozesstransparenz	Die Prozesstransparenz bildet die Möglichkeiten des Aufbaus mentaler Modelle des Bearbeitungsprozesses in der praktischen Auseinandersetzung mit dem technischen System ab. Relevant ist dafür eine direkte Rückmeldung über Vorgänge im System. Ist für die Übernahme einer bestimmten Funktion im Mensch-Maschine-System ein Prozessverständnis notwendig oder wird dieses gefördert?
3 Autorität	Das Kriterium beschreibt die Aufteilung der Entscheidungsgewalt über Informationszugänge und Beeinflussung der Prozessausführung zwischen Mensch und Technik.
4 Flexibilität	Die Flexibilität umfasst die Veränderbarkeit der Funktionsverteilung zwischen Mensch und Technik sowie die Aufteilung der diesbezüglichen Entscheidungsgewalt.

Die Selbstregulation stellt die „Klammer" zwischen Autonomie und Kontrolle in der soziotechnischen Systemgestaltung dar (Abb. 2.7.). Sie umfasst die Beeinflussung von Situationen zur Erreichung selbstgesteckter Ziele (Ulich, 2001).

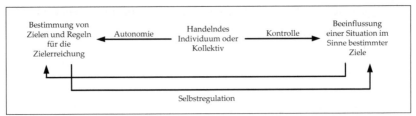

Abb. 2.7.: Autonomie, Kontrolle und Selbstregulation in der soziotechnischen Systemgestaltung (Darstellung nach Grote, 1997)

Im praktischen Arbeitsverlauf sind unter Regulationsfunktionen produktionsunterstützende, ablauforganisatorische, systemgestalterische sowie ziel- und regelbildende Teiltätigkeiten zur Aufrechterhaltung bzw. Verbesserung des Arbeitssystems zu verstehen (Weber, Kirsch & Ulich, 1997). Der Ansatz von Grote besitzt eine hohe Relevanz für die vorliegende Arbeit, da hier eine Gestaltungsmöglichkeit von Arbeit in dynamischen und risikoreichen Systemen vorgestellt wird. Im Mittelpunkt stehen lokale Kontrollmöglichkeiten und Selbstregulation, welche durch die Begriffe Vorhersehbarkeit, Durchschaubarkeit und Beeinflussbarkeit untersetzt sind. Diese Aspekte werden auch bei der Unterfütterung des Konzepts der Operational Uncertainty eine Rolle spielen.

Dresdner Forschungen zur soziotechnischen Systemgestaltung

Die Arbeits- und Organisationspsychologie in Dresden weist eine starke Tradition bzgl. der Handlungsregulation auf (für einen Überblick: Hacker & Richter, 2006). Zur Analyse, Bewertung sowie gesundheitlichen, lern- und persönlichkeitsförderlichen Gestaltung von Arbeitssystemen wurden neben dem umfassenden *Tätigkeitsbewertungssystem* (TBS; Hacker et al., 1995) spezifischere Instrumente wie der *Fragebogen zum Erleben von Arbeitsintensität und Tätigkeitsspielraum* (FIT; Richter et al., 2000; Richter, 2010) oder der *Fragebogen zur Erfassung beanspruchungsrelevanter Anforderungsbewältigung* (FABA; Richter, Rudolph & Schmidt, 1996) entwickelt. Erstmals stellt Richter 1998 in einem Positionsreferat unter Beachtung der vorgestellten Weiterentwicklungen des soziotechnischen Systemansatzes einen Mehrebenenansatz zur Integration soziotechnischer und handlungsregulatorischer Konzepte vor (Abb. 2.8.). Dieser bietet auf der Systemebene eine zusammenfassende Beschreibung von individuellen Tätigkeiten hinsichtlich ihrer Funktionalität für die Bewältigung der Systemaufgaben. Hier erfolgt auch die Gestaltung der Arbeitsprozesse. Auf der darunter liegenden Ebene der individuellen Handlungsregulation sind die individuellen Tätigkeiten verankert. Richter ordnet an dieser Stelle die Gestaltungsmerkmale der Lern- und Persönlichkeitsförderlichkeit ein. Die dritte Ebene umfasst die Regulation psychophysiologischer Aktivierung. Hier erfolgt eine Bewertung der Zumutbarkeit des energetischen Aufwandes.

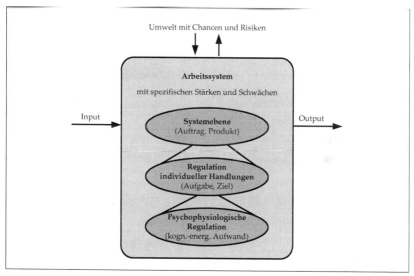

Abb. 2.8.: Ansatz zur Integration soziotechnischer und handlungsregulatorischer Konzepte sowie Vorstellung zum Verhältnis von System und Umwelt (Richter, 1998)

Der Ansatz von Richter (1998) ermöglicht eine konsistente Betrachtung der Auswirkung von Gestaltungsmaßnahmen auf der Systemebene (z. B. zeitliche Straffung des Arbeitsprozesses) bis hinunter auf die individuelle psychophysiologische Regulation. Eine umfassende empirische Bestätigung des gesammten Modells steht derzeit noch aus. Erste Ergebnisse bietet jedoch die Dissertation von Debitz (2005). Der Autor konzentriert sich zunächst auf die beiden oberen Ebenen sowie die Wechselwirkung zwischen System und Umwelt. Aufbauend auf den Definitionen des Züricher MTO-Ansatzes gelten für Debitz (2005) alle Elemente als Teil des Systems, die unmittelbar der Erfüllung der Primär- und Sekundäraufgaben des Systems dienen. Bereits Trist und Bamforth (1951) betonten durch ihre Beobachtungen der Bergarbeiter bzgl. der Verantwortlichkeit für die Sicherheit der nachfolgenden Schicht die Möglichkeit der Regulation von Schwankungen und Störungen am Entstehungsort. Debitz (2005) nutzt zur Beschreibung dieser Möglichkeiten in Anlehnung an Lohman, Heusinkveld, Dekkers, Buyse, Arens und in't Velt (1990) die Begriffe der *Steuer- und Regelkapazität*.

Hinter dem Begriff der *Steuerkapazität* verbirgt sich der Autonomiegrad der Organisationseinheit, welcher in Abhängigkeit von ändernden Zielstellungen Einfluss auf bestimmte organisatorische Festlegungen ermöglicht. Dabei ist die Verteilung von Befugnissen bzgl. unabhängiger, grundlegender und überdauernder Entscheidungen in der Organisation zu beachten. Inhaltlich sind mit der Steuerkapazität die Dimensionen Produktionsziele, Arbeitsort, Arbeitszeit, Produktionsmethoden, Aufgabenverteilung, Personalwesen, Führung, Budgetverantwortung und Grenzregulation vornehmlich basierend auf den Kriterien zur Autonomie von Gulovsen (1972) verbunden. Die *Regelkapazität* symbolisiert die Möglichkeit für die Beschäftigten eines Arbeitssystems auf interne und externe Störungen korrigierend zu reagieren, um die gesetzten Ziele auch unter veränderten Bedingungen aufrecht erhalten und erreichen zu können. Mit dem Konzept der

Regelkapazität sind die Dimensionen zyklische Vollständigkeit, Durchschaubarkeit, Vorhersehbarkeit und Beeinflussbarkeit verbunden. Die genannten Dimensionen wurden mit neun teilweise überarbeiteten Skalen des REBA-Verfahrens (Pohland, Richter, Jordan & Schulze, 1999) unterlegt. Ob und wie entsprechende Entscheidungen im Rahmen der Steuer- und Regelkapazität getroffen werden, fließt nicht in den Forschungsansatz von Debitz (2005) mit ein. Im Fokus steht mehr eine Bestimmung der objektiven Möglichkeiten, welche mit dem *Verfahren zur Ermittlung des Selbstregulationspotentials in Arbeitssystemen* (VESPA, Danapfel, 1999) realisiert werden kann. Mit der Erfassung des Selbstregulationspotentials, bestehend aus den Komponenten der Steuer- und Regelkapazität, ähnelt der Ansatz von Debitz (2005) den Annahmen von Grote (1999) hinsichtlich der mit der Selbstregulation verbundenen Aspekte der Autonomie und Kontrolle. Die Forschungsansätze unterscheiden sich jedoch durch die Strukturierung und Untersetzung der beiden Dimensionen. Während Grote (1999) sich an der Gestaltung von Arbeitssystemen und -prozessen orientiert, folgt Debitz (2005) vermehrt den Leitsätzen der Handlungsregulationstheorie.

Eine entscheidende Erweiterung des Modells von Richter durch Debitz stellt die Erfassung der Einflüsse aus der Umwelt mittels dem „Verfahren zur Erfassung der System-Umwelt-Beziehung" (VESSU) dar. Dieses Verfahren ermöglicht es, empirische Daten zur Wirkung von Schwankungen und Störungen und dem damit verbundenen Begriff der Operational Uncertainty (detaillierte Erläuterung in Kap. 2.3.3.2) auf ein Arbeitssystem bei der Erfüllung der Primäraufgabe zu ermitteln. So zeigt sich bei hoher Verunsicherung vermittelt durch ein hohes Selbstregulationspotential ein positives Befinden der Mitarbeiter. Damit werden eine deutliche Verbindung zwischen den Leitsätzen der Soziotechnik und Merkmalen der konkreten Arbeitsgestaltung sowie deren gemeinsame Auswirkung auf die Beanspruchung der einzelnen Mitarbeiter mittels eines Mehrebenenansatzes nachgewiesen.

2.3.1.4 Zusammenfassung der Theorien der Systemgestaltung

Im letzten Abschnitt wurden relevante Grundzüge der Kybernetik, Organisationstheorie und soziotechnischen Systemansätzen erläutert. Gemeinsam ist diesen Forschungsansätzen eine erweiterte Sichtweise auf das „innere" System und die „äußere" Umwelt sowie deren gegenseitige Beeinflussung. Ziel ist es, das Überleben des Systems trotz äußerer (und innerer) Einflüsse in Form von Schwankungen und Störungen zu sichern. Die Vorstellung der Modelle und Forschungsansätze erstreckt sich über allgemeingültige Theorien bis zu konkreten Auswirkungen auf das Individuum.

Als wegbereitend gilt das allgemeingültige Modell von Ashby (1963), welches eine ausreichende Varietät in Form einer aktiven Grenzregulation zwischen. System und Umwelt fordert, um auf die Veränderungen reagieren zu können und so das Überleben zu sichern. Für eine Übertragung auf den organisationalen Kontext bestehen zwei Sichtweisen:

Deterministische Ansätze beschreiben eine weitestgehend einseitige Beeinflussung der Organisation durch die Umwelt. Burns und Starker (1961) verdeutlichen dieses mit ihrer Forderung nach einer Anpassung der organisationalen Struktur an die Dynamik der Umwelt (z. B. flexible Organisationsstruktur in instabilen, turbulenten Umwelten). Die interaktionalen Ansätze halten dagegen eine wechselseitige Beeinflussung für möglich und notwendig. So betrachten Pfeffer und Salancik (1978) im Rahmen des Ressourcenabhängigkeitsansatzes die Gestaltbarkeit der Austauschbeziehungen (Input-/Output-Modell) beispielsweise durch die Schaffung von Materialpuffern oder festen Lieferverträgen. Auch der unternehmensstrategische Ansatz plädiert für eine wechselseitige Gestaltung und forciert den Leitgedanken einer „Umwelt als Ort neuer Chancen" statt Quelle potentieller Bedrohungen. In beiden Forschungsrichtungen stehen sich Organisationen eher kompetitiv gegenüber. Autoren wie z. B. Ortmann und Sydow (2001) empfehlen insbesondere in der heutigen Zeit interorganisationale Beziehungen in Form von Netzwerken oder virtuellen Unternehmen, um Unsicherheiten und Abhängigkeiten der Umwelt einzudämmen. Konkrete Hinweise für die Gestaltung von Unternehmen und ihren Schnittstellen zur Umwelt bietet der Soziotechnische Systemansatz. Organisationen sind dabei als offene Systeme zu verstehen, welche durch eine Primäraufgabe determiniert werden (z. B. einen konkreten Projektauftrag) und im regen Austausch mit der Umwelt stehen. Als Einflüsse der Umwelt, aber auch der Prozesse innerhalb des Systems werden Schwankungen und Störungen benannt. Diese bewirken eine Notwendigkeit zur permanenten Anpassung und Weiterentwicklung des Systems bzw. der Organisation. Als relevant für die vorliegende Arbeit werden die MTO-Analyse (Strohm & Ulich, 1997, 1999) zur Einordnung der Dissertation in die soziotechnische Systembetrachtung sowie das Kompass-Verfahren (Grote et al., 1999; Wähler et al., 1999) erachtet. Letzteres bietet Ansätze, Systeme so zu gestalten, dass sie flexibel genug sind, um auf Umweltveränderungen schnell und sicher zu reagieren. Grote merkt dazu an: *„Die möglichst effiziente Bewältigung von Schwankungen und Störungen in einem Arbeitssystem kann als Kernkompetenz von Gestaltungsansätzen angesehen werden, die aus dem soziotechnischen Systemansatz abgeleitet werden. Entsprechend ist das Kernstück jeder soziotechnischen Systemanalyse die Untersuchung der im System auftretenden Schwankungen und Störungen einschließlich ihrer Verursacher, der Auswirkungen am Ort ihres Auftretens und in den nachgelagerten Bereichen sowie der im System vorhandenen Möglichkeiten für ihre Bewältigung"* (Grote, 1997, S. 89). Die Bestimmung der Kontrollmöglichkeiten eines Systems greifen Richter (1998) und Debitz (2005) im Rahmen ihrer Forschungstätigkeiten mit den Konzepten der Regel- und Steuerkapazität auf. Debitz (2005) dokumentiert damit auch erstmals die direkte Auswirkung von Umweltdynamiken auf das Wohlbefinden einzelner Mitarbeiter. Die bisher genannten Forschungsansätze enthalten Begriffe eher allgemeiner Natur.

Im nachfolgenden Abschnitt soll auf die konkrete Untersetzung der Begriffe Umwelt, Störungen und Unsicherheiten eingegangen werden.

2.3.2 Interaktion von Umwelt und System

Die bisher dargelegten Konzepte beinhalten das System und die Umwelt. Um detailliertere Betrachtungen vornehmen zu können, bedarf es einer Festlegung, wo die Grenze zwischen den beiden Bereichen verläuft. Aufbauend auf soziotechnischen Leitgedanken kann ein System als die Gesamtheit der Elemente (z. B. Maschinen, Rohstoffe, Mitarbeiter) beschrieben werden. Die Umwelt besteht dann folglich aus allem, was nicht dem System zugerechnet werden kann, z. B. andere Organisationen, Infrastruktur, natürliche Umwelt. Einschränkend muss jedoch bedacht werden, dass die Grenzen eines Systems nicht in der Art natürlich festgeschrieben sind, wie es z. B. bei einem Lebewesen der Fall ist. Beispielsweise können Elemente einer Organisation auch Elemente einer anderen Organisation sein. Dieses ist z. B. bei von Fremdfirmen geleasten Fahrzeugen oder Maschinen der Fall genauso wie bei Personen, die gleichzeitig Mitglied in einem Unternehmen sowie in Sportvereinen oder einer politischen Partei sind. Schreyögg (2003) bezeichnet Organisationsgrenzen daher als soziale Konstruktionen, die aktiv gestaltet und aufrechterhalten werden müssen. Angelehnt an Luhmann (1995) ergänzt er, dass die Grenzziehung zu einer Reduktion der Komplexität der inneren Verhältnisse gegenüber der Wahrnehmung der Außenverhältnisse führt. Hierdurch wird aktives Handeln erst ermöglicht. Dieses bietet einen Anknüpfungspunkt an die soziotechnische Systemgestaltung, welche die Aufgabenerfüllung in den Mittelpunkt stellt. Wie in den vorangegangenen Abschnitten angedeutet, gilt die Umwelt als sehr komplex und nur schwer beschreibbar. Hilfreich ist es daher, vornehmlich relevante Aspekte in der direkt angrenzenden Umwelt zu identifizieren und zu bewerten. Schreyögg (2003) differenziert zwischen inhaltlichen und formalen Dimensionen:

Theoretischer Hintergrund 81

2.3.2.1 Inhaltliche Dimensionen

Im Rahmen der inhaltlichen Dimensionen soll zunächst festgestellt werden, welche Elemente der Umwelt als relevant für die Organisation bezeichnet werden können. Schreyögg folgt dabei den Annahmen von Dill (1958, zit. n. Schreyögg, 2003) und Thompson (1967) mit der Teilung in eine globale Umwelt und Aufgabenumwelt. Letzteres ähnelt dem Postulat des „Primats der Aufgabe". Die globale Umwelt wirkt eher indirekt auf die Organisation ein und umfasst Aspekte der Technologie (insb. die Entwicklung der Informationstechnologie), der politisch-rechtlichen Situation, den sozio-kulturellen Gegebenheiten, der Ökologie sowie der Makroökonomie. Die Aufgabenumwelt umfasst alle Komponenten, die in einem direkten Bezug zur Bewältigung der Aufgabe stehen. Daft (1995) identifizierte zehn Sektoren, die mehr oder weniger großem Ausmaß die Aufgabenumwelt beeinflussen:

- Konkurrenten, Größe des industriellen Sektors, Wettbewerbsfähigkeit
- Zulieferer Hersteller, Immobilien, Serviceangebot
- Arbeitsmarkt, Universitäten, Ausbildungsstätten, Arbeitnehmer in anderen Unternehmen, Stärke der Gewerkschaften
- Aktienmärkte, Banken, Ersparnisse, Kredite, private Investoren
- Kunden, potentielle Nutzer der Produkte und Dienstleistungen
- Produktionstechniken, Wissenschaft, Forschungszentren, Automatisierung, neue Materialien
- Rezession, Arbeitslosigkeit, Inflation, Investitionsrate, Wachstum und Ökonomie
- Regeln und Gesetze des Staates und der Kommunen, Steuern, Dienstleistungen, Rechtssystem, politische Entscheidungsprozesse
- Alter, Werte, Einstellungen, Bildung, Religion, Arbeitsethik, Umwelt- und Verbraucherverbände
- Wettbewerb mit ausländischen Firmen, Auslandsmärkte, Zollbestimmungen, Wechselkurse

Die Aufzählung von Daft verdeutlicht die Menge der Einflussquellen auf das Arbeitssystem. Auch Perrow (1967) regt an, den Markt, die Verfügbarkeit von Rohmaterialien, die genutzte Technologie und andere Faktoren bei der Einschätzung der „Routinisierbarkeit" und damit der Gestaltung von Aufgaben zu bedenken. Insbesondere dann, wenn Eigenschaften oder Zustände dieser Aspekte schwanken, sinkt die Analysierbarkeit der Anforderung und die Störungen verursachen eine mangelnde Beschreibbarkeit und Verstehbarkeit der Aufgaben. Goodman, Ravlin und Schminke (1987) führen die Entstehung von Unsicherheiten auf Störungen in Form von Unregelmäßigkeiten die Werkzeuge, Materialien, Arbeitsprozesse und Aufgaben betreffend zurück. In Zusammenarbeit mit Becker (2000) verdichtete Debitz (2005) die möglichen Einflussquellen und bietet mit dem VESSU ein umfangreiches *Verfahren zur Erfassung von Schwankungen und Störungen aus der Systemumwelt*. Abbildung 2.9. gibt einen Überblick über die ausgewählten Dimensionen.

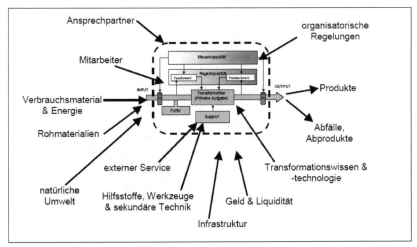

Abb. 2.9.: Quellen von Schwankungen und Störungen aus der Systemumwelt (vgl. Debitz, 2005)

Alle Dimensionen werden hinsichtlich der Verfügbarkeit und Qualität als untergeordnete Merkmale sowie hinsichtlich der Häufigkeit, Ausmaß und Vorhersehbarkeit eingeschätzt und ggf. mit Zusatzpunkten versehen. Ermittelt werden können Defizite bzgl. der Verfügbarkeit, der Qualität oder Vorhersehbarkeit ebenso wie der Störungsindex des Systems (Mittelwert über Verfügbarkeitsdefizit und Qualitätsdefizit, siehe auch Kap. 3.3.1.1) und die Operational Uncertainty (hier: Produkt aus Störung und Vorhersehbarkeitsdefizit, siehe auch Kap. 3.3.1.2).

2.3.2.2 Formale Dimensionen

Eine beliebte Beschreibungsart der Umwelt ist die Einteilung in formale Dimensionen. Nach Schreyögg, welcher sich an den Arbeiten von Child (1972) sowie Dess und Beard (1984) orientiert, können die drei Hauptdimensionen der Umweltkomplexität, -dynamik und -druck iden tifiziert werden (Tab. 2.6.).

Eine ähnliche Nennung der Hauptkomponenten findet sich auch in dem Bereich des komplexen Problemlösens. Der Begriff der „Komplexität" betrachtet Dörner (2004) intensiv. Der Umfang der Komplexität steigt mit dem Umfang der benötigten Informationen bzw. der Einflussquellen, der Vernetztheit und Wechselwirkungen zwischen den Einflussfaktoren, der Intransparenz des Problems im Sinne von Wissensdefiziten sowie der Dynamik hinsichtlich der weiteren Entwicklung. Von der Weth (2001) verweist zusätzlich auf die kritische Rolle des Zeitdrucks, welcher die Erfassung und Lösung einer Problemstellung im Arbeitssystem erheblich erschweren kann. Gelingt einer Person nicht die Dekompensation eines „Komplexziels", so entsteht über verschiedene Wege Unsicherheit (Dörner, 2004), welche in dem nachfolgenden Kapitel aufgegriffen werden soll.

Tab. 2.6.: Hauptdimensionen der Umwelt (Child, 1972; Dess & Beard, 1984)

Dimension	Erläuterung
Umweltkomplexität	Die Dimension *Umweltkomplexität* umfasst die Vielfältigkeit und Unübersichtlichkeit der Situation außerhalb einer Organisation. In der Regel wird unter diesem Aspekt die Anzahl der Elemente erfasst. Dabei bleibt jedoch die Frage offen, welche Elemente als zugehörig für das System gezählt werden können und welche nicht.
Umweltdynamik	Die Dimension der *Umweltdynamik* berücksichtigt die zeitlichen Veränderungen. Betrachtet wird dabei insbesondere die Konstanz oder Veränderung kritischer Elemente der Umwelt. Bedeutsam ist dabei auch die Vorhersehbarkeit der Entwicklung dieser Elemente. Auch hier besteht die Frage, welche Elemente dem inneren System zugeordnet werden sollten.
Umweltdruck	Das Ausmaß des Anpassungsdrucks der Organisation an die Veränderungen der Umwelt spiegelt die Dimension *Umweltdruck* wieder. Der Umweltdruck verhält sich damit gegenläufig zum Handlungsspielraum einer Organisation und stellt eine stark situative Komponente dar.

Weiterhin lässt sich die Veränderung der Umwelt mit den Dimensionen der Frequenz, Amplitude und der Vorhersehbarkeit beschreiben. Wholey und Brittain (1989) stellen dabei besonders die Position der Amplitude als Maß für die Auswirkungen von Störungen und Schwankungen heraus. Um die gesamte Variabilität der Umwelt abzubilden, sind jedoch alle drei Aspekte notwendig. Dieses bestätigt auch Child (1972) mit der Nennung der Indikatoren

- Frequenz der Veränderung der relevanten Aktivitäten,
- Ausmaß des Unterschiede jeder Veränderungen sowie
- Ausmaß der Unregelmäßigkeiten im Gesamtmuster der Veränderung,

welche sich in die Begriffe Frequenz, Amplitude und Vorhersehbarkeit von Wholey und Brittain (1989) überführen lassen.

Zum Abschluss dieses Abschnitts sei erwähnt, dass eine Betrachtung der Umwelt insb. hinsichtlich der inhaltlichen Aspekte ohne das System kaum möglich ist (Schreyögg, 1996). Bei der Betrachtung der Schnittstellen fällt auf, dass die Umwelt nicht ausschließlich das System beeinflusst, sondern auch das System die Umwelt beeinflusst. Dieses gilt insbesondere für die Umwelt, die sich in der Nähe des Systems befindet (z. B. Zulieferer, externer Service). Aus diesem Grund empfiehlt sich für jede Störungserfassung individuell eine Orientierung an der Primäraufgabe des Systems zur Auswahl der Störungsquellen (Ulich, 1997; Wall, Corbett, Martin, Clegg & Jackson, 1990). Im Rahmen der vorliegenden Arbeit soll das in Anlehnung an den Forschungsansatz von Debitz (2005) für den Kontext der Projektarbeit geschehen. Weitergehend erfassten einige Forscher die „objektive" Unsicherheit mittels der Unbeständigkeit der Umwelt und vergleichen diese mit der, mit den gleichen Instrumenten gemessenen, „subjektiven" Unsicherheit. Nach Milliken (1987) sowie Pfeffer und Salancik (1978) weist dieses Vorgehen Probleme auf. Sie sehen nicht die allgemeine Unbeständigkeit der Umwelt als ein Problem für die Individuen an, sondern die Wahrnehmung der unerwarteten Veränderungen ihrer individuellen Situation. Aus diesem Grund lassen sich inkonsistente Ergebnisse auf die unterschiedlichen Fokusse der Erhebungen zurückführen. Die Autoren raten zu einer getrennten Erfassung der Umweltveränderungen und den individuell auftretenden Unsicherheiten. Letzterer Aspekt soll im nachfolgenden Kapitel genauer betrachtet werden.

2.3.3 Unsicherheit als Folge von Schwankungen und Störungen

Der Begriff der „Unsicherheit" ist in verschiedenen Disziplinen sehr unterschiedlich, teilweise auch widersprüchlich, definiert. Argote (1982, S. 420 zitiert nach Lipshitz und Strauss, 1997) merkt dazu an: *„there are almost as many definitions of uncertainty as there are treatments of the subject."* In diesem Abschnitt erfolgt eine Konzentration auf den Unsicherheitsbegriff aus den Bereichen der betrieblichen Organisation und der Arbeits- & Organisationspsychologie. Ansätze aus den Bereichen der Allgemeinen Psychologie, insb. Entscheidungen unter Unsicherheit, wurden bedacht, jedoch nur in Form von Definitionen in die vorliegende Arbeit integriert.

Entscheidungen finden oft unter Unsicherheit statt. In der Regel wird darunter verstanden, dass der „Entscheider" aufgrund von unkontrollierbaren Einflüssen (z. B. Ereignisse, situative Gegebenheiten) nicht alle Konsequenzen seiner Entscheidung einschätzen kann. Nach Lipshitz und Strauss (1997) liegen dabei oftmals unvollständige Informationen, ein unzureichendes Verständnis der Situation und undifferenzierte Alternativen als hauptsächlichen Quellen von Unsicherheiten vor. Allgemein kann sich Unsicherheit auf eine Vielzahl von Aspekten beziehen: Zustände, Ereignisse, Gründe, Argumente, Werte, Ziele, Tatsachen, Informationen. Grundlage für die Entstehung von Unsicherheiten ist dabei ein eingeschränktes oder nicht vorhandenes Wissen über Häufigkeiten, Wahrscheinlichkeiten, Kausalzusammenhänge oder Gegebenheiten (für einen Überblick: Jungermann, Pfister & Fischer, 1998).

Lipshitz und Strauss (1997) stellen anhand einer Analyse verschiedener Definitionen von Unsicherheit aus dem Bereich der Entscheidungstheorie von 1960 bis 1990 heraus, wie sehr sich die Konzepte der Unsicherheit voneinander untereinander unterscheiden. Dabei zeigen sich Risiko, Ambiguität und Mehrdeutigkeit als von der Unsicherheit abzugrenzende Konzepte. Bei einer detaillierteren Betrachtung der Literatur stellten die Autoren fest, dass gleiche Begriffe unterschiedlich definiert wurden. So wird zum Beispiel der Begriff „Risiko" bei MacCrimmon & Wehrung (1986, zit. n. Lipshitz & Strauss, 1997) als „Schadenswahrscheinlichkeit in einer Entscheidungssituation", bei Arrow (1965, zit. n. Lipshitz & Strauss, 1997) jedoch als eine „positive Funktion der Varianz der Wahrscheinlichkeitsverteilung von erwarteten – positiven wie negativen – Ergebnissen" beschrieben. Weiterhin finden sie auch unterschiedliche Begriffe, die gleichermaßen definiert wurden. So nutzen Anderson, Deane, Hammond & McClelland (1981, zit. n. Lipshitz & Strauss, 1997) die Definition „eine Situation, in der jemand nur die Wahrscheinlichkeit kennt, mit der verschiedene mögliche Zustände eingetreten sind oder eintreten werden" für den Begriff des Risikos als auch für den Begriff der Unsicherheit. Lipshitz und Strauss (1997) selbst verstehen Unsicherheit als ein Gefühl von Zweifel, das Handlungen blockiert oder verzögert.

Unsicherheiten können zunächst nach ihrer Quelle unterschieden werden. Diese befindet sich entweder „extern" in der Umwelt (z. B. hängt die Wahl der Kleidung für das Wochenende am Meer von den herrschenden Wetterbedingungen ab) oder „intern" in der Person (z. B. ist die individuelle Stimmung mit der Bewertung der Unterkunft und des Wetters verbunden). In beiden Fällen ist der jeweilige Zustand nicht oder nur bedingt vorhersehbar. Bei der externen Unsicherheit kann zwischen einer Unsicherheit bezogen auf die Frequenz des Auftretens von Ereignissen (z. B.: An welchen Tagen wird es schneien?) oder auf die Tendenz des Ausgangs von einzelnen Ereignissen (z. B.: Die FDP schafft bei der nächsten Landtagswahl die 5%-Hürde nicht.) unterschieden werden. Die interne Unsicherheit kann als direkte Unsicherheit, genauer als *„unmittelbarer Ausdruck eines nicht weiter auflösbaren Gefühls"* (Jungermann et al., 1998, S. 140) (z. B. Ich glaube Rügen ist schöner, ich bin mir aber nicht sicher.) oder als Unsicherheit bzgl. der Ableitung von Aussagen, ohne fundierte Gründe nennen zu können (z. B. Ich glaube die Fahrt zum Meer dauert 4 Stunden.), beschrieben werden.

Weiter kann Unsicherheit mittels zweiter Komponenten genauer beschrieben werden: Plausibilität und Kontrollierbarkeit. Die Plausibilität wird von Jungermann et al. (1998, S. 142) sehr anschaulich als die Wahrscheinlichkeit mit der *„wir im Kriminalroman den Butler für den Morder halten."* beschrieben. Grundlegend für diese Komponente ist die Vollständigkeit, Konsistenz, Logik, Realitätsnähe und Bekanntheit von

Informationen, Verhalten oder Ereignissen, die Individuen dazu verleiten, Darstellungen in Romanen, vor Gericht, o. ä. zu glauben oder nicht. Ist Letzteres der Fall, so besteht eine Unsicherheit bzgl. der Einschätzung der Person oder des Handlungsverlaufs. Die Komponente der subjektiven Kontrollierbarkeit der Situation bezieht sich auf die individuelle Wahrnehmung der Situation und damit verbunden, die individuellen Beeinflussungsmöglichkeiten durch die Person. Dabei muss die tatsächliche Kontrollierbarkeit nicht mit der individuell wahrgenommenen übereinstimmen. Unsicherheit kann entstehen, wenn das Individuum nicht weiß, was getan werden muss (Unsicherheit bzgl. der Willensbildung) oder wenn es nicht weiß, wie es ein bestimmtes Ziel umsetzen soll (Unsicherheit bzgl. der Handlungsfähigkeit). Beide Varianten führen im wirtschaftlichen Bereich immer wieder zu starken Verzögerungen des Arbeitsprozesses, kostspieligen Fehlentscheidungen oder Wettbewerbsnachteilen. Nachfolgender Abschnitt dokumentiert einen Ausschnitt von Forschungstätigkeiten im Bereich Betriebswirtschaftslehre und der Arbeits- und Organisationspsychologie zum Begriff der Unsicherheit.

2.3.3.1 Unsicherheit im betriebswirtschaftlichen Bereich

Vor dem Hintergrund der überaus notwendigen Absicherung von Unternehmen gegen die Dynamiken und Veränderungen des Marktes nimmt der Begriff der „Unsicherheit" auch im Bereich der Betriebswirtschaftlehre eine wichtige Rolle ein. Für Thompson (1967) stellt Unsicherheit eines der fundamentalsten Probleme von Organisationen dar, die das Topmanagement zu bewältigen hat. Im Fokus vieler betriebswirtschaftlicher Forschungsansätze (z. B. Thompson, 1967, Lawrence & Lorsch, 1967; Duncan, 1972, Milliken, 1987) steht daher die Beziehung zwischen Organisationen und ihrer Umwelt sowie der damit verbundene Begriff der „environmental uncertainty" oder „perceived environmental uncertainty". Bevor exemplarisch die Ansätze von Lawrence und Lorsch (1967), Duncan (1972) und Milliken (1987) als Beispiele für die Operationalisierung der „environmental uncertainty" in der Reihenfolge ihres Erscheinens vorgestellt werden, soll nochmals auf die viel diskutierte Studie von Burns und Stalker (1961) hingewiesen werden. Die Autoren betrachten die Wahl einer flexiblen Organisationsstruktur in instabilen, turbulenten Umwelten als sinnvoll, während in stabilen Umwelten mechanistische Organisationsstrukturen als adäquat angesehen werden. Dieses Ergebnis, auch wenn die Studie als methodisch wenig haltbar gilt, beeinflusste die Forschungsansätze von Lawrence und Lorsch (1967), Duncan (1972) sowie Milliken (1987) in der Hinsicht, als dass sie die Gestaltung der Organisation immer in Verbindung mit der Umwelt und nicht nur allein mit dem Ziel des Unternehmens sehen.

Das Differenzierungs- und Integrationsmodell von Lawrence & Lorsch (1967)

Den Umgang einer Organisation mit den Anforderungen der Umwelt (insb. Marktveränderungen durch technologischen Fortschritt) sehen Lawrence und Lorsch in ihrem bereits 1967 erschienenen Buch „Organization and Environment" eine der größten Herausforderung für die Zukunft. Das Grundverständnis ihres Forschungsansatzes bildet die Organisation als „offenes System", welches sich ab einer gewissen Größe in kleinere Struktureinheiten teilt (Differenzierung), um lebensfähig zu bleiben. Zu beachten gilt, dass die Arbeitsergebnisse der Subsysteme zu einem gewissen Zeitpunkt wieder zusammenführbar sein sollten (Integration). Vorstellbar ist die Übertragung dieser Differenzierungs- und Integrationsforderung auf die Abteilungen und Teams eines Unternehmens. Als Maßnahmen zur Integration der Ergebnisse und des Wissens der einzelnen Subsysteme gelten Hierarchien, Koordinatoren, Matrixorganisationen oder auch Projektteams. Die Autoren weisen darauf hin, dass jede einzelne Einheit sich nicht mit der Gesamtheit der Umwelt(unsicherheit) auseinandersetzen muss, sondern nur mit der für die jeweilige Aufgabenbewältigung notwendige. Für jedes einzelne Subsystem in dem Gesamtsystem „Organisation" besteht demnach eine spezifische Umwelt(-unsicherheit). Diese stellt eine Teilmenge der Umwelt(-unsicherheit) für die Organisation dar und kann sich mit dem Fokus anderer Subsysteme überschneiden. Zur weiteren Vereinfachung teilen Lawrence und Lorsch (1967) die Umwelt in drei Segmente (Fertigung, Marketing, Forschung & Entwicklung), denen jeweils die korrespondierenden Umweltsegmente gegenüberstehen (Abb. 2.10.).

Schreyögg (2004, S. 343) fasst die Annahmen von Lawrence and Lorsch (1967) wie folgt zusammen: *„Der Erfolg einer Organisation bzw. Systembestand ist gesichert, wenn der Differenzierungsgrad zwischen den Subsystemen einer Organisation den Erfordernissen der Umwelt entspricht und zwischen den Subsystemen ein hoher Integrationsgrad besteht."*

Für die Beschreibung der Umwelt (-unsicherheit) eines Subsystems wählten Lawrence & Lorsch (1967) drei Komponenten:

- Bestimmtheit von Informationen (Clarity of informations)
- Gewissheit über die kausalen Beziehungen (Certainty of causal relationships)
- Zeitspannen einer Rückmeldung aus der Umwelt (Time span of definitive feedback from the environment)

Abb. 2.10.: Darstellung der Umwelt in drei Segmenten nach Lawrence und Lorsch (1969)

Im Vergleich zu den nachfolgenden Definitionen von Duncan (1972) und Milliken (1987) zeigte sich diese noch sehr breit und unspezifisch. Abbildung 2.11. gibt einen Einblick in die Messung dieser Komponenten. Unsicherheit besteht damit, je weniger die Anforderungen aus der Tätigkeit bekannt sind, je schwieriger die Aufgabenbewältigung eingeschätzt wird, sowie je länger es dauert, substantielles Feedback zu erhalten. Die Werte werden für den jeweiligen Sektor addiert und ergeben somit den (Un-)Sicherheitswert.

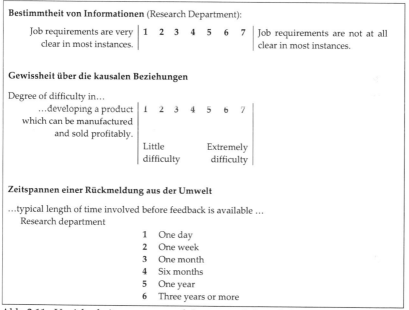

Abb. 2.11.: Unsicherheitsmessung nach Lawrence & Lorsch (1967; Auswahl)

Den Forschungsannahmen von Lawrence und Lorsch (1967) wird eher ein heuristischer Wert zugeschrieben, da Studien, die das Modell oder die Messvorschriften replizieren, bis heute fehlen (Schreyögg, 2004). Schreyögg (1996) stuft weiter den Zusammenhang zwischen komplexen, instabilen Umwelten und organischen Organisationsstrukturen als plausibel ein, stellt in eigener Forschung jedoch fest (Schreyögg, 1995), dass organische Managementsysteme generell (und damit unabhängig von Grad der Unsicherheit) erfolgreicher sind.

Wahrgenommene Unsicherheit nach Robert Duncan (1972)

Duncan (1972) beschreibt die Unsicherheit als Konstrukt der individuell wahrgenommenen Komplexität (simpel vs. komplex) und Variabilität (statisch vs. dynamisch) der Umwelt. Im Gegensatz zu Lawrence und Lorsch (1967) differenziert Duncan (1972) zwischen einer internen und einer externen Umwelt. Die interne Umwelt bezieht sich auf alle Faktoren, die sich innerhalb des Unternehmens befinden oder in einer intensiven Zusammenarbeit zu Entscheidungsträgern stehen. Die externe Umwelt bilden alle Faktoren außerhalb der Unternehmensgrenzen. Unsicherheiten aus der internen wie externen Umwelt sollten bei der Entscheidungsfindung mit bedacht werden. Entscheidend für die Wahrnehmung der Umwelt sind nach Duncan (1972) die individuellen Kognitionsstile, Erfahrungshintergrund und soziale Erwartungen. Die höchste Unsicherheit ist in einer hoch komplexen und dynamischen Umwelt zu erwarten.

Duncan extrahierte die Komponenten seiner Unsicherheitsdefinition auf Basis von 18 Expertendefinitionen. Sein vornehmliches Ziel war es, die Formulierungen verallgemeinerbar und praxisnah zu gestalten. Die Komponenten lassen sich wie folgt beschreiben:

- Mangel an Informationen bezogen auf Umweltfaktoren in Kombination mit einer Entscheidungssituation (*„How often do you believe that the information you have about this factor is adequate for decision making?"*
- Mangelnde Kenntnis über die Folgen, wenn eine vorangegangene Entscheidung falsch war (*„How often do you feel you are unable to predict how this factor is going to react to or be affected by decisions made in this group?"*)

- Unfähigkeit, eine zufriedenstellende Wahrscheinlichkeit in Bezug auf den Einfluss der Umweltfaktoren auf den Erfolg oder Misserfolg bestimmter Unternehmenseinheiten zu bestimmen.

Damit stimmt die erste und zweite Komponente weitestgehend mit Elementen der Definition von Lawrence & Lorsch (1967) überein. Die dritte Komponente lehnt sich eher an eine mathematisch orientierte Definition von Unsicherheit an (Duncan verweist auf Knight, 1921 und Luce & Raiffa, 1957). Es besteht jedoch die Frage, wie exakt Personen Wahrscheinlichkeiten schätzen können (vgl. Jungermann et al., 1998; Gigerenzer, 2002). Die fünfstufige Skalierung erfasst die Häufigkeit des Auftretens und variierte zwischen 1 „never" und 5 „always".

Ebenso für das Forschungsmodell von Duncan (1972) zeigen sich längerfristig keine stabilen Ergebnisse zur Stützung des Modells oder der Evaluation des Fragebogens. Zudem besteht keine Korrelation zwischen dem Erhebungsinstrument von Lawrence und Lorsch (1967) und dem von Duncan (1972) (vgl. Downey, Hellriegel & Slocum, 1975). Dieses lässt auf eine ungenaue Operationalisierung oder auf ein unterschiedliches Verständnis des Konstrukts schließen. Letzteres greift Milliken (1987) in dem nachfolgend vorgestellten Forschungsansatz auf.

<u>Environmental Uncertainty nach Frances Milliken (1987)</u>

Die Forschungstätigkeiten von Frances Milliken bauen auf den Arbeiten von Lawrence und Lorsch (1967) sowie Duncan (1972) auf. Ihrer Meinung nach sind die inkonsistenten Ergebnisse auf eine Vermischung unterschiedlicher Unsicherheitsaspekte zurückzuführen. Nach Milliken (1987) umfasst der Begriff der „environmental Uncertainty" (dt. umweltbezogene Unsicherheit) Situationen, in denen Unternehmen, Personen etc. versuchen, die Gegebenheiten der Umwelt zu verstehen, ihre Bedeutung für ihr Unternehmen zu erkennen und ggf. Interventionen abzuleiten. Genauer beschreibt Milliken (1987) Unsicherheit als ein individuell wahrgenommenes Unvermögen, etwas akkurat hervorzusagen. Dieses basiert auf einem Mangel von relevanten Informationen oder

der mangelnden Fähigkeit, zwischen relevanten und nicht relevanten Informationen zu unterscheiden.

Im Allgemeinen bedeutet der Begriff „environmental" einen Einfluss vielfacher Umweltkomponenten auf ein System. Bereits Duncan (1972) kritisiert den sehr weiten Fokus und schlägt vor, Unsicherheit in Zusammenhang mit ausgewählten Umweltkomponenten (z. B. Zulieferer im Rahmen einer Supply-Chain-Kette) zu betrachten. Milliken unterstützt dieses und weist zusätzlich darauf hin, dass schon die Auswahl der relevanten Umweltkomponenten durch Mitarbeiter Aufschluss über deren Wahrnehmung der Umwelt und ihrer Unsicherheiten gibt. Im Rahmen ihrer Forschungstätigkeiten identifiziert Milliken (1987) drei Arten von Unsicherheit:

State Uncertainty. Eine Art der Unsicherheit bezüglich des Zustandes der Umwelt besteht in der mangelnden Vorhersehbarkeit einzelner Komponenten oder Institutionen hinsichtlich ihres zukünftigen Verhaltens. Diese ist z. B. der Fall, wenn ein Unternehmen trotz vertraglicher Vereinbarungen gegenüber dem Zulieferer Zweifel an der rechtzeitigen Lieferung technischer Komponenten hegt. State Uncertainty besteht ebenfalls, wenn die Zusammenhänge verschiedener Umweltkomponenten nicht klar erkennbar sind (z. B. bei einer Deregulierung des Marktes). Verglichen mit den folgenden Komponenten der Unsicherheit, weist dieser Aspekt aufgrund der ganzheitlichen Umweltbetrachtung die größte Nähe zu den vorangegangenen Konzepten auf. Personen, die in komplexen und heterogenen Umwelten arbeiten, sollten diesen Unsicherheitsaspekt stärker aufweisen als Personen, die in stabilen Umgebungen tätig sind.

Effect Uncertainty. Die beobachteten Veränderungen in der Umwelt können einen Einfluss auf ein Unternehmen besitzen. Der Begriff Effect Uncertainty spiegelt die Unsicherheit bezüglich der Art, des Ausmaßes und des Zeitpunktes dieser Veränderungen auf die Vorgänge im Unternehmen wieder. Duncan (1972) ebenso wie Lawrence und Lorsch

(1967) beschreiben es auch als Mangel an Verständnis des Zusammenhangs von Ursache und Effekt.

Response Uncertainty. Treten Auswirkungen der Umweltveränderungen im Unternehmen auf, so ist es gezwungen zu reagieren bzw. zu entscheiden. Die Response Uncertainty beschreibt die Unsicherheit bezüglich der Reaktionsmöglichkeiten. Dieses kann sich darauf beziehen, dass sie nicht bekannt sind oder die Konsequenzen der möglichen Alternativen ebenfalls mit einer Unsicherheit belegt sind. Diese Komponente der Unsicherheit steht im engeren Zusammenhang zu den Definitionen der Unsicherheit der Entscheidungstheoretiker (Jungermann et al., 1998).

Zur Unterscheidung der drei Komponenten verweist Milliken (1987) auf die Art der jeweils fehlenden Informationen. So besteht Unsicherheit hinsichtlich der weiteren Entwicklung der Umwelt (State Uncertainty), ihres Einflusses auf die Organisation (Effect Uncertainty) oder den Umgang mit den Einflüssen (Response Uncertainty). Es gilt zu bedenken, dass ein Mehr an Information nicht als alleinige Lösung zu Vermeidung von Unsicherheit angesehen werden kann. Das Erheben weiterer Informationen erhöht nach Frederickson und Mitchell (1984) nicht die Entscheidungsqualität, wenn die Unsicherheit der Umwelt hoch ist. Weitere Informationen können in diesem Fall sogar kontraproduktiv wirken. Genauer zeigen Fredrickson und Mitchell (1984) in einer Studie mit Studierenden, das umfassende Entscheidungsprozesse für simple, stabile Umgebungen sinnvoll, während schnelle und flexible Reaktionen entscheidend für komplexe, dynamische Umgebungen sind.

Auch der Forschungsansatz von Frances Milliken besitzt mehr einen heuristischen Wert als eine klare empirische Untermauerung. Trotzdem ermuntert er, die Quellen der Unsicherheit individueller (Welche Unsicherheitsquelle nehmen die betroffenen Personen tatsächlich wahr?) und differenzierter (In welchem „Prozessabschnitt" – allgemeine Entwicklung, Einwirken auf das Unternehmen, Reaktion -

tritt die Unsicherheit auf?) zu betrachten, als es in den vorangegangenen Ansätzen der Fall war. Die vorgestellten betriebswirtschaftlichen Modelle sind eher allgemeiner Natur und dienen mehr einer generellen Strukturierung des Konzepts Unsicherheit. Annahmen über die konkreten Auswirkungen von Unsicherheiten in Organisationen bietet der Arbeits- und Organisationspsychologische Forschungsansatz von Wall, Cordery und Clegg (2002), welcher im nachfolgenden Abschnitt dargestellt werden soll.

2.3.3.2 Unsicherheit im arbeits- und organisationspsychologischen Bereich (Operational Uncertainty)

Seit dem Ende der 80er Jahre beschäftige sich die Sheffielder Forschergruppe um Toby Wall mit dem Konzept „Operational Uncertainty" (OU; Wall, Cordery & Clegg, 2002; Wright & Cordery, 1999). Der Begriff selbst lässt sich nur schwer in die deutsche Sprache übersetzen. „Operational" (dt. betriebsbedingt, betrieblich, operativ) weist darauf hin, dass dieses Konzept im betrieblichen Kontext anzusiedeln ist. „Uncertainty" ist mit Ungewissheit, Verunsicherung oder Unsicherheit zu übersetzen. Zusammenfassend kann damit von einer „betriebsbedingten Unsicherheit" gesprochen werden. Weiterführend gibt Debitz (2005) an, dass der Begriff „Operational Uncertainty" auch als technischer Ausdruck für Arbeitsunsicherheit Verwendung findet. Im Rahmen dieser Dissertation soll aufgrund unterschiedlicher Übersetzungsmöglichkeiten der englische Begriff beibehalten werden.

Wall, Cordery und Clegg veröffentlichten 2002 einen konzeptionellen Artikel in *Applied Psychology: An International Review*, in dem sie Operational Uncertainty definieren als *„[...] may be defined as a lack of knowledge about production requirements, of when problems will be met and how best to deal with them. In other words, operational uncertainty represents a lack of understanding about cause and effect, or action and outcome, within the system (Jackson, 1989). When such uncertainty is high, knowledge is incomplete and problem solving requirements are high."* (S. 159-160). Etwas weiter im

Artikel folgt die Definition: „*Operational Uncertainty is defined in terms of the number and difficulty of problems, key variances or exceptions that have to be accommodated.*" (S. 160).

Die genannten Definitionen werfen die Frage auf, ob OU als in der Person („*[...] lack of understanding about cause and effect [...]*") oder in der Umwelt („*[...] number and difficulty of problems, key variances or exceptions that have to be accommodated [...]*") verankert zu bewerten ist. Toby Wall antwortet dazu „*The fundamental nature of operational uncertainty is a characteristic of the environment not the person.*" (pers. Mitteilung an K. Lohse, per Mail 15. Februar 2008). In dem 2010 erscheinenden Artikel von Cordery, Morrison, Wright und Wall wird der dort beschriebenen Task Uncertainty (Umbenennung von Operational Uncertainty) das Attribut eines „contextual factor" zu Deutsch eines kontextbezogenen Faktors zugewiesen. Weiter attestieren die Autoren dieser Unsicherheit einen direkten Einfluss auf die Teamleistung. Die Auswirkungen sollten auf den Team-Level gemessen werden. Cordery und Kollegen (2010) gehen insgesamt von einem moderierenden Einfluss der Operational / Task Uncertainty aus.

Zusätzlich werben Wall und Kollegen (2002) für eine allgemeine Definition bzw. ein allgemeines Verständnis der Unsicherheit in der Arbeits- und Organisationspsychologie. Sie berufen sich dabei auf Ansätze von Brass (1985), Duncan (1972), Galbraith (1977), Lawrence & Lorsch (1969), Mintzberg (1979) und Thompson (1967). Zusammenfassend bemerken sie „*[...] whatever the source, uncertainty results in variability and lack of predictability in work tasks and requirements, including what has to be done and how to do it.*" (Wall et al., 2002, S. 151). Wall ergänzt jedoch in einer persönlichen Mitteilung (per Mail, 3. November 2005), dass die Operationalisierung von OU immer auf den jeweiligen Kontext bezogen sein sollte (z. B. für die Abwasserwirtschaft in Australien die Anzahl der Bearbeitungsschritte, der Level der technischen Komplexität und der Grad des Zusammenhangs zwischen den Problemkomponenten aufbauend auf einem individuellen Bewertungssystem der genannten Organisation; Wright & Cordery, 1999).

Wall, Cordery und Clegg (2002) vermuten in dem konzeptionellen Artikel einen moderierenden Einfluss der OU auf den Zusammenhang von Empowerment als Management Strategie und betrieblichen Leistungskennzahlen (zur moderierenden Wirkung siehe auch Wright & Cordery, 1999). Dabei postulieren sie, dass ein Erfolg von Empowerment im Sinne einer Erweiterung von Entscheidungs- und Handlungsspielräumen vornehmlich bei einem hohen Ausmaß von OU zu beobachten ist. Diese Annahmen decken sich mit Überlegungen von Burns und Stalker (1961), welche mechanistische Strukturen für stabile und organische Strukturen für dynamische Umwelten geeignet halten. Organische Strukturen sind gekennzeichnet durch ein hohes Maß an Entscheidungs- und Handlungsspielräumen der Mitarbeiter, wie sie auch Grote und Kollegen (1999) für den Umgang mit Störungen und Unsicherheiten am Ort des Geschehens für notwendig halten. Cherns (1976, p. 787, zit. n. Wall, Cordery & Clegg, 2002) fasst zusammen: *„variances, where they cannot be eliminated, should be controlled as near to their source as possible."*

Weitergehend halten die Autoren OU für ein allgemeines, betriebsübergreifendes Merkmal, an dem der Aufbau der Organisation, die Gestaltung der einzelnen Arbeitstätigkeiten sowie Maßnahmen des Human Ressource Managements ausgerichtet werden sollten. Damit folgen sie der soziotechnischen Tradition. Die Störungen sowie die daraus resultierende „Operational Uncertainty" stellen in dieser Arbeit einen Kontextfaktor dar. Kozlowski und Bell (2003) bemängeln in ihrem Überblicksartikel zum Forschungsstand der Teamarbeit, dass bei der Bestimmung der Leistungskriterien, Aufgaben und Umgebungsfaktoren nicht im ausreichenden Maße mitbedacht werden. Ebenso verweisen Tannenbaum, Beard und Salas (1992) in ihrem umfassenden Modell zur Beeinflussung der Teameffektivität auf die Rolle der „environmental uncertainty" als organisationaler / situationaler Einflussfaktor. Die

Autoren gehen jedoch nicht tiefer darauf ein, welche Art der Unsicherheit sich in welcher Umwelt (direkte Umwelt des Teams vs. Unternehmensumwelt) entwickelt. So können sich Auswirkungen von Planungsfehlern ebenso wie Folgen von Veränderungsprozessen dahinter verbergen. Insbesondere zum letzten Aspekt geben Guzzo und Dickson (1996) zu bedenken, dass Wandelprozessen innerhalb der Organisation direkte oder indirekte Einflüsse auf Teams und ihre Leistung besitzen können. Dabei sind positive wie negative Effekte möglich. Ein substanzieller Nachweis ist jedoch aufgrund der meist unklaren Ursache-Wirkungs-Zusammenhänge in komplexen Umgebungen erschwert.

Weiterführende Forschungstätigkeiten zur Operational Uncertainty

Zusätzlich geben die Autoren einen detaillierten Einblick in verschiedene betriebliche Bereiche, in denen Operational Uncertainty eine Rolle spielt: Für den Bereich der Produktion zeigt sich insb. in der Hochtechnologiebranche eine moderierende Wirkung von OU (Wall, Corbett, Martin, Clegg & Jackson, 1990). So führt eine erweiterte „operator control" unter der Bedingung einer hohen OU zu entscheidenden Leistungsgewinnen im System. Dieses lässt sich nicht nachweisen, wenn die OU gering eingestuft wird. Das Ergebnis deckt sich mit den Beobachtungen von Wright und Cordery (1999) in der australischen Abwasserwirtschaft.

Ebenso spielt die OU eine entscheidende Rolle im Bereich der Qualitätssicherung, genauer für das „Total Quality Management" (TQM) gesplittet in „Total Quality Control" (TQC; z. B. statistikbasierte Qualitätskontrolle in Verbindung mit einem geringen Einfluss der Mitarbeiter) und „Total Quality Learning" (TQL, explorationsorientierte Ausrichtung). Sitkin, Sutcliffe und Schroeder (1994) postulieren eine unterschiedliche Wirksamkeit der beiden Teilaspekte je nach Ausmaß der Unsicherheit. Besteht eine Arbeitstätigkeit zum größten Teil aus Routinetätigkeiten und gelten die Ursache-Wirkungs-Zusammenhänge als gut verständlich, wird TQC empfohlen. Die Wirkweise von TQL zeigt sich am Besten unter unsicheren Bedingungen.

Unter Betrachtung der Mensch Maschine-Funktionsteilung befürworten Clegg, Ravden, Corbett und Johnson (1989, siehe auch Grote et al., 1999) die Übernahme von Aufgaben durch Menschen insbesondere dann, wenn die Unsicherheit als hoch eingestuft wird. Menschen wird eine bessere Improvisationsfähigkeit, Flexibilität, logisches Schlussfolgern und Problemlösefähigkeit zugeschrieben (Fitts, 1951), die durch die Technik durchaus ergänzt werden sollte (z. B. automatisierte Fehlerauslese als Hilfestellung).

Im Bereich des Human-Ressource-Managements (HRM) wird ein zweigleisiges Vorgehen empfohlen (Wright & Snell, 1998). Zum einen sollten sich die Praktiken des HRM eng an den Strategien des Unternehmens orientieren, zum anderen ausreichend Flexibilität aufweisen, um schnell auf Veränderungen zu reagieren. Unterstützend wirkt dabei die Partizipation der Mitarbeiter. Dieses steht im Einklang mit den Ergebnissen von Eisenhardt (1988, zit. n. Wall et al., 2002) sowie Gerhart und Milkovich (1992, zit. n. Wall et al., 2002), die bei hoher Unsicherheit eine Reduktion der Kontrollmöglichkeiten der Manager hinsichtlich der Leistung der Mitarbeiter beobachten. Die Autoren unterstützen daher eine Verantwortungsübertragung auf die Mitarbeiter, wie sie z. B. durch eine leistungsbezogene Vertragsgestaltung erreichbar ist.

Ein Modell für den Umgang mit Operational Uncertainty stellen Wäfler, von der Weth, Karltun, Starker, Gärtner, Gasser und Bruch (2011) für die Einführung von Enterprise Resource Planning Systeme vor. Hinter dem Begriff des Enterprise Resource Planning (ERP) verbirgt sich die Anforderung das im Unternehmen vorhandene Kapital, Betriebsmittel und Personal bestmöglich aufeinander abzustimmen, so dass die bestehenden Geschäftsprozesse optimiert werden. Unter ERP-Systemen ist die entsprechende Anwendungssoftware (Anbieter z. B. SAP, Oracle oder Sage) zur Ressourcenplanung zu verstehen. Waefler und Kollegen (2011) auf das Auftreten von Störungen und Unsicherheiten bei Ressourcenplanungsprozessen im Produktionsbereich im Allgemeinen (z. B. Ausfall von Maschinen, Veränderung der Nachfrage, Fehlinterpretationen von Information) und bei Projekten zur Einführung von ERP-Systemen im Besonderen aufmerksam. Im letzten Fall sehen die Autoren die Gründe für die Störungen vornehmlich in der mangelnden Passung des neuen IT-Systems, welches standardisierte Wege von Rohstoffen und Waren kontrollieren soll, zu dem angestammten Produktionsprozess. So können z. B. kürzere Wartungszeiten, ein Fehlen von Informationen oder eine veränderte Maschinenaufstellung zu deutlichen Leistungseinbußen führen. Die Einführung von ERP-Systemen kann demnach die Art, die Struktur sowie das Management der Arbeit eines gesamten Unternehmens verändern (Dery, Grant, Herley & Wright, 2006 zit. n. Wäfler et al., 2011). Neben den funktionellen und technischen Veränderungen eines derartigen Projektes werden auch das soziale System und seine Einflussmöglichkeiten verändert (vgl. MTO - Analyse, Ulich (1997), Kap. 2.3.1.3). Für den Aufbau des Modells sehen Wäfler und Kollegen (2011) in der Identifikation der menschlichen Kontrolle des Arbeitssystems einen wichtigen Aspekt, der nicht nur die Funktionsweise des Arbeitsprozesses detailliert beschreibt, sondern auch sehr wichtige Hinweise für die Auswahl und Gestaltung eine ERP-Systems bietet. Kontrolle wird hier als die Summe aller Koordinierungstätigkeiten gesehen, welche nötig sind, um Arbeitsprozesse möglichst reibungslos zu gestalten und die Aufgabe so gut wie möglich zu erledigen. Es gilt auch hier, auftretende Varianzen auszugleichen (vgl. Ashby, 1963, Kap. 2.3.1.1). Basierend auf diesen Annahmen ergeben sich aus dem Zusammenspiel von „control opportunities" (Gelegenheiten zur Kontrolle verankert in der Struktur der Arbeitsprozesse), „control skills" (Fähigkeiten auf Seiten der Mitarbeiter) und der „control motivation" (individuelle emotionale und motivationale Prozesse) das „control behaviour". Hierunter sind alle Handlungen von Mitarbeitern in der

Planungsabteilung zur Kontrolle der Arbeitsprozesse zu verstehen. Demgegenüber stehen Kontrollerfordernisse, welche sich aus Umweltdynamiken und internen Strukturen sowie der aus beiden Komponenten entstehenden Operational Uncertainty ergeben. Eine gute Passung der Kontrollerfordernisse zu dem Kontrollverhalten spiegelt die Kontrolle über das Arbeitssystem wider. Diese Beobachtung steht im Einklang mit dem niederländischen Soziotechnikansatz (z. B. van Eijnatten & van der Zwaan, 1998). Das beschriebene Model von Wäfler und Kollegen (2011) kann als eine Zusammenführung von Annahmen aus der Betriebswirtschaft, Informatik und Psychologie gesehen werden. Eine umfassende theoretische Überprüfung steht jedoch noch aus.

2.3.4 Ableitung der Komponenten von Operational Uncertainty

Der zurückliegende Abschnitt verdeutlicht die Schwierigkeiten bei der Annäherung an das Konstrukt der Unsicherheit. Nicht allein die Unmenge an Definitionen und Abgrenzungsversuche aus der allgemeinen Psychologie, sondern auch die unterschiedlichen Operationalisierungen in der Bereichen der Betriebswirtschaft sowie der Arbeits- und Organisationspsychologie erleichtern eine spezifische Untersetzung des Konstrukts für den Kontext der Projektarbeit nicht. Die Tabelle 2.7. soll zunächst einen Überblick über die vorgestellten Forschungsansätze bieten.

Für die Modellbildung der vorliegenden Dissertation sowie die darauf aufbauende Operationalisierung ist das Differenzierungs- und Integrationsmodell von Lawrence und Lorsch (1967) von besonderer Bedeutung. Ihre Forderung nach einer Differenzierung der Organisation in Subsysteme findet sich im betriebswirtschaftlichen Kontext in der Bildung von Abteilungen oder Teams (vgl. auch die Modellansätze zur Soziotechnischen Systemgestaltung). Insbesondere in projektorientierten Unternehmen lässt sich die Integration des Erfolges einzelner Subsysteme (Teams) zu einem Gesamtergebnis gut nachvollziehen.

Tab. 2.7.: Überblick über Definitionen von Uncertainty (z. T. angelehnt an Gerloff, Muir & Bodensteiner, 2001)

Autoren	Lawrence & Lorsch (1973)	Duncan (1972)	Milliken (1989)	Wall, Cordery & Clegg (2002)
Begriff	Environmental Uncertainty	Environmental Uncertainty	Environmental Uncertainty	Operational Uncertainty
Unsicherheit ist…	Gemeinsames Auftreten der unten stehenden Komponenten	Konstrukt der individuell wahrgenommen Komplexität und Variabilität der Umwelt	Individuell wahrgenommenes Unvermögen, etwas akkurat hervorzusagen	Hohe Variabilität und mangelnde Vorhersehbarkeit von Aufgaben und Anforderungen
Komponenten	1. Mangel an **Informationen** hinsichtlich der (Job-) Anforderungen	1. Mangel an **Informationen** bzgl. der Umgebungsfaktoren verbunden mit bestehenden **Entscheidungen**	1. State uncertainty – Unvorhersagbarkeit der **Umgebungsentwicklung** oder einiger ihrer Komponenten	Individuell auf den jeweiligen Kontext bezogen
	2. Generelle Unsicherheit über die **kausalen Zusammenhänge** sowie die Schwierigkeit den Job unter Berücksichtigung der vorgegebenen Ressourcen zu erfüllen.	2. Unkenntnis der Auswirkungen von bestimmten Entscheidungen (u.a. zu Verlusten, wenn die Entscheidung falsch war)	2. Effect uncertainty – Unfähigkeit, die **Auswirkungen** von Umweltveränderungen **auf die Organisation** vorherzusagen	
	3. **Wartezeiten für Feedback** betreffend der Ergebnisse	3. Unfähigkeit, Wahrscheinlichkeiten für die Entwicklung von Umgebungsfaktoren und deren Einfluss auf (Miss-) Erfolg zu bestimmen	3. Response uncertainty – Mangelnde Kenntnis von **Reaktionsmöglichkeiten** / Unvermögen, **Konsequenzen** von Reaktionsmöglichkeiten vorherzusagen.	
Messmodell	Addition der Einschätzungen zum (Un-) Sicherheitswert	Häufigkeitsangaben und Wahrscheinlichkeitseinschätzungen	Getrennte Berechnung der drei Unsicherheiten	
Kritik	Keine Replikation des Modells oder der Messvorschriften	Keine Replikation des Modells oder der Messvorschriften	Keine Replikation des Modells oder der Messvorschriften	

Im Wesentlichen unterstützen Wall, Cordery und Clegg (2002) in ihrem konzeptionellen Artikel zur Operational Uncertainty die genannten Komponenten von Unsicherheit. Die Autoren legen sich jedoch hinsichtlich der Auswahl der Komponenten nicht abschließend fest und verweisen stattdessen auf eine Auswahl von für den Kontext spezifischen Kriterien (persönliche Mitteilung von Wall, per Email am

3.11.2005). Eingehende Recherchen ergaben bisher keine spezifische Umsetzung des Konzepts der Operational Uncertainty für den Bereich der Projektarbeit. Dieses soll in der vorliegenden Dissertation realisiert werden. Eine Orientierung erfolgt dabei nicht allein an den Arbeiten von Wall und Kollegen (2002) und den vorgestellten Arbeiten zur „Environmental Uncertainty", sondern auch an der Forschungstätigkeit von Debitz (2005). Jedoch richtet Debitz seine Datenerhebung auf eine objektive Erfassung der Operational Uncertainty (resp. der Störungen) aus, während die subjektive Wahrnehmung der Mitarbeiter vernachlässigt wird. Für die Entwicklung der Regelkapazität, eines weitestgehend komplementären Konstrukts zur Operational Uncertainty, orientiert sich Debitz an allgemeinen Kontrollkonzepten der Soziotechnischen Systemgestaltung (vgl. Grote et al., 1999), welche in der Dissertation von Troy (1981) detailliert betrachtet werden. Troy (1981) weist in seiner Arbeit explizit darauf hin, dass neben der Kontrolle über die Bewältigung der eigenen Arbeit auch ein Bedürfnis nach Kontrolle über Umweltbedingungen gibt. Dahinter verbirgt sich der Wunsch des Menschen, seine Welt zu verstehen und die Umwelt zu kontrollieren. Die Möglichkeit der Kontrolle von Umweltbedingungen hängt nach Troy (1981, S. 48) maßgeblich davon ab, in wie fern ein Individuum bedeutsame Zusammenhänge in der Umwelt erkennen und diese für die Erklärung von Ereignissen, Handlungsergebnissen u. a. heranziehen kann. Troy (1981) bezeichnet dieses als „**Durchschaubarkeit**" (vgl. Lawrence &Lorsch, 1973; Kausale Zusammenhänge) und sieht es als notwendige Voraussetzung für Prognosen und die Bildung von Hypothesen, auch beschrieben mit „**Vorhersehbarkeit**[9]„ (vgl. Milliken, 1989; State Uncertainty: Mangelnde Kenntnis der Umgebungsentwicklung). Die Möglichkeit, etwas vorherzusehen, macht das alltägliche Geschehen kalkulierbar und gibt Ruhe, sich mit den Umweltbedingungen auseinanderzusetzen und

---

[9] In der Forschungsansatz von Debitz (2005) bezieht sich „Vorhersehbarkeit" nicht auf die Vorhersage der Zukunft, sondern bildet die Plötzlichkeit eines Ereignisses ab.

entstehende Anforderungen zufriedenstellend zu bewältigen. Die aktive Bewältigung der Anforderung ist gebunden an die wahrgenommene „**Beeinflussbarkeit**" der Umwelt, welche auf dem Durchschauen der kausalen Zusammenhänge sowie der Vorhersehbarkeit von deren Entwicklung basiert. Troy (1981) bringt die genannten Kontrolldimensionen in eine Hierarchie (siehe Abb. 2.12.).

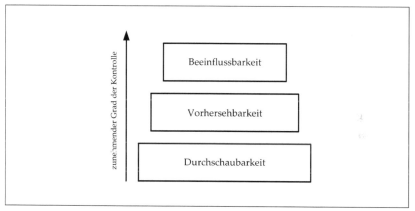

Abb. 2.12.: Hierarchischer Aufbau der Kontrollkomponenten nach Troy (1981)

Troy (1981) weist darauf hin, dass allein das Vorhandensein der Durchschaubarkeit, also ein Verständnis für die kausalen Zusammenhänge, das Gefühl gibt, die Situation „im Griff" zu haben. Dieses Modell impliziert weiter, liegen allein Durchschaubarkeit und Vorhersehbarkeit vor, besteht weniger Kontrolle, als wenn zusätzlich eine Beeinflussbarkeit des Arbeitssystems hinzukommen würde. Die Relevanz dieser Komponenten unterstreicht auch Grote (1997).

Ergänzend soll ein Blick in die Motivationspsychologie gewagt werden: Als Determinanten der Motivationspsychologie gelten das *Können*, d. h. die Fähigkeiten und Fertigkeiten einer Person zur Verrichtung einer Handlung und die *Situation*, d. h. die Möglichkeit die Fähigkeiten und Fertigkeiten einzusetzen (vgl. Definition der Beeinflussbarkeit). Letzteres wird flankiert von den *gesellschaftlichen Normen* bzw.

im Arbeitskontext von Hierarchien sowie Entscheidungs- und Handlungsspielräumen oder dem Grad an Partizipation (vgl. Nerdinger, 1995). Es besteht demnach eine Einschränkung hinsichtlich der Beeinflussbarkeit des Systems, welche durch den Begriff „**Spielraum**" (Begriff als Zusammenfassung für gesellschaftliche und individuelle Freiräume) charakterisiert werden soll.

Für den Kontext des Projektmanagements betrachtet merkt Litke (1995) an, dass Personen beim Fällen von Entscheidungen und damit für das Ziel einer adäquaten Planung des Projektes häufig die Durchschaubarkeit der Auswirkungen (hier verbunden mit dem Begriff der **Konsequenzen**) fehlt. Ebenso weist Milliken (1989) auf eine mangelnde Kenntnis der Konsequenzen als Kennzeichen der Response Uncertainty hin. Es können sich Vor- und Nachteile von Entscheidungsalternative gegenseitig aufheben oder es herrschen erschwerte Bedingungen (z. B. der Einfluss vielfältiger Faktoren), die eine Beurteilung der Konsequenzen der einzelnen Entscheidungen in ihrer ganzen Tragweite massiv erschweren. Eine Kontrolle der Situation kann in diesem Fall nicht gewährleistet werden (vgl. Semmer, 1990). Zusammenfassend schließt das Konstrukt der Operational Uncertainty die Komponenten Durchschaubarkeit, Vorhersehbarkeit, Beeinflussbarkeit, Spielraum und Konsequenzen ein.

2.3.5 Zusammenfassung des Zusammenhangs von Störungen und Operational Uncertainty (Fragestellungen Block B)

Die Theorien zur soziotechnischen Systemgestaltung (vgl. Ulich, 2001; Grote, 1997) verdeutlichen die Notwendigkeit der Systeme, sich immer wieder den Umweltdynamiken anzupassen, um das eigene Überleben zu sichern. Als Quelle von Störungen der betrieblichen Prozesse werden in soziotechnischen Systemansätzen vornehmlich Dynamiken der Umwelt (vgl. Emery, 1959; Susman, 1979; Trist, 1981), aber auch des „inneren Systems" (Alioth, 1980) genannt. Nach Lawrence und Lorsch (1967) sollten allein die für das Subsystem bzw. Team

Theoretischer Hintergrund 107

relevanten Umweltaspekte (Störungsquellen) und mögliche nachfolgende Unsicherheiten betrachtet werden. Für die beiden Autoren besteht Unsicherheit im Arbeitskontext, wenn wenig Anforderungen aus der Tätigkeit bekannt sind, die Aufgabenbewältigung als schwierig eingeschätzt wird und es lange dauert, substantielles Feedback zu erhalten. Diese und andere Überlegungen stellen für Wall und Kollegen (2002) eine Basis zur Entwicklung des Konzepts von Operational Uncertainty („betriebsbedingten Unsicherheit") dar, für welches es eine kontextspezifische Operationalisierung zu finden gilt. Im Rahmen der vorliegenden Dissertation wurden für den Bereich der Projektarbeit die Komponenten Vorhersehbarkeit, Durchschaubarkeit, Beeinflussbarkeit, Spielraum und Konsequenzen abgeleitet. Hinsichtlich des Zusammenhangs zwischen Störungen und Unsicherheit vermutet Alioth (1980), dass eine Steigerung der Systemschwankungen resp. Störungen der Arbeit zu einem erhöhten Grad der Ungewissheit und damit auch der Unsicherheit aufseiten der Mitarbeiter führt. Daher soll auch von einem positiven Zusammenhang des Störungsausmaßes im Projekt auf die individuelle Operational Uncertainty des Mitarbeiters ausgegangen werden. Abb. 2.13. symbolisiert den postulierten Zusammenhang im späteren Forschungsmodell.

Fragestellung 4: Weist das Ausmaß der Störungen im Projekt einen signifikant positiven Zusammenhang mit der individuell wahrgenommenen Operational Uncertainty auf?

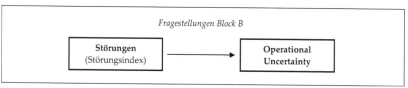

Abb. 2.13.: Symbol des postulierten Zusammenhangs zwischen Störungen und Operational Uncertainty

2.4 Zusammenführung von Theorien der Teamarbeit und Annahmen zu Störungen sowie Unsicherheit im Rahmen von Projektarbeit (Fragestellungen Block C)

Zentrales Anliegen dieser Dissertation ist die Suche nach Faktoren der Zusammenarbeit, welche es auch unter störungsintensiven und unsicheren Kontextbedingungen wie der Projektarbeit ermöglichen, eine hohe Temleistung zu erlangen. Zu beachten sind dabei die Neuartigkeit des Vorhabens sowie die meist eng gesteckten zeitlichen, finanziellen und personellen Bedingungen von Projekten (vgl. DIN 69901, 1987, zit. in Schelle, 1998, S. 27), welche im Vergleich zum regulären Tagesgeschäft zu gesteigerten Anforderungen an die Mitarbeiter führen (Brodbeck, 1994). Zusätzlich ist in vielen Projekten eine störungsintensive und unsichere Umwelt zu verzeichnen. Um u. a. diesen Anforderungen zu begegnen, findet die Bearbeitung der Projektaufgaben (-pakete) in der Regel in Teams statt, die in der vorliegenden Dissertation mittels leistungskritischer Konstrukte auf den Ebenen der Zusammenarbeit im Team, des Individuums und der Aufgabe beschrieben werden sollen. Ausgehend von der Forderung von Kozlowski und Bell (2003; vgl. auch Guzzo & Shea, 1992; Sundstrom, De Meuse & Futrell, 1990) erfolgt eine Zusammenführung eines klassischen Teammodells mit den organisationalen Kontextbedingungen resp. Umweltdynamiken und deren Auswirkungen. Die Umweltdynamiken werden durch einen Störungsindex abgebildet, während das Konstrukt der Operational Uncertainty (Wall et al., 2002) die entstehenden Auswirkungen repräsentiert. Als empirisch fundierte Studien zum Einfluss der Störung als Moderator können verschiedene Erhebungen in der australischen Abwasserwirtschaft von z. B. Wright und Cordery (1999) bestätigen (für einen Überblick: Cordery et al., 2010).

Um detaillierte Erkenntnisse über die Wirkung des Störungsindex und der Operational Uncertainty zu erlangen, sollen die Auswirkungen der beiden Komponenten zunächst unter Berücksichtigung des jeweiligen Inputfaktors getrennt betrachtet werden. Weitergehend erfolgt eine Überprüfung des gemeinsamen Einflusses von Störungen und Operational Uncertainty. Von besonderer Relevanz ist die Bedingung, in der beide Moderatoren hoch ausgeprägt sind, d. h. im Umfeld des Projektteams Störungen auftreten, die im Inneren zu einer hohen Verunsicherung führen. Hier gilt es zu überprüfen, ob und in welchem Maße die auf den drei Ebenen verankerten Prädiktoren unter Berücksichtigung beider Moderatoren einen positiven Einfluss auf die Teamleistung besitzen. Bei einer geringen Ausprägung beider Moderatoren wird für die Prädiktoren wie in den vorangegangenen Hypothesen eine positive Auswirkung auf das Kriterium der Teamleistung erwartet. Da jedoch die Notwendigkeit für eine Steigerung z. B. der Teamorganisation nicht existiert, besteht die Annahme, dass dieser Effekt geringer ausfällt.

Offen sind die Zusammenhänge zwischen Prädiktor und Kriterium unter den „gemischten Bedingungen": Einer hohen Störungseinwirkung bei geringer Operational Uncertainty aufseiten der Teammitglieder kann z. B. auf Unkenntnis aufseiten der Teammitglieder (Teamleiter schirmt alle Störungen ab) oder auf eine hohe Souveränität im Umgang mit den Störungen hindeuten. Durch die Unklarheit der Beweggründe können nur schwer Annahmen über die Beziehung zwischen den Prädiktoren und der Teamleistung gemacht werden. Auch bei einer hohen Operational Uncertainty im Team trotz geringem Störungsaufkommens ist von einer nicht erfassten Quelle der Verunsicherung auszugehen. Da die Quelle jeglicher Art sein kann (z. B. drohende Entlassungen oder Umstrukturierungen im Unternehmen), ist die Beurteilung des Einwirkens der Prädiktoren auf das Kriterium der Teamleistung erschwert. Eine Analyse der genannten Bedingungen erfolgt explorativ.

2.4.1 Ebene des Teams

Auf der Ebene des Teams werden die Komponenten Kommunikation, Teamorganisation, Engagement & Verantwortung, Ziel- &

Leistungsorientierung sowie Führung detailliert betrachtet. Störungsintensive Umweltsituationen zeichnen sich durch immer neue Ereignisse aus, deren Bewältigung die Ressourcen eines Subsystems resp. Teams bindet. Wird die Bewältigung durch eine mangelnde Vorhersehbarkeit des Ereignisses, einer geringen Durchschaubarkeit der Auswirkungen auf das System, eine geringe Beeinflussbarkeit der Systemkomponenten, einem geringen Spielraum für eigene Reaktionen und ein mangelndes Wissen über die Konsequenzen des eigenen Handelns begleitet, so kann eine arbeitsbezogene Unsicherheit entstehen.

Kommunikation gilt als eine der wichtigsten Komponenten für eine erfolgreiche Zusammenarbeit in Teams. Eine inadäquate Kommunikation kann allgemein zu Informationsverzerrungen und –verlusten führen, welche eine deutlich geringere Leistung nachsichziehen (vgl. Brodbeck, 1994; Wegge, 2004). Dieser Einfluss mag unter ruhigen Arbeitsbedingungen z. B. durch individuelle Informationsbeschaffung ausgeglichen werden können, so dass sich nur geringe Auswirkungen auf die Leistung nachweisen lassen. Unter störungsintensiven Situationen ist die Kommunikation jedoch entscheidend, um eine Störung aus der Umwelt im Team zunächst publik zu machen sowie anschließend Gegenmaßnahmen abzusprechen und zu koordinieren. Somit wird in störungsintensiven Kontexten von einer Leistungssteigerung durch verbesserte Kommunikation ausgegangen. Besteht nur ein geringes Störungsaufkommen, so ist von einem moderaten Leistungsanstieg durch verbesserte Kommunikation auszugehen. Im Falle einer hohen Ausprägung von Operational Uncertainty im Team kann eine angemessene Kommunikation dazu beitragen, z. B. die mangelnde Durchschaubarkeit aller Systemkomponenten und das damit verbundene Gefühl einer eingeschränkten Beeinflussbarkeit als Komponenten der Unsicherheiten aufzuheben und die Leistung des Teams zu steigern. Besteht keinerlei Unsicherheit hinsichtlich der genannten Komponenten, so führt eine verstärkte Kommunikation ebenfalls zu einer moderaten

Leistungssteigerung. Auch hier kann somit von einem positiven Zusammenhang von Prädiktor (Kommunikation) und Kriterium (Leistung) ausgegangen werden, welcher sich unter der Moderatorausprägung (Operational Uncertainty) verstärkt zeigt.

> *Fragestellung 5:* Besteht eine Moderation des Einflusses von **Kommunikation** im Team auf die Teamleistung durch das Ausmaß der Störungen oder/und Operational Uncertainty?

Der eigenständigen *Teamorganisation* wird im Kontext der dynamischen und störungsanfälligen Projektarbeit eine leistungsrelevante Rolle zugeschrieben (Gemuenden & Hoegl, 1999, 2000). Als Begründung wird die Notwendigkeit einer schnellen Reaktion der Führungskraft, aber insbesondere auch der Mitarbeiter, auf das Auftreten einer Störung genannt (Susman, 1976; Grote et al., 1999; Strohm & Ulich, 1999), welche mit einer adäquaten Aufgabenverteilung und -koordination verbunden ist. So wird erwartet, dass in einem störungsintensiven Kontext eine positive Auswirkung der Teamorganisation auf die Leistung besteht (vgl. auch Brannick et al., 1995; Larson & Schaumann, 1993). Dieser Zusammenhang sollte sich stärker darstellen, als unter der Bedingung einer geringen Störungsausprägung. Weitergehend kann eine passende Teamorganisation auch bei einer starken Verunsicherung im Team Orientierung und Sicherheit bieten. Aus diesem Grund kann hier ebenso eine leistungsförderliche Wirkung angenommen werden, die jedoch unter einem hohen Ausmaß von Operational Uncertainty geringer ausfällt als unter ruhigeren Umweltbedingungen.

> *Fragestellung 6:* Besteht eine Moderation des Einflusses von **Teamorganisation** auf die Teamleistung durch das Ausmaß der Störungen oder/und Operational Uncertainty?

Engagement und Verantwortung in Projektteams ist insbesondere verbunden mit Abstimmungen und gegenseitiger Hilfe bzgl. der

Aufgaben, offener Kommunikation und hohen Arbeitseinsatz (Hoegl & Gemuenden, 1999). Ohne diese Attribute ist eine Leistungserbringung unter hohem Störungseinfluss kaum möglich. Es besteht demnach unter dieser Bedingung eine positive Auswirkung des Engagements und der Verantwortung auf die Leistung. Unter einem geringem Störungsvorkommen zeigt sich der Zusammenhang zwischen Engagement & Verantwortung und der Leistung weitaus geringer.

> *Fragestellung 7:* Besteht eine Moderation des Einflusses von **Engagement & Verantwortung** auf die Teamleistung durch das Ausmaß der Störungen oder/und Operational Uncertainty?

Turbulente Umwelten erschweren die Leistungserbringung in Projekten. Spezifische Ziele können eine Orientierung für das individuelle Handeln der Mitarbeiter bieten (vg. Nerdinger, 1995) und so zu Leistungssteigerungen führen. Je komplexer jedoch die Aufgaben werden, desto weniger ist dieser Effekt für Gruppen nachweisbar (vgl. Wegge, 2004). Es wird daher eine positive Auswirkung der *Ziel- & Leistungsorientierung* auf die Teamleistung erwartet, jedoch fällt diese unter der störungsintensiven Bedingung geringer aus als unter der störungsarmen. Eine Orientierung durch Zielvorgaben ist auch bei einer hohen Ausprägung von Operational Uncertainty im Team anzunehmen.

> *Fragestellung 8:* Besteht eine Moderation des Einflusses von **Ziel- & Leistungsorientierung** auf die Teamleistung durch das Ausmaß der Störungen oder/und Operational Uncertainty?

Gemäß den Forderungen von Ashby (1964) nach einem „Regulator" bzw. einer regulierenden Funktion soll die Rolle der Führung in störungsintensiven wie unsicheren Bedingungen betrachtet werden. Aufgabe der Führungskraft ist es, eine adäquate Koordination des Projektteams und ggf. eine Neugewichtung der Aufgaben oder Prozessschritte durchzuführen, insbesondere wenn negative Umwelteinflüsse den Erfolg des Projektes bedrohen (vgl. Manz & Sims, 1995). Aufgrund dessen wirkt sich eine hohe Ausprägung der Teamführung unter störungsintensiven Bedingungen positiv auf die Teamleistung aus. Da in störungsärmeren Phasen eine *Führung* des Teams eine geringere Bedeutung besitzt, ist von einem moderaten positiven Einfluss der Teamführung auf die Leistung auszugehen. Eine besondere Relevanz besitzt die Teamführung in Teams mit hoher Ausprägung von Operational Uncertainty. Hier kann die Führungskraft notwendigen Halt und Orientierung bieten. Ausgehend von einer Verunsicherung im Team ist von einer Leistungssteigerung durch Führung auszugehen. Besteht keine Verunsicherung im Team, so wirkt sich eine verstärkte Führung in Projektteams ebenso positiv aus, jedoch nicht in dem Maße wie unter unsicheren Bedingungen.

Fragestellung 9: Besteht eine Moderation des Einflusses von **Führung** auf die Teamleistung durch das Ausmaß der Störungen oder/und Operational Uncertainty?

2.4.2 Ebene des Individuums

Auf der Ebene des Individuums sind die motivationalen Komponenten des VIST-Modells von Hertel (2002) angesiedelt. Bisher fand keine Betrachtung des Modells im direkten Zusammenhang mit Störungen oder Unsicherheiten statt. Entwickelt wurde das VIST-Modell für den Kontext der virtuellen Teamarbeit, welcher oftmals mit Projektarbeit (und damit auch mit dem Auftreten von Störungen) verbunden ist. Das Auftreten von Störungen erschwert die Leistungserbringung im Projektteam in dem Sinne, als dass das Erreichen des Projektzieles in Gefahr und das eigene Handeln wirkungslos erscheint. Um so mehr ist es in einer derartigen Situation von Bedeutung, die individuelle Motivation zu erhalten oder noch zu steigern, um die Störung zu bewältigen und das Projekt erfolgreich abzuschließen.

Die *Valenz* als individueller Wert des Teamzieles trägt dazu bei, trotz der durch die Störungen entstehenden zusätzlichen Anforderungen und Unsicherheiten, das eigene Handeln zu fokussieren und sich nicht in Nebenschauplätzen zu verlieren oder gar das Engagement einzuschränken. In einem ruhigeren Kontext besteht ebenfalls ein Zusammenhang zwischen Valenz und Leistung (Hertel et al., 2004), welcher sich jedoch nicht so deutlich zeigt. Demnach trägt die VIST-Komponente Valenz unter störungsintensiven Bedingungen oder hoher Operational Uncertainty im Team zur Leistung stärker bei als in einem ruhigen Kontext.

> *Fragestellung 10:* Besteht eine Moderation des Einflusses von **Valenz** auf die Teamleistung durch das Ausmaß der Störungen oder/und Operational Uncertainty?

Weitergehend kann der eigene Beitrag von besonderer Bedeutung für die Leistung des Teams sein (*Instrumentalität*). Wird der eigene Beitrag als zu vernachlässigend wahrgenommen, ist der Erfolg des Projektes in Gefahr (Hertel et al., 2004). Es ist davon auszugehen, dass unter störungsintensiven Bedingungen sich eine Fehleinschätzung des eigenen Beitrags besonders negativ auf die Teamleistung auswirkt als unter weniger störungsintensiven Bedingungen. Gleiches gilt bei einem hohen Aufkommen von Operational Uncertainty.

> *Fragestellung 11:* Besteht eine Moderation des Einflusses von **Instrumentalität** auf die Teamleistung durch das Ausmaß der Störungen oder/und Operational Uncertainty?

Von Relevanz für eine Tätigkeit unter störungsintensiven Bedingungen bzw. einer hohen Verunsicherung im Team erscheint auch die *Selbstwirksamkeitserwartung* als Glauben an die eigenen Fähigkeiten (vgl. Nerdingen, 1995). So wird ein Mitarbeiter mit einer hohen Selbstwirksamkeitserwartung die erschwerten Bedingungen als herausfordernd annehmen, besondere Anstrengungen investieren und auch dann noch standhaft bleiben, wenn erneut Rückschläge auftreten (vgl. Schwarzer, 2000). Es ist insbesondere unter dem Einfluss von Störungen von einem positiven Zusammenhang zwischen Selbstwirksamkeitserwartung und Leistung des Teams auszugehen. Bestehen vermehrt Unsicherheiten im Team bzgl. der weiteren Projektbearbeitung kann auch hier die Selbstwirksamkeitserwartung der Mitarbeiter helfen, Kräfte zu mobilisieren und Rückschläge auszugleichen, um so zur gemeinsamen Leistung beizutragen.

> *Fragestellung 12:* Besteht eine Moderation des Einflusses der **Selbstwirksamkeitserwartung** auf die Teamleistung durch das Ausmaß der Störungen oder/und Operational Uncertainty?

Leistungsförderlich kann sich ebenfalls das *Vertrauen* in die Einstellung und die Kompetenz der Teammitglieder auswirken (Hertel, 2002; Dirks & Ferrin, 2001). Insbesondere unter störungsintensiven Bedingungen stellt die Verlässlichkeit des Engagements der anderen Teammitglieder für das gemeinsame Ziel eine wichtige Komponente für die eigene Leistungsbereitschaft dar. Es kann vermutet werden, dass unter einem hohen Störungseinfluss eine positive Auswirkung des Vertrauens auf die Leistung besteht. Existiert nur wenig störender Einfluss von außen auf das Team, mag die Relevanz des Vertrauens geringer sein und der Zusammenhang des Vertauens mit der Leistung nicht mehr so hoch. Unter dem Auftreten von Operational Uncertainty im Team ist das Vertrauen, welches das Einbringen all der Kompetenz der Teammitglieder in Form von Wissen sowie Fähigkeiten und Fertigkeiten in die gemeinsame Arbeit, von besonderer Relevanz, um trotz der Unsicherheit der Arbeitssituation eine hohen Leistung zu erreichen. In einem „sicheren" Kontext besteht diese Relevanz nicht in dem gleichen Ausmaß.

> *Fragestellung 13:* Besteht eine Moderation des Einflusses von **Vertrauen im Team** auf die Teamleistung durch das Ausmaß der Störungen oder/und Operational Uncertainty?

2.4.3 Ebene der Aufgabe

Auf der dritten Ebene ist der Einfluss von *Arbeitsintensität* und *Tätigkeitsspielraum* auf die Leistung nur durch eine geringe Anzahl von Studien belegt. Lang, Thomas, Bliese und Adler (2007) sehen neben der hohen Fülle an Einflussfaktoren auf die Leistung insbesondere die Vernachlässigung von vermittelnden Faktoren (z. B. individuell empfundener Stress als Mediator) als Ursache dafür. Ebenso werden Störungen aus der Umwelt, die unter Zeitdruck von den Mitarbeitern unter Nutzung ihres Tätigkeits- resp. Handlungsspielraums behoben werden müssen (vgl. Parker, Wall & Cordery (2001) sowie Grote (1997)) nicht berücksichtigt. Dieses soll in der vorliegenden Dissertation überprüft werden. Erwartet wird unter störungsintensiven Bedingungen eine positive Auswirkung des Handlungsspielraumes auf die Leistung, während sich eine hohe Arbeitsintensität im gleichen Kontext negativ auf die Leistung auswirkt. Wall und Kollegen (2002) postulieren die moderierende Wirkung der Operational Uncertainty auf den positiven Einfluss von Empowerment auf betriebliche Leistungskennzahlen. Unter Empowerment verstehen sie vornehmlich eine Erweiterung der Tätigkeitsspielräume der Mitarbeiter, wie sie für dem Umgang mit Störungen und Unsicherheiten am Ort des Geschehens notwendig sind (z. B. Grote et al., 1999). So wirkt sich eine Erweiterung des Tätigkeitsspielraums bzw. eine Verringerung des Risikowertes unter der Bedingung einer hohen Ausprägung von Operational Uncertainty positiv auf die Teamleistung aus. Der Effekt der Erweiterung des Tätigkeitsspielraums für die Leistung sollte bei geringer Unsicherheit geringer ausfallen.

Theoretischer Hintergrund

> *Fragestellung 14:* Besteht eine Moderation des Einflusses der **Arbeitsintensität** auf die Teamleistung durch das Ausmaß der Störungen oder/und Operational Uncertainty?
>
> *Fragestellung 15:* Besteht eine Moderation des Einflusses des **Tätigkeitsspielraums** auf die Teamleistung durch das Ausmaß der Störungen oder/und Operational Uncertainty?

Zusammenfassend werden in Abbildung 2.14. die postulierten Zusammenhänge der Blöcke A bis C dargestellt.

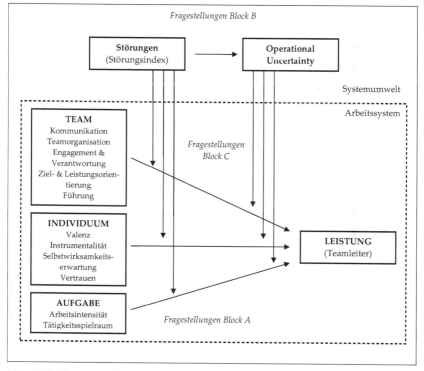

Abb. 2.14.: Zusammenfassendes Forschungsmodell

2.5 Hypothesen

In diesem Abschnitt werden die in der Zusammenfassung abgeleiteten Fragestellungen in Hypothesen überführt. An dieser Stelle sei nochmals darauf hingewiesen, dass aufgrund der Neuartigkeit der Einfluss der Störungen und der Operational Uncertainty zunächst getrennt (Fragestellungen a und b) und dann gemeinsam betrachtet werden (Fragestellung c). Mit diesem Vorgehen soll ein besseres Verständnis der Wirkweisen und Zusammenhänge ermöglicht werden.

Block A: Zusammenhang von Inputfaktoren und Teamleistung differenziert nach den Ebenen des Team, des Individuums und der Aufgabe

Im Zentrum des Forschungsmodells steht ein klassisches Input/Output-Modell der Teamarbeit. Im Allgemeinen wird davon ausgegangen, dass die Konstrukte auf den Ebenen des Teams, des Individuums und der Aufgabe eine positive Auswirkung auf die Outputvariable der Teamleistung haben. Sie sollen nachfolgend wie in Kapitel 2.2.4 abgeleitet nach Ebenen getrennt genauer betrachtet werden:

> *Fragestellung 1:* Welchen Beitrag leisten auf der Ebene des Teams die Konstrukte der **Kommunikation, Teamorganisation, Engagement & Verantwortung, Ziel- & Leistungsorientierung und Führung** zur Vorhersage der Teamleistung?

H1: Kommunikation, Teamorganisation, Engagement & Verantwortung, Ziel- & Leistungsorientierung und Führung leisten einen positiven Beitrag zur Vorhersage der Teamleistung.

> *Fragestellung 2:* Welchen Beitrag leisten auf der Ebene des Individuums die Konstrukte der **Valenz, Instrumentalität, Selbstwirksamkeitserwartung und Vertrauen** zur Vorhersage der Teamleistung?

H2: Valenz, Instrumentalität, Selbstwirksamkeitserwartung und Vertrauen leisten einen positiven Beitrag zur Vorhersage der Teamleistung.

> *Fragestellung 3:* Welchen Beitrag leisten auf der Ebene der Aufgabe die Konstrukte **Arbeitsintensität und Tätigkeitsspielraum** zur Vorhersage der Teamleistung?

H3: Arbeitsintensität und Tätigkeitsspielraum leisten einen Beitrag zur Vorhersage der Teamleistung.

Block B: Zusammenhang von Störungen und Operational Uncertainty

Im Zentrum der vorliegenden Dissertation steht die Untersetzung des Konstruktes der Operational Uncertainty mit den Komponenten Vorhersehbarkeit, Durchschaubarkeit, Beeinflussbarkeit, Spielraum und Konsequenzen. Als Ursache gelten Störungen aus der Systemumwelt. Der vermutete positive Zusammenhang von Störungen und Unsicherheiten wird in Kapitel 2.3.5 detailliert erläutert und folgende Fragestellung abgeleitet:

> *Fragestellung 4:* Weist das Ausmaß der **Störungen** im Projekt einen signifikant positiven Zusammenhang mit der individuell auftretenden **Operational Uncertainty** auf?

H4: Es besteht ein positiver Zusammenhang zwischen Störungen und Operational Uncertainty.

Block C: Auswirkungen von Störungen und Operational Uncertainty auf den Zusammenhang von Inputfaktoren und Teamleistung

Die nachfolgenden Fragestellungen 5 bis 15 sind der detaillierten Betrachtung des moderierenden Einflusses von Störungen und Operational Uncertainty auf die einzelnen Inputfaktoren auf den Ebenen des

Teams, des Individuums und der Aufgabe gewidmet. Grundlage hierfür finden sich in Kapitel 2.4.

> *Fragestellung 5:* Besteht eine Moderation des Einflusses von **Kommunikation** im Team auf die Teamleistung durch das Ausmaß der Störungen oder/und Operational Uncertainty?

H5a: Das Ausmaß der Störungen moderiert den Einfluss der Kommunikation im Team auf die Teamleistung.

H5b: Das Ausmaß der Operational Uncertainty moderiert den Einfluss der Kommunikation im Team auf die Teamleistung.

H5c: Das Ausmaß der Störungen und Operational Uncertainty moderieren gemeinsam den Einfluss der Kommunikation im Team auf die Teamleistung.

> *Fragestellung 6:* Besteht eine Moderation des Einflusses von **Teamorganisation** auf die Teamleistung durch das Ausmaß der Störungen oder/und Operational Uncertainty?

H6a: Das Ausmaß der Störungen moderiert den Einfluss der Teamorganisation auf die Teamleistung.

H6b: Das Ausmaß der Operational Uncertainty moderiert den Einfluss der Teamorganisation auf die Teamleistung.

H6c: Das Ausmaß der Störungen und Operational Uncertainty moderieren gemeinsam den Einfluss der Teamorganisation auf die Teamleistung.

> *Fragestellung 7:* Besteht eine Moderation des Einflusses von **Engagement & Verantwortung** auf die Teamleistung durch das Ausmaß der Störungen oder/und Operational Uncertainty?

H7a: Das Ausmaß der Störungen moderiert den Einfluss von Engagement & Verantwortung auf die Teamleistung.

H7b: Das Ausmaß der Operational Uncertainty moderiert den Einfluss von Engagement & Verantwortung auf die Teamleistung.

H7c: Das Ausmaß der Störungen und Operational Uncertainty moderieren gemeinsam den Einfluss von Engagement & Verantwortung auf die Teamleistung.

> *Fragestellung 8:* Besteht eine Moderation des Einflusses von **Ziel- & Leistungsorientierung** auf die Teamleistung durch das Ausmaß der Störungen oder/und Operational Uncertainty?

H8a: Das Ausmaß der Störungen moderiert den Einfluss von Ziel- & Leistungsorientierung auf die Teamleistung.

H8b: Das Ausmaß der Operational Uncertainty moderiert den Einfluss von Ziel- & Leistungsorientierung auf die Teamleistung.

H8c: Das Ausmaß der Störungen und Operational Uncertainty moderieren gemeinsam den Einfluss von Ziel- & Leistungsorientierung auf die Teamleistung.

> *Fragestellung 9:* Besteht eine Moderation des Einflusses von **Führung** auf die Teamleistung durch das Ausmaß der Störungen oder/und Operational Uncertainty?

H9a: Das Ausmaß der Störungen moderiert den Einfluss von Führung auf die Teamleistung.

H9b: Das Ausmaß der Operational Uncertainty moderiert den Einfluss von Führung auf die Teamleistung.

H9c: Das Ausmaß der Störungen und Operational Uncertainty moderieren gemeinsam den Einfluss von Führung auf die Teamleistung.

> *Fragestellung 10:* Besteht eine Moderation des Einflusses von **Valenz** auf die Teamleistung durch das Ausmaß der Störungen oder/und Operational Uncertainty?

H10a: Das Ausmaß der Störungen moderiert den Einfluss von Valenz auf die Teamleistung.

H10b: Das Ausmaß der Operational Uncertainty moderiert den Einfluss von Valenz auf die Teamleistung.

H10c: Das Ausmaß der Störungen und Operational Uncertainty moderieren gemeinsam den Einfluss von Valenz auf die Teamleistung.

> *Fragestellung 11:* Besteht eine Moderation des Einflusses von **Instrumentalität** auf die Teamleistung durch das Ausmaß der Störungen oder/und Operational Uncertainty?

H11a: Das Ausmaß der Störungen moderiert den Einfluss von Instrumentalität auf die Teamleistung.

H11b: Das Ausmaß der Operational Uncertainty moderiert den Einfluss von Instrumentalität auf die Teamleistung.

H11c: Das Ausmaß der Störungen und Operational Uncertainty moderieren gemeinsam den Einfluss von Instrumentalität auf die Teamleistung.

> *Fragestellung 12:* Besteht eine Moderation des Einflusses der **Selbstwirksamkeitserwartung** auf die Teamleistung durch das Ausmaß der Störungen oder/und Operational Uncertainty?

H12a: Das Ausmaß der Störungen moderiert den Einfluss der Selbstwirksamkeitserwartung auf die Teamleistung.

H12b: Das Ausmaß der Operational Uncertainty moderiert den Einfluss der Selbstwirksamkeitserwartung auf die Teamleistung.

H12c: Das Ausmaß der Störungen und Operational Uncertainty moderieren gemeinsam den Einfluss der Selbstwirksamkeitserwartung auf die Teamleistung.

> *Fragestellung 13:* Besteht eine Moderation des Einflusses von **Vertrauen im Team** auf die Teamleistung durch das Ausmaß der Störungen oder/und Operational Uncertainty?

H13a: Das Ausmaß der Störungen moderiert den Einfluss des Vertrauens im Team auf die Teamleistung.

H13b: Das Ausmaß der Operational Uncertainty moderiert den Einfluss des Vertrauens im Team auf die Teamleistung.

H13c: Das Ausmaß der Störungen und Operational Uncertainty moderieren gemeinsam den Einfluss des Vertrauens im Team auf die Teamleistung.

> *Fragestellung 14:* Besteht eine Moderation des Einflusses der **Arbeitsintensität** auf die Teamleistung durch das Ausmaß der Störungen oder/und Operational Uncertainty?

H14a: Das Ausmaß der Störungen moderiert den Einfluss der Arbeitsintensität auf die Teamleistung.

H14b: Das Ausmaß der Operational Uncertainty moderiert den Einfluss der Arbeitsintensität auf die Teamleistung.

H14c: Das Ausmaß der Störungen und Operational Uncertainty moderieren gemeinsam den Einfluss der Arbeitsintensität auf die Teamleistung.

> *Fragestellung 15:* Besteht eine Moderation des Einflusses des **Tätigkeitsspielraums** auf die Teamleistung durch das Ausmaß der Störungen oder/und Operational Uncertainty?

H15a: Das Ausmaß der Störungen moderiert den Einfluss des Tätigkeitsspielraums auf die Teamleistung.

H15b: Das Ausmaß der Operational Uncertainty moderiert den Einfluss des Tätigkeitsspielraums auf die Teamleistung.

H15c: Das Ausmaß der Störungen und Operational Uncertainty moderieren gemeinsam den Einfluss des Tätigkeitsspielraums auf die Teamleistung.

3 METHODEN

3.1 Beschreibung der Erhebung

Die Datengrundlage für die vorliegende Arbeit wurde von Januar 2006 bis März 2008 im Rahmen von vier Diplomarbeiten (Simon, 2006; Faselt, 2007; Sende, 2007; Lohse, 2008) erhoben und ist als Zufallsstichprobe zu bewerten sowie einem querschnittsanalytischen Design zuzuordnen. Die Datenerhebung bestand aus einem ca. ein- bis zweistündigen Interview mit dem Teamleiter (Anhang A1.2) sowie einem Online-Fragebogen (Anhang A2), der an Teammitglieder sowie -leiter gerichtet war. Abb. 3.1. gibt einen Überblick über den Verlauf der Datenerhebung.

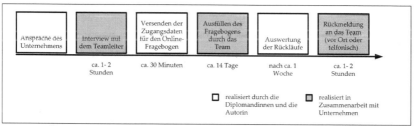

Abb. 3.1.: Überblick über den Verlauf der Datenerhebung

Das Interview mit den Teamleitern bestand aus generellen Fragen zum Projekt und dem damit verbundenen Team (Aufgabe, Dauer der Zusammenarbeit, Größe und Zusammensetzung des Teams etc.) sowie einer Benennung und Bewertung von Störungen im Projekt. Bei der Durchführung des Interviews erfolgte eine Fokussierung auf ein aktuelles Projekt, zu dem im weiteren Verlauf der Online-Fragebogen auszufüllen war. Dieser bestand aus einer verkürzten Erfassung von Störungsquellen und den damit verbundenen Unsicherheiten. Angelehnt an das Forschungsmodell wurde der Ebene des Teams der TeamPuls® von Wiedemann, von Watzdorf und Richter (2004), auf der Ebene des Individuums (im Team) das VIST-Modell von Hertel (2002) sowie auf der Ebene der Aufgabe der FIT-Fragebogen von Richter (2010) ausgewählt. Auf der Seite der Outputvariablen erfolgt die Erfassung der Teamleistung nach einer Empfehlung von Tannenbaum und Kollegen (1992). Alle Verfahren werden im Kapitel 3.3 detaillierter vorgestellt. Zunächst soll auf das Untersuchungsfeld und die zugrunde liegende Stichprobe eingegangen werden.

3.2 Beschreibung des Untersuchungsfeldes und der Stichproben

Die Ergebnisse der vorliegenden Arbeit basieren auf einer Gelegenheitsstichprobe von 51 Teams (268 Mitarbeiter) im wirtschaftlichen Kontext. Gemäß der Definition von Projekten (DIN 69901, zit. n. Schelle, 1998) wurde im Vorwege erfragt, ob (a) eine spezifische Zielstellung für eine definierte Gruppe von Mitarbeitern besteht sowie (b) definierte zeitliche und finanzielle Vorgaben einzuhalten sind. Weiterhin wurde aus Gründen der Anonymitätsgewährleistung darauf geachtet, dass (c) die Teams aus mindestens drei Personen bestanden. Eine Rückmeldung (siehe CD) der detaillierten Ergebnisse erfolgte nur, wenn mindestens drei Rückläufe vorlagen.

Die Datenerhebung wurde im Rahmen von vier Diplomarbeiten (Simon, 2006; Faselt, 2007; Sende, 2007; Lohse, 2008) realisiert. Die Diplomarbeiten hatten jewils einen anderen Fokus als die vorliegende Doktorarbeit. Die Tabelle 3.1. gibt Auskunft über die Stichprobenumfänge und die integrierten Verfahren (detaillerte Stichtprobenbeschreibung im Anhang A3).

Im Laufe der Datenerhebungen wurden 354 Teammitglieder und Teamleiter angesprochen. In dem online-gestützten Erhebungstool gingen insgesamt 268 verwertbare Rückläufe ein (Ausgeschlossen wurden Testzugänge. Fragebögen mit mehr als 30% fehlenden Angaben lagen nicht vor.) Der Rücklauf entspricht damit einer Quote von 75.7%.

Methoden

Tab. 3.1.: Überblick über die in den Diplomarbeiten eingesetzten Verfahren

Diplomandin	Jahr	Teams	Mitarbeiter	Störungen	Operational Uncertainty	FIT	VIST	TeamPuls®	Leistung
Simon, Claudia	2006	14	68	X	X[a]		X	X	X
Faselt, Franziska	2007	14	78	X	X	X[b]	X	X	X
Sende, Katharina	2007	13	69	X	X	X[b]	X	X	X
Lohse, Kristin	2008	10	53	X	X	X	X	X	X
Insgesamt		51	268						

[a] Die Erfassung der Operational Uncertainty bestand zu diesem Zeitpunkt aus den Items der Beeinflussbarkeit, Durchschaubarkeit und Spielraum.
[b] In diesen Stichproben wurde nur die Dimensionen Arbeitsintensität und Tätigkeitsspielraum erfasst. Die Dimension der Vorbildungsnutzung wurde nur bei Lohse (2008) eingesetzt.

Die betrachteten Projekte wiesen im Mittel eine Zeitdauer von 15.9 Monaten (SD = 16.8; Range: 2 bis 84 Monate) auf. Die mit dem Projekt betreuten Teams bestanden aus ca. sieben Mitgliedern (M = 6.9 Mitglieder, SD = 4.2; Range 3 bis 20 Mitglieder), von denen durchschnittlich fünf Mitglieder (SD = 2.5; Range: 3 bis 13) den Fragebogen beantworteten. Die betrachteten Projekte dauerten im Mittel 15.8 Monate (SD = 16.3; Range: 2 bis 84 Monate). Die Stichprobe weist starke Konzentrationen im Bereich des Alters, der Schulausbildung und des Geschlechts auf (siehe Abb. 3.2. sowie 3.3.).

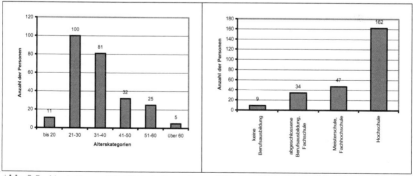

Abb. 3.2.: Verteilung der Alterskategorien (n=185)   Abb. 3.3.: Verteilung der Schulbildung (n=252)

Ca. 75.6% der Teilnehmer sind zwischen 21 und 40 Jahren alt, 64.3% weisen eine Hochschulausbildung sowie weitere 18.7% eine Meister- oder Fachhochschulausbildung auf. Bzgl. des Geschlechts liegen Angaben von 185 Teilnehmern vor. Davon sind 83.8% Männer. Zum jeweiligen Erhebungszeitpunkt waren die Befragten durchschnittlich seit sechs Jahren (M = 70.3 Monate; SD = 88.5) in ihrer Tätigkeit und seit durchschnittlich 6 1/2 Jahren in dem aktuellen Unternehmen (M = 79.2 Monate; SD = 98.5) beschäftigt. In beiden Bereichen ist die hohe Standardabweichung sowie der hohe Range der Angaben zu beachten (Tätigkeit: 1 bis 441 Monate; Unternehmen: 1 bis 588 Monate). Die teilnehmenden Teammitglieder und Teamleiter waren zum jeweiligen Erhebungszeitpunkt durchschnittlich seit zwei Jahren im Projekt beschäftigt (M = 24.1 Monate, SD = 34.7). Auch hier ist ein hoher Range der Daten zu verzeichnen. Die Angaben variierten zwischen einem und 386 Monaten. Eine feste Teamkonstellation bestand zum Zeitpunkt der Befragung bereits seit ca. 11.7 Monaten (SD = 8.6; Range: 2 bis 30 Monate). Die Teammitglieder arbeiteten zum Erhebungszeitpunkt im Mittel in zwei Teams (SD = 2.6; Range: 1 bis 30 Teams). In dem betrachteten Team waren sie zu ca. 70% (M = 70.5%, SD = 29.0%) tätig. Mit ca. drei weiteren Mitarbeitern haben sie im Mittel schon einmal zusammengearbeitet (M = 3.2 Personen, SD = 7.3; Range: 0-100). Ohne Berücksichtigung des betrachteten Projektes können die Mitarbeiter Erfahrungen aus durchschnittlich 7.2 Projekten (SD = 10.8) vorweisen. Hier ist wiederum der hohe Range von keinem bis 125 Projekte zu beachten.

3.3 Eingesetzte Verfahren

Die Beschreibung der Verfahren orientiert sich an der Erwähnung in den Fragestellungen bzw. in den Hypothesen. Zunächst werden die Messansätze für Störungen in der Projektarbeit und Operational Uncertainty. Um die postulierten Wirkmodelle von Teamprozessen überprüfen zu können, soll zunächst die Leistung des Teams (Tannenbaum, Beard & Salas, 1992; Kap. 3.4.2) als Outputfaktor sowie nachfolgend die an den Ebenen orientierten Instrumente TeamPuls® (Team; Wiedemann, v. Watzdorf & Richter, 2004; Kap. 3.4.3), VIST-Modell (Individuum; Hertel, 2002; Kap. 3.4.4) und FIT-Fragebogens (Aufgabe; Richter, 2010; Kap. 3.4.5) vorgestellt werden.

3.3.1 Erfassung von Störungen und Unsicherheiten (Operational Uncertainty)

Für die konkrete Erfassung und Auswertung von Störungen und Unsicherheiten bestehen, ähnlich wie für die Definitionen, keine allgemeingültigen Vorgehensweisen. Im Rahmen dieser Arbeit erfolgt eine Anlehnung an die Vorgehensweise von Debitz (2005), die durch eine Beachtung der Besonderheiten der Stichprobe teils angepasst, teils erweitert wurde (z. B. inhaltliche Benennung der Störungsquellen, Vereinfachung der Unsicherheitserfassung aufgrund des geringen Zeitfensters für Interviews). Auch soll in dieser Arbeit die Erfassung der Störungen nicht mit der Erfassung der Operational Uncertainty gleich gesetzt werden, wie es bei Debitz (2005) der Fall ist. Vielmehr werden beide Aspekte zunächst differenziert betrachtet, bis die Beziehung zueinander abschließend geklärt wird.

3.3.1.1 Erfassung von Störungen

Die Erhebung der Störungen und Unsicherheiten fußt bei Debitz (2005) auf dem „Verfahren zur Erfassung der System-Umwelt-Beziehung" (VESSU), welches der Autor gemeinsam mit Becker (2000) entwickelt hat. Ziel dieses Verfahrens ist es, die Wirkung von Schwankungen und Störungen auf ein Arbeitssystem bei der Erfüllung der Primäraufgabe zu erfassen. Grundlage des VESSU-Verfahrens sind 13 inhaltliche Dimensionen (z. B. Produktbestandteile, Infrastruktur oder Abfallentsorgung), die jeweils mit zwei Skalen zur Menge/Verfügbarkeit und Qualität der betrachteten Dimension untersetzt sind. Für den Kontext der Projektarbeit zeigen sich nicht alle Dimensionen des VESSU-Verfahrens als entscheidend (z. B. Abfallentsorgung), während andere nicht berücksichtigt worden sind (z. B. der Kontakt zum Kunden oder die Zusammenarbeit auch über mehrere Standorte hinweg). Folgende inhaltliche Dimensionen (dargestellt in Tab. 3.2.) wurden von der Autorin für den Kontext der Projektarbeit ausgewählt und decken sich mit den von von Rosenstiel und Kolleginnen (2009) formulierten „informellen" Kriterien eines Projektes.

Das VESSU ist als bedingungsbezogenes, objektives Erhebungsinstrument einzustufen. Bedingungsbezogen, da es sich durch die Erfassung der Störungswirkung auf die Erfüllungsbedingungen während der Bearbeitung der Aufgabe, resp. der Bearbeitung eines Projektes, bezieht. Die Objektivität kann durch die Bewertung der Situation durch einen Experten (z. B. Arbeitspsychologen, geschulte Person) auf Grundlage von Dokumentenanalysen oder Beobachtungsinterviews sichergestellt werden. Hiermit sollen Verzerrungen durch die individuelle Wahrnehmung der Betroffenen vorgebeugt werden. Störungen stellen jedoch nur seltene Ereignisse im Arbeitskontext dar. Aus diesem Grund ist eine Erhebung der Daten durch reines Beobachten nur unter großem Zeitaufwand zu realisieren. Auch werden Störungen nicht in allen Unternehmen ausreichend dokumentiert, sodass eine Dokumentenanalyse ebenfalls nicht Erfolg versprechend ist.

Tab. 3.2.: Beschreibung der inhaltlichen Dimensionen

Bez.	Inhaltliche Dimension	Kurzbeschreibung
Produkt / Auftrag		
S1a	Verfügbarkeit der Produktbestandteile	Alle Produktteile oder Zuarbeiten von externen Personen / Firmen, die zum zukünftigen Produkt verarbeitet werden
S1b	Qualität der Produktbestandteile	
S2a	Verfügbarkeit der Produktionstechnologie	Technologie, welche unmittelbar für die Erstellung des Produktes notwendig ist
S2b	Qualität der Produktionstechnologie	
S3a	Qualität der Produkte	Qualität im Vergleich zu Konkurrenzprodukten bzw. Veränderung der Absatzmöglichkeiten aufgrund von Marktveränderungen
S3b	Absatzmöglichkeit der Produkte	
(Technische) Projektunterstützung		
S4a	Verfügbarkeit der Informationstechnik	Bestehen von adäquater Hard- und Software zur Aufrechterhaltung der Arbeitsfähigkeit des Projektteams
S4b	Qualität der Informationstechnik	
S5a	Verfügbarkeit von Verbrauchsmaterialien	Materialien, die zur Herstellung des Produktes notwendig sind, jedoch nicht als Bestandteil des Produktes
S5b	Qualität von Verbrauchsmaterialien	
S6	Finanzielle Ressourcen	Finanzielle Ausstattung des Projektes gemessen an dem Projektvolumen

Methoden

Bez.	Inhaltliche Dimension	Kurzbeschreibung
S7a	Verfügbarkeit von Ansprechpartnern im Unternehmen	Hilfe und Informationen von Personen außerhalb des Projektes, z. B. Vorgesetzte, weitere Projektleiter, o. a.
S7b	Qualität der von Ansprechpartnern im Unternehmen verfügbaren Informationen	
S8a	Verfügbarkeit von Dokumentationen / Handbüchern	Handbücher oder Dokumentationen, welche unmittelbar für die Erstellung des Produktes notwendig sind
S8b	Qualität der Informationen innerhalb von Dokumentationen / Handbüchern	
S9a	Verfügbarkeit von externen Experten / Beratern	Externe Unternehmensberatungen, Experten unabhängiger Institute etc.
S9b	Qualität der Informationen von externen Experten / Beratern	
ORGANISATION DES PROJEKTES		
S10	Klarheit des Projektauftrages	Der Projektauftrag ist nicht eindeutig oder nicht allen Mitarbeitern zugänglich, eine Konkretisierung erfolgt im Laufe des Projektes
S11a	Zugänglichkeit der Teilziele / Aufgabenpakete	Aufgabenpakete, Abhängigkeiten von Aufgaben, Vorgaben, Pflichtenhefte etc.
S11b	Vollständigkeit der Teilziele / Aufgabenpakete	
S12a	Zugänglichkeit der zeitlichen Planung	Die zeitliche Dauer der Aufgabenpakete wird nicht realistisch eingeschätzt, zeitliche Puffer für Urlaubs- und Krankheitswellen werden nicht bedacht
S12b	Genauigkeit der zeitlichen Planung	
S13a	Zugänglichkeit der organisatorischen Regelungen innerhalb des Projektes	Wer macht was? Wer vertritt wen? Wer ist über was zu informieren?
S13b	Einhaltung der organisatorischen Regelungen innerhalb des Projektes	
S14a	Zugänglichkeit der organisatorischen Regelungen innerhalb des Unternehmens	Wer arbeitet in welchen Projekten wie viel? Wer ist wann zu benachrichtigen?
S14b	Einhaltung der organisatorischen Regelungen innerhalb des Unternehmens	
PROJEKTTEAM		
S15a	Anzahl der Projektmitarbeiter	Einfluss der Mitarbeiter auf das Gelingen des Projektes
S15b	Kompetenz	
S15c	Verfügbarkeit	
S15d	Zusammenarbeit	
ZUSAMMENARBEIT MIT DEM KUNDEN		
S16a	Verfügbarkeit von Ansprechpartnern beim Kunden	Zugänglichkeit oder Wissensstang der Kontaktperson: Können die Anforderungen an das Produkt von den Kontaktpersonen vermittelt werden?
S16b	Qualität der Informationen, die das Team vom Kunden erhält	
S17	Absprachen im Unternehmen des Kunden	Information der beteiligten Personen / Abteilungen: Besteht ein gemeinsames Verständnis über das Produkt
STANDORTVERTEILTE ZUSAMMENARBEIT		
S18a	Unterschiedliche Standorte	Störungen durch standortverteilte Zusammenarbeit und die damit verbundene Kommunikation über elektronische Medien
S18b	Unterschiedliche Zeitzonen	
S18c	Kommunikation über Informationstechnologie	
WEITERE STÖRUNGEN?		
S19a	Freifeld	Störungen, von den Interviewpartnern ergänzt
...	...	

In der vorliegenden Arbeit sollen die Störungen von Teamleitern und Mitarbeitern gleichermaßen eingestuft werden. Den Teamleitern wird dabei von der Autorin die Rolle der ‚Experten" zugeschrieben, da sie, durch ihre meist langjährige Erfahrung bzgl. der Durchführung von Projekten, das gegenwärtige Projekt realistisch einschätzen können und durch ihre übergeordnete Position einen vollständigen Überblick über die auftretenden Störungen besitzen. Der Störungsindex des Teams basiert auf den Einschätzungen der Teamleiter. Die Nennungen der Teammitglieder bilden eine inhaltliche Verankerung zur Einschätzung der Unsicherheit.

Eine Bewertung der Störungen im Rahmen eines Störungsindex erfolgt ebenso wie bei Debitz (2005) nach den Dimensionen von Wholey und Brittain (1989): Hierbei werden die Amplitude (Höhe der Auswirkung), Frequenz (Häufigkeit) und Vorhersehbarkeit des Auftretens von Störungen erfasst. Um eine leicht verständliche und schnelle Bewertung der Störungen zu ermöglichen, geschieht eine Vereinfachung der Skalierung der Dimensionen: Die Erhebung der Häufigkeit und der Auswirkungen erfolgt im Gegensatz zu Debitz (2005) fünfstufig und inhaltlich angepasst an den Kontext der Projektarbeit. So kann der Interviewpartner zwischen (1) „selten" bis (5) „mehrfach täglich" hinsichtlich der Häufigkeit sowie zwischen (1) „leicht" bis (5) „schwer" hinsichtlich der Auswirkungen der Störungen wählen. Letztere Dimension wird durch eine inhaltliche Verankerung, welche die entscheidenden Faktoren „Zeit" und „Inhalt" berücksichtigt, ergänzt. Die Erhebung der Vorhersehbarkeit folgt der Methodik von Debitz (2005), die auf der Operationalisierung der Dimension A51 des „Tätigkeitsbewertungssystems (TBS)" von Hacker, Fritsche, Richter und Iwanowa (1995) aufbaut. Auch diese wurde von der Autorin dem Kontext entsprechend unterlegt. Die jeweiligen Operationalisierungen werden in Abbildung 3.4. dargestellt.

Methoden

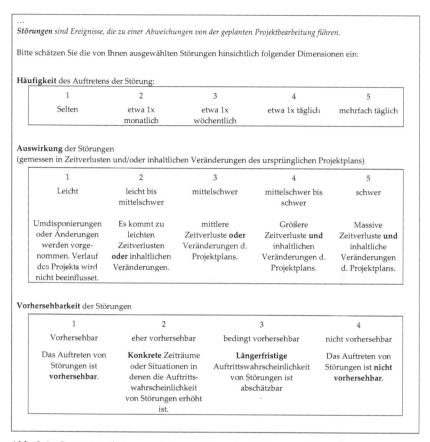

Abb. 3.4.: Operationalisierung der Bewertung der Störungsquellen

Für die Auswertung der erhoben Daten sind verschiedene Vorgehensweisen denkbar. So könnte nach Wholey und Brittain (1989) eine multiplikative Verknüpfung der Dimensionen erfolgen. Dieses Vorgehen schreibt Störungen, die besonders häufig, mit großen Auswirkungen und / oder unvorhersehbar auftreten, einen hohen Wert zu und wird somit einer Beschreibung der „Verschlimmerung" des Zustandes gerecht. Dieses Vorgehen führt jedoch bereits bei der Beurteilung der einzelnen Störungen zu einem rechtsseitigen „Ausfransen" der Daten und die Annahme einer Normalverteilung ist nicht mehr gerechtfertigt.

Aus diesen Gründen wurde in der vorliegenden Arbeit auf eine Multiplikation verzichtet und ein Mittelwert der jeweiligen Dimensionen gebildet. Dieser ermöglicht jedoch eine Kompensierbarkeit von extremen Werten, was ebenfalls diskutabel ist (z. B. wird ein unvorhergesehenes Ereignis, durch ein seltenes Auftreten und nur geringe Auswirkungen ausgeglichen?). Um die Anzahl der Störungen abzubilden, wird aus den Mittelwerten der auftretenden Störungen ein Summenwert berechnet.

3.3.1.2 Erfassung von Unsicherheiten (Operational Uncertainty)

Zur Messung der Unsicherheit besteht weder im erweiterten Forschungskontext noch in speziellen Teilgebieten (z. B. Soziotechnik oder Entscheidungsforschung) Konsens über „die" Messmethode. Unterschieden werden kann in direkte und indirekte Methoden. Die direkte Methode besteht aus einem Abfragen der Wahrscheinlichkeits- oder Häufigkeitseinschätzung oder einer verbalen Beurteilung. Das Verhalten bei Rangordnungsverfahren, Entscheidungen oder Wetten wird den indirekten Erhebungsmethoden zugeordnet (vgl. Jungermann et al., 1998).

Die Wahl der Erhebungsmethode hängt von der zugrunde liegenden Theorie über die mentale Repräsentation und der Zielsetzung ab. Besteht z. B. die Annahme, Menschen würden hinsichtlich einer bestimmten Entscheidung rein nach dem Wahrscheinlichkeitskalkül vorgehen und sollen diese Aussagen mit Angaben zu anderen Aspekten (z. B. Bildungsstand) in Verbindung gesetzt werden, so ist die Nennung der konkreten Höhe der Wahrscheinlichkeit sinnvoll. Jungermann et al. (1998) raten, für eine Erfassung der Effekte bestimmter Faktoren auf die Unsicherheit mit „weicheren" Methoden zu arbeiten. Auch Duncan (1972) verweißt in seiner Abhandlung zu Ansätzen der Unsicherheit darauf, dass letztendlich jeder Mensch seine individuelle Wahrnehmung und Toleranz bzgl. der Unsicherheit aufweist. Diese individuellen Unterschiede führen nachfolgend zu einer unterschiedlichen Reaktion auf Ereignisse und einen unterschiedlichen Umgang mit der Situation. Duncan rät, dieses bei der Definition und Messung zu berücksichtigen.

Zu dem Begriff der „environmental uncertaintyt" gab es in den 70er Jahren umfassende Forschungstätigkeiten, die dann ab den 80er Jahren abebbten. Oftmals zeigten sich die Ergebnisse zur Environmental Uncertainty inkonsistent und schwer zu interpretieren (vgl. Duncan, 1972). Zusätzlich wiesen die genutzten Instrumente oft nur eine geringe Reliabilität und Validität auf oder konnten keinen Zusammenhang zwischen objektiven Kennzeichen der Unternehmensumwelt und der wahrgenommenen Umweltunsicherheit nachweisen (Downey et al., 1975; Duncan, 1972; Tosi, Aldag & Storey, 1973; zit. n. Milliken, 1987).

Bei der Betrachtung des Konzepts der Unsicherheit ist es zunächst oftmals unklar, ob es sich um eine Beschreibung des Zustandes der Unternehmensumwelt oder um den Zustand einer Person, die z. B. einen Mangel an entscheidenden Informationen über die Umwelt wahrnimmt, handelt. Zudem kann eine Erfassung der Unsicherheit „subjektiv" durch die Befragung der betroffenen Personen (z. B. Lawrence & Lorsch, 1967; Duncan, 1972) oder „objektiv" mittels der Beurteilung durch Experten (z. B. Debitz, 2005) erfolgen. Die Erfassung der Unsicherheit als subjektives Maß steht in einer langen Tradition (vgl. für einen Überblick Jungermann et al., 1998). Unter anderem Lipshitz & Strauss (1997) beschreiben Unsicherheit als subjektiv (in den gleichen Situationen erleben verschiedene Personen unterschiedliche Bedenken) und betonen den Einfluss der Unsicherheit auf die individuelle Handlungsfähigkeit (z. B. Unschlüssigkeiten und Verzögerungen). Kritiker halten dieses für zu „psychoanalytisch" (z. B. Tinker, 1976). Sie empfehlen eine objektive Messung, um die individuellen Messungen zu validieren (z. B. Starbuck, 1976), ein Maß zur Vergleichbarkeit von Unternehmen, Branchen etc. zu erhalten oder individuelle (Wahrnehmungs-) Verzerrungen auszuschließen (vgl. Bortz & Döring, 2006). Debitz (2005) führte Beobachtungsinterviews in Form von teilnehmenden Beobachtungen über eine Schicht bzw. einen Arbeitstag durch. Da jedoch nicht alle Störungen und Schwankungen mit den daraus resultierenden Unsicherheiten täglich auftreten, wurden offene Aspekte retrospektiv erfragt. Milliken (1987) unterstützt beide Vorgehensweisen: Wird die Unsicherheit auf den Zustand einer Organisation bezogen, so kann die Unsicherheit objektiv bestimmt werden. Wird der Fokus auf den Zustand einer Person gelegt, so sollte dieses als individuell wahrgenommenes Phänomen erfasst werden (Aldag & Storey, 1979; Huber, O'Connell & Cummings, 1975; alle zit. n. Milliken, 1987; Starbuck, 1976).

In der vorliegenden Arbeit sollen die Umweltveränderungen in Form von Störungen der Projektbearbeitung möglichst objektiv, d. h. durch die Einschätzung des Teamleiters, und die auftretende Unsicherheit subjektiv durch eine Befragung der Mitarbeiter erfolgen. Die Erfassung der Unsicherheit fußt in der vorliegenden Arbeit auf dem theoretischen Konzept der "Operational Uncertainty" von Wall, Cordery und Clegg (2002). Die Veröffentlichung zu dem Aspekt enthalten jedoch keine konkreten Hinweise auf ein allgemeingültiges Vorgehen oder Messverfahren. In einer persönlichen Mitteilung von Prof. Wall (per Email, 3. November 2005) wies er darauf hin, dass „*Measures of operational uncertainty tend (quite rightly) to be developed for the context.*"

Der Kontext der Projektarbeit zeichnet sich durch eine Limitierung der zeitlichen und finanziellen Ressourcen bei hoher Qualitätsanforderung aus und ist weiterhin durch eine Neuartigkeit der Aufgabe sowie eine hohe Kooperationsanforderung zwischen Unternehmen, Kunden u. a. gekennzeichnet (vgl. Definition von Projekten 2.1). Aus diesem Grund erfolgt eine Anpassung an den Kontext der Projektarbeit.

Debitz (2005, S. 86) setzt die Beurteilung der Störungen mit dem Begriff der Operational Uncertainty gleich. In der vorliegenden Arbeit sollen jedoch die Dimensionen der Vorhersehbarkeit, Durchschaubarkeit, Beeinflussbarkeit, des Spielraumes und der Konsequenzen für die Berechnung der individuellen Unsicherheit Beachtung finden, wie sie unter Kap. 2.3.4 abgeleitet wurden. Die Formulierung der Items wurde durch die Autorin entwickelt (Meyer & Richter, 2006; Meyer, Simon & Richter, 2006) und mittels Einbeziehung von fünf sachkundigen Kollegen inhaltlich überprüft und in der praktischen Anwendung erfolgreich erprobt.

In der onlinegestützten Erhebung wird der Teilnehmer gebeten, aus der Liste der 23 Störungen (vergleiche Aufzählung im vorherigen Abschnitt), die drei zu markieren, die sie am meisten bei der Bearbeitung ihrer Aufgaben stören. Für einen Nachtrag von Störungen, die nicht in der Liste enthalten sind, wird ein Freifeld angeboten. Die Beurteilung der fünf positiv formulierten Items (z. B. *Das Auftreten dieser Störung kann ich rechtzeitig einschätzen.* Vorhersehbarkeit) erfolgt auf einer Skala von (5) „trifft überhaupt nicht zu" bis (1) „trifft völlig zu". Je höher der Wert, desto mehr kann auf ein Vorliegen von Operational Uncertainty geschlossen werden. Die Anwendung der Items erfolgte erstmalig und ausschließlich in den genannten Diplomarbeiten. Aus diesem Grund sind noch keine Angaben zu Gütekriterien möglich. Um eine erste Validierung des Konstrukts zu gewährleisten, wurden die teilnehmenden Teammitglieder direkt gefragt, in wie weit sie sich von der benannten Störung verunsichert fühlen. Für die Berechnung der Ausprägung von Operational Uncertainty wurde ebenfalls wie bei der Berechnung der Störungen zunächst der Mittelwert pro beurteilter Störung gebildet. Weiterhin erfolgte eine Berechnung der Mittelwerte pro Person. Eine Aggregierung auf Teamebene gibt demnach an, in wie weit das Team bzgl. auftretender Störungen verunsichert ist.

3.3.2 Leistung

Die Erfassung der Leistung im Team erfolgt in Anlehnung an das Model der Teamleistung von Tannenbaum, Beard & Salas (1992) durch das Ausmaß der Zielerreichung bis zum Befragungszeitpunkt bezüglich vierer Kriterien: Qualität, Quantität der Ergebnisse, Einhaltung von Zeitlinien sowie finanziellem Budget. Diese Kriterien entsprechen zudem den gebräuchlichen Bewertungsmaßstäben für Projektarbeit (vgl. Hoegl & Gemuenden, 1999, 2001) und gehen zu gleichen Teilen in die Beurteilung der Teamleistung ein. Als Quelle für die Beurteilung der Leistung fungiert das Urteil des Teamleiters, welches durch die meist umfangreichere Berufserfahrung und die gleichzeitige Betreuung mehrerer Projekte als „objektiver" angesehen werden kann.

Die Zielerreichung wird auf einer sechsstufigen Skala von (1) „Ziele nicht erreicht", (2) „Ziele kaum erreicht", (3) „Ziele teils-teils erreicht", (4) „Ziele weitgehend erreicht", (5) „Ziele erreicht" bis zu (6) „Ziele übererfüllt" erfasst. Die letzte Stufe wurde eingefügt, um nachträglichen Forderungen durch den Kunden (welche praktisch zusätzlich geleistet wurden) abbilden zu können. Als Indikator für die Leistung dient der Mittelwert der vier abgegeben Einschätzungen. In einer vorangehenden Diplomarbeit (Tomaschek, 2005) konnte für die 6-fache Stufung eine eindimensionale Struktur des Verfahrens sowie eine zufriedenstellende interne Konsistenz von Cronbach's α = .82 nachgewiesen werden.

3.3.3 TeamPuls®

Auf der Ebene des Teams wurde das Teamdiagnoseverfahren TeamPuls® von Wiedemann, von Watzdorf und Richter (2004) eingesetzt, um Informationen über die Qualität der Zusammenarbeit zu gewinnen. Das Verfahren umfasst sechs Dimensionen, deren Einfluss auf (teambezogene) Leistungskennzahlen mehrfach bestätigt werden konnte (z. B. Neumann, 2000; Merkel, 2001; Thiele, 2003). Im Folgenden werden die sechs TeamPuls® - Dimensionen detaillierter erläutert:

Ziel- & Leistungsorientierung (z. B. Prioritäten der Arbeitsaufgabe sind klar, auch bei hohem Arbeitspensum) verdeutlicht die Art und Weise der Zielsetzung, die Überprüfung der Zielerreichung und die Auswirkungen auf das Leistungsverhalten. Dazu gehören auch die Anreize, sich für die Ziele einzusetzen.

Engagement & Verantwortung (z. B. Das Team sieht sich geschlossen in der Verantwortung. Dies gilt auch bei Misserfolgen.) beschreibt die Verbundenheit der einzelnen Teammitglieder mit ihrem Team und der Teamaufgabe. Dazu gehören auch die gegenseitige Unterstützung, die Selbstverantwortung, die Eigeninitiative und persönliche Entwicklungsperspektiven.

Kommunikation im Team (z. B. Alle geben wichtige Informationen von sich aus an andere Teammitglieder weiter.) steht für die Intensität und Offenheit der Kommunikation als Indikator für die zwischenmenschlichen Beziehungen im Team. Dazu gehören die Verhaltensweisen bei Besprechungen und der Umgang mit Konflikten und Spannungen.

Teamführung (z. B. Der Projektleiter genießt bei allen Mitgliedern des Teams volles Vertrauen.[10]) beinhaltet die zielbezogene und soziale Einflussnahme durch den Teamleiter. Im Mittelpunkt stehen das Führungsverhalten und die Akzeptanz des Teamleiters im Team. Dazu gehört auch, wie der Teamleiter das Team nach außen vertritt.

Teamorganisation (z. B. Der Abstimmungs- und Besprechungsaufwand im Team ist angemessen.) beschreibt, wie das Team seine Arbeit selbst organisiert. Dazu gehören die Aufgabenverteilung, die inhaltlichen und terminlichen Arbeitsabsprachen, die Art und Weise der Entscheidungsfindung, die Organisation von Besprechungen und das Berichtswesen.

Organisatorische Einbettung (z. B. Die Aufgaben des Teams innerhalb der Gesamtorganisation und in Abgrenzung zu anderen Teams sind eindeutig geklärt.) verweist auf die Einbettung des Teams in die Gesamtorganisation und macht äußere Einflüsse deutlich. Dazu gehören die bereitgestellten Ressourcen, die Autonomie des Teams und die Schnittstellen zu höheren Ebenen, Fachabteilungen und anderen Teams.[11]

---

[10] Die Originalformulierung lautet „Teamleiter" statt Projektleiter. Die Anpassung erfolgte zur Vermeidung von Missverständnissen und Unklarheiten bei der Beantwortung der Fragen.
[11] Die Dimension Organisatorische Einbettung soll aufgrund schlechter Item- und Skalenkennwerte in der vorliegenden Dissertation nicht berücksichtigt werden.

Das Verfahren liegt in einer Lang- sowie in einer Kurzform vor. Die Langform umfasst 66 Items, die auf Grundlage von mehreren theoretischen Ansätzen sowie der praktischen Tätigkeit als Teamberater von den Autoren konzipiert wurden. Für einen alleinigen Einsatz des Verfahrens im wirtschaftlichen Kontext ist die Langform zu empfehlen. Aus Gründen der Ökonomie wurde für den Einsatz im wissenschaftlichen Kontext auf Basis der Daten von 515 Teams eine Kurzversion bestehend aus 28 Aussagen entwickelt (Engel, 2004). Die Aussagen zur Zusammenarbeit im Team werden auf einer vierstufigen Skala von (1) „trifft nicht zu" bis (4) „trifft zu" eingeschätzt und können wie in der Langversion des Fragebogens zu den sechs ursprünglichen Dimensionen zugeordnet werden. Neben einer Überprüfung der Faktorenstruktur in Querschnittsstudien mit wechselnden Ergebnissen (für einen Überblick: Lohse, 2008) wurde die Kurzform auch langfristig hinsichtlich der Sensitivität gegenüber Veränderungen im Team erfolgreich erprobt (Ludwig, 2007).

Zusammenfassend geben Wiedemann und Kollegen (2004) auf der Basis von 718 Teams (6244 Personen) für die Langform interne Konsistenzkoeffizienten von .77 (Organisatorische Einbettung) bis .91 (Teamführung) an. Eine Überprüfung der Konstruktvalidität erfolgte mittels einer explorativen Faktorenanalyse (N = 558 Personen, 75 Teams), die den Autoren nach weitestgehend den theoretischen Modellannahmen entspricht und einen Anteil von 50,3% aufgeklärter Varianz aufweist. In vorangegangenen Studien wurde immer wieder eine wechselnde Faktorenstruktur des Verfahrens (vgl. Engel, 2004; Lohse, 2008) sowie eine hohe Interkorrelation der Dimensionen (vgl. Tomaschek, 2005; Simon, 2006) festgestellt. Aus diesem Grund erfolgte die Auswertung des Verfahrens entweder nach der vorliegenden Faktorenstruktur oder als Aggregation aller Dimensionen. In der vorliegenden Arbeit soll jedoch gemäß den Vorgaben von Wiedemann und Kollegen

(2004) vorgegangen werden, um die inhaltliche Zuordnung nicht zu gefährden.

3.3.4 VIST-Modell

Das VIST-Modell der Arbeitsmotivation wurde unter Berücksichtigung der speziellen Merkmale virtueller Arbeit konzipiert, ist aber auch für „traditionelle" Teams geeignet (Hertel, Konradt & Orlikowski, 2004). Es basiert zum einen auf den Erwartungs- x Wertmodellen, die Aussagen zu Motivation von Einzelpersonen in Gruppen treffen sowie aus Erkenntnissen der sozialpsychologischen Kooperationsforschung besonders den in diesen Ansätzen betonten Aspekt des Vertrauens (dazu ausführlicher Hertel, 2002 sowie Hertel, Konradt & Orlikowski, 2004). Eine hohe Arbeitsmotivation der Teammitglieder wird laut dem Model dann erreicht, wenn alle vier Komponenten - Valenz, Instrumentalität, Selbstwirksamkeitserwartung und Vertrauen - hoch ausgeprägt sind.

Valenz (z. B. Für mich ist es sehr wichtig, dass mein Team sein Ziel erreicht.) beschreibt die subjektive Bedeutung das Gruppenziels für das jeweilige Teammitglied. Je wichtiger ein Ziel für jemanden ist, desto mehr Anstrengung wird er aufbringen, es zu erreichen. Zielkonflikte wirken sich dagegen negativ auf die Motivation aus.

Instrumentalität (z. B. Ich schätze die Bedeutsamkeit meines persönlichen Beitrags für den Erfolg meines Teams hoch ein.) erfasst, wie bedeutsam die Konsequenzen eigener Handlungen beurteilt werden, um das Gruppenziel zu erreichen. Das heißt, wie wichtig der eigene Beitrag für den Erfolg des Teams eingeschätzt wird. Hat eine Person jedoch den Eindruck, auch ohne sie werden die Teamziele problemlos erreicht, wird sie sich weniger für das Gruppenziel einsetzen.

Selbstwirksamkeitserwartung (z. B. Ich fühle mich der Durchführung meiner Aufgaben für das Team gewachsen.) steht im Sinne von Bandura (1977, zit. nach Hertel, 2002) für die Überzeugung des Teammitgliedes, den eigenen Beitrag zur Erreichung der Ziele auch leisten zu können.

Wenn eine Person meint, sie ist nicht fähig genug, wird ihre Motivation sinken.

Vertrauen splittet sich im Modell von Hertel (2002) in das Vertrauen in die Einstellung der anderen Teamglieder, d. h. beispielsweise ihrer Bereitschaft vertraulich mit Informationen umzugehen und in Vertrauen in die Kompetenz, wie Qualifikationen und Einsatzbereitschaft der anderen Mitarbeiter.

Die Komponenten Valenz, Instrumentalität, Selbstwirksamkeitserwartung und Vertrauen in die Einstellung werden jeweils durch 3 Aussagen, Vertrauen in die Kompetenz durch 4 Aussagen erfasst. Eine Einstufung der Aussagen erfolgt auf einer fünfstufigen Skala von (1) „stimme absolut nicht zu" bis (5) „stimme voll zu".

Hertel und Kollegen (2004) berichten in einer Studie mit 31 virtuellen Teams von einer klaren Faktorenstruktur (Hauptkomponentenanalyse mit Varimaxrotation, fünf Faktoren: Valenz, Instrumentalität, Selbstwirksamkeitserwartung sowie personelles und systembezogenes Vertrauen, Anteil der aufgeklärten Varianz: 61,9%), welche mit guten bis zufriedenstellenden Reliabilitäten verbunden ist (Valenz: Cronbach's α = .72, Instrumentalität: Cronbach's α = .75, Selbstwirksamkeitserwartung: Cronbach's α = .71 sowie personelles Vertrauen: Cronbach's α = .89 und systembezogenes Vertrauen (zwei Items): $r = .72$, $p > .001$).

3.3.5 *Fragebogen zum Erleben von Intensität und Tätigkeitsspielraum in der Arbeit (FIT)*

Der *Fragebogen zum Erleben von Intensität und Tätigkeitsspielraum in der Arbeit (FIT)* wurde von Richter für eine orientierende, personenbezogenen Analyse von insbesondere gesundheitsrelevanten Arbeitsanforderungen entwickelt. Dieser Fragebogen kann jedoch auch zur Beantwortung anderer Fragestellungen genutzt werden (vgl. Rau, 2004, Richter, Stoll & Pfaff, 2007).

Die Entwicklung des FIT begann 1982 im östlichen Teil Deutschlands. Aufgrund der politischen Gegebenheiten zu dieser Zeit konnte nicht auf die Version von Karasek zurückgegriffen werden. Der FIT-Fragebogen umfasst 13 Aussagen, die mittels einer 4-stufigen Skalierung (1 – „nein / trifft nicht zu", 2 – „mehr nein als ja", 3 – „mehr ja als nein", 4 – „ja / trifft zu") von den Teilnehmern bewertet werden. Das Item „Körperliche Anstrengung" ist unabhängig vom Karasek-Modell aufgenommen worden, wurde von der Autorin aufgrund der mangelnden Relevanz für die Stichprobe aus dem Fragebogen wieder herausgenommen.

Für das Verfahren besteht eine zweifaktorielle Lösung mit den Faktoren *Arbeitsintensität* und *Tätigkeitsspielraum*. Neuere Ergebnisse lassen jedoch auch eine dreifaktorielle Lösung zu (Richter, 2010), in der der Faktor *Qualifikationsnutzung* (Skill Utilization, *(z. B. In meiner Arbeit ist es nötig, immer wieder Neues dazuzulernen.*) von dem Faktor Tätigkeitsspielraum abgespalten wird. Die Dimension der Arbeitsintensität umfasst den Umfang, die Intensität und die Schwierigkeit der Aufgabenbewältigung *(z. B. Es ist häufig sehr viel, was von mir an Arbeit geschafft werden muss.)*. Die Dimension des Tätigkeitsspielraums beinhaltet für die die Mitarbeiter eines Arbeitssystems gegebenen inhaltlichen und zeitlichen Freiheitsgrade *(z. B. Ich kann meine Arbeit selbstständig planen und einteilen.).* Dieses umfasst Entscheidungsmöglichkeiten über Art, Abfolge, Mittel und Zeitbindung von Handlungen im Arbeitsprozess (vgl. Hacker, 1995). Richter et al. (2000) weisen auf die Berücksichtigung verschiedener Komponenten (Entscheidung und Gestaltung) bei der Konstruktion der Dimension Tätigkeitsspielraum hin (vgl. Ulich, 1998).

Die psychologischen Gütekriterien wurden von Richter und Kollegen (2000) auf der Grundlage einer Stichprobe von 526 Beschäftigten der Metall- & Verfahrens- und Bauindustrie bestimmt und zeigen zufriedenstellende Ergebnisse. Bei einer Splittung der Stichprobe nach Branchen konnten die Faktoren Tätigkeitsspielraum und Arbeitsintensität zweifach repliziert werden. Diese zweifaktorielle Lösung klärte in beiden Fällen ca. 45% der Varianz auf. Die interne Konsistenz der

Faktoren beläuft sich zufriedenstellend zwischen einem Cronbach's α von .73 bis .81. Richter und Kollegen (2001) weisen auf die große Variabilität der Itemschwierigkeit hin. Insbesondere die Items „Vielfältige Fähigkeitsnutzung" (S = 84.3 und 94.7) und „Es ist sehr viel, was geschafft werden muss" (S = 65.7 und 91.2) unterliegen ihrer Meinung nach einer starken Erwartungstendenz, können aber mit der über alle Faktoren ermittelten Schwierigkeiten ausgeglichen werden ($S_{Tätigkeitsspielraum}$ = 63.7, $S_{Arbeitsintensität}$ = 73. 4). Zusammenhänge mit nahe gelegenen Konstrukten (z. B. positive Korrelationen körperlicher Symptome mit Arbeitsintensität oder negative Korrelationen sozialer Stressoren mit dem Tätigkeitsspielraum) konnten in Unterstichproben erwartungskonform gefunden werden. Eine Wechselwirkung zwischen Arbeitsintensität und Tätigkeitsspielraum auf das Beanspruchungserleben gemäß dem Modell von Karasek konnten nicht nachgewiesen werden.

3.4 Kontrolle von Störfaktoren

Bei der vorliegenden Studie handelt es sich um eine Gelegenheitsstichprobe, die im Feld (Wirtschaftsunternehmen, wirtschaftsnahe studentische Unternehmensberatungen, studentische Projekte mit wirtschaftlicher Ausrichtung) erhoben wurde. Im Gegensatz zu Laborstudien lassen sich in dem vorliegenden Kontext nicht alle Einflussfaktoren vollständig kontrollieren und beeinflussen somit die Generalisierbarkeit der Ergebnisse. Die wichtigsten Störfaktoren seien hier genannt und bei der Interpretation der Daten mitbedacht:

Die Erhebung der Daten erfolgte *online-gestützt mittels elektronischer Fragebögen*. Einige Autoren (Batinic, 2001; Bortz & Döring, 1995; Döring, 2003) weisen auf die Entstehung von möglichen Störeffekten aus dem Einsatz von elektronischen Fragenbogen hin. So ist es trotz vorherigen Rücksprachen mit den Projektleitern möglich, dass einige Teammitglieder keinen Zugang zu einem Computer hatten (z. B. durch Reisetätigkeiten) und an der Befragung nicht teilnehmen konnten. Auch sind Datenverluste aufgrund von technischen Effekten aufseiten der Teilnehmer (z. B. instabiler Internetzugang, Firewalls, Inkompatibilität mit den genutzten Browsern), aber auch aufseiten der Universität möglich. Bei dem Online-Tool handelt es sich um eine partielle Neuentwicklung, die mittels Beleg- und Diplomarbeiten sowie studentischen Projekten realisiert wurde. Nicht alle Probleme konnten von den Studierenden und Mitarbeitern im Vorwege beseitigt werden, wurden jedoch stets zeitnah aufgehoben. Weiterhin wurde – wenn möglich – vor dem Start der Befragung nicht nur Kontakt zu dem Projektleiter, sondern auch zum Team gesucht, um das Vertrauen in die Sicherheit und Anonymität der Datenerhebung zu stärken. Die Sicherheit wurde durch ein Sicherheitszertifikat und die Anonymität durch die Versendung von ausführlichen Informationen sowie eines Codes für das gesamte Team gewährleistet. Hieraus entsteht die Möglichkeit, dass Teammitglieder mehrfach geantwortet haben, um so die Ergebnisse in eine bestimmte Richtung zu verfälschen. Auch ist nicht bekannt, unter welchen Bedingungen die Teilnehmer die Fragebögen ausgefüllt haben. So können die Teilnehmer durch Lärm, Telefonanrufe, Emails etc. bei dem Ausfüllen der Fragebögen abgelenkt oder durch die Anwesenheit anderer Teammitglieder bei der Beurteilung der Items beeinflusst worden sein. Weiterhin kann durch die hohe Anonymität des elektronischen Befragungstools die „Verpflichtung" zur gemeinsamen Teilnahme oder die Ernsthaftigkeit der Befragung herabgesetzt worden sein. Diesen Störungen motivationaler Art wurde mit an dem Teamkontext angepassten Fragen in einem übersichtlichen graphischen Layout bei Vorgabe einer klaren Deadline versucht zu begegnen. Um die Rücklaufquote zu steigern, wurden Erinnerungsmails versandt. Alle Teams erhielten eine kostenfreie Teamanalyse, die wahlweise telefonisch oder vor Ort dem Teamleiter oder dem Team vorgestellt wurde. Diese wurde sehr gerne angenommen, da sie den Teams die Möglichkeit bot, mithilfe einer externen Person über bestimmte Umstände im Team zu diskutieren.

Die vorliegende Gelegenheitsstichprobe beinhaltet den Aspekt der Freiwilligkeit. Daher muss mit einer möglichen Selbstselektion der Teams und damit mit einer gewissen Datenverzerrung gerechnet werden. Auch wenn die Anzahl der angesprochenen Teams nicht dokumentiert wurde, so ist doch zu verzeichnen, dass nur ein geringer Teil an der Befragung teilgenommen hat. In der Regel bestand zu diesen Teams ein persönlicher Kontakt oder sie zeigten sich sehr offen gegenüber psychologischen Fragestellungen. Eine Ablehnung der Teilnahme wurde oftmals mit einer schwierigen Situation im Projekt begründet, in der eine Befragung als Belastung empfunden wurde. Eine Integration derartiger Teams wäre jedoch wünschenswert, da so eine größere Varianz der Daten und damit eine verbesserte Abbildung der Realität möglich wäre.

Ein weiteres Problem, welches bei der Interpretation der Daten beachtet werden sollte, ist die starke *Homogenität der Stichprobe*. Die Befragten waren zu 81% männlich, im Alter zwischen 21 und 40 Jahren (72%) sowie Akademiker (64%). Diese Zusammensetzung legt die Vermutung nahe, dass personale Ressourcen in der Stichprobe vergleichsweise hoch ausgeprägt sind. Dies kann Deckeneffekte sowie geringe Streubreiten zu Folge haben.

Die Datenerhebung fand mittels subjektiver Selbsteinschätzung statt. Dieses hat laut Bortz und Döring (2006) eine unkontrollierte gemeinsame Methodenvarianz sowie eine mögliche Verminderung der Teststärke und eine Verzerrung der ermittelten Zusammenhänge zur Folge. In der vorliegenden Arbeit wurden das Teamleiter-Interview sowie die Leistungseinschätzung durch den Teamleiter als weitere Erhebungsmethoden miteinbezogen.

Ein generelles Problem subjektiver Selbsteinschätzungen ist die Gefahr sozial erwünschter Antworten. Auch in der vorliegenden Studie wurde versucht, dieses mittels detaillierter Information und Anonymitätsgarantien abzuwenden. Es kann jedoch nicht ausgeschlossen werden, dass es dennoch zu Antwortverzerrungen gekommen ist. Ebenso ist die *Länge des Fragebogens* ebenso kritisch zu betrachten. Aus wissenschaftlicher Perspektive ist es erstrebenswert, möglichst viele Items pro Konstrukt zu erfassen, um so ein möglichst klares und fundiertes Bild über mögliche Zusammenhänge zu erhalten. Insbesondere im Kontext der Teamarbeit herrscht jedoch ein massiver Zeitdruck, der es den einzelnen Teammitgliedern nicht erlaubt, während der Arbeitszeit sich ausführlich Befragungen zu widmen. Aus diesem Grund wurde im Rahmen der vorliegenden Studie durch eine Verwendung von Kurzformen auf eine Balance zwischen wissenschaftlichen und ökonomischen Ansprüchen geachtet.

3.5 Methoden der Datenauswertung

Als Abschluss des Methodenkapitels erfolgt getrennt nach Fragestellungen eine Vorstellung der Voraussetzungen und Diskussion der Auswertungsmethoden. Die statistischen Auswertungen werden computerbasiert unter der Verwendung von SPSS 14 und Amos 6 realisiert. Für die inferenzstatistische Absicherung wird ein Signifikanzniveau von fünf Prozent gewählt.

3.5.1 Umgang mit fehlenden Werten

Vor dem Beginn der Datenanalysen soll zunächst auf das Vorkommen und den Umgang mit „Missing Data" (Fehlwerte) in der Datenmatrix eingegangen werden. Das Fehlen von einzelnen Werten bei der Datenerhebung kann sehr unterschiedliche Gründe zurückgeführt werden. Möglicherweise wurden die Teilnehmer während des Ausfüllens abgelenkt, haben einzelne Fragen übersehen, könnten bestimmte Fragen nicht beantworten (mangelnde Passung der Fragen zur Situation der Teilnehmer), haben kein Interesse (mehr) an der Befragung oder fürchten Konsequenzen durch eine Teilnahme bzw. das Beantworten bestimmter Fragen. Da sich die Gründe für die Fehlwerte im Nachhinein nicht bestimmen lassen, wird für das Ersetzen der Missing Data in allen

Fällen das gleiche Vorgehen gewählt. Zunächst wurden jedoch Teilnehmer mit einem Anteil von mehr als 20% Missing Data aus dem Datensatz entfernt (vgl. Cohen, Cohen, West & Aiken, 2003).

Das Ersetzen der Missing Data wurde mittels des Tools „Analyse fehlender Werte" in SPSS 14 für jedes Konstrukt einzeln realisiert. Dieses Vorgehen wurde gewählt, um der inhaltliche Trennung der Konstrukte gerecht zu werden. Für wenige, zufällig fehlende Daten empfehlen Tabachnick und Fidell (2007) und Roth (1994) den „Expectation maximization (EM)" Algorithmus. Dieser folgt keiner Annahme über die Verteilung der fehlenden Werte und basiert auf einer regressionsanalytischen Schätzung des fehlenden Wertes aus den vorhandenen Werten derselben Person bzw. der Personen innerhalb der Stichprobe. Hierzu wird ein iteratives Vorgehen in zwei Schritten gewählt: Zunächst erfolgt eine Berechnung der Korrelations- / Kovarianzmatrizen auf Grundlage des unvollständigen Datensatzes. Im nächsten Schritt werden auf Grundlage einer „Maximum likelihood estimation" die fehlenden Daten geschätzt. Nachfolgend erfolgt ein Abgleich der Korrelations- / Kovarianzmatrizen der neuen Datenmatrix mit den Werten der vorangegangenen. Liegen die Werte zu weit auseinander, so erfolgt eine erneute Schätzung. Nähern sich die Werte deutlich an, bricht SPSS die Schätzung ab und integriert die Daten. Wie bei jeder Schätzung von Fehlwerten sind auch hier Einschränkungen zu verzeichnen (vgl. Lüdtke, Robitzsch, Trautwein, & Köller, 2007). Als wichtigstes gilt es, die starke Abhängigkeit der Schätzung von der Stichprobe zu beachten und bei der Interpretation der Daten zu berücksichtigen.

3.5.2 Normalverteiltheitsannahme

Als eine der grundlegendsten Voraussetzung für die Analyse von Daten gilt die (annähernde) Normalverteiltheit der Werte (Tabachnick & Fidell, 2007; Bortz, 2004). Dieses wird durch die *Schiefe* sowie durch die *Kurtosis* (Steilheit) der Verteilung überprüft. Die Schiefe gibt Auskunft über den Verteilungsverlauf. Eine rechtssteile und linksschiefe Verteilung wird mit einem Wert < 0 gekennzeichnet. Ein Wert > 0 deutet auf eine rechtsschiefe und linkssteile Verteilung hin. Ein Wert zwischen -2 und +2 gilt nach Tabachnick und Fidell (2007) als akzeptabel, ein Wert von Null weist auf eine exakte Normalverteilung hin.

Die Kurtosis (Steilheit) gibt an, wie breit- oder spitzgipflig eine Verteilung ausfällt. Auch hier ist im Falle einer Normalverteiltheit der Wert Null zu erwarten. Eine Spitzgipfligkeit drückt sich in einem Wert über Null, eine breite Verteilung in einem Wert unter Null aus. Hier gelten Werte zwischen -10 und +10 als akzeptable Werte (Tabachnick & Fidell, 2007).

Ergänzend sollte eine Überprüfung auf Abweichungen von der Normalverteiltheit mit dem *Kolmogorov-Smirnov-Test* erfolgen. Die Nullhypothese postuliert in diesem Test das Vorliegen einer Normalverteiltheit. Ein signifikantes Testergebnis deutet auf ein Abweichen von der Normalverteiltheit hin (Bortz, Lienert & Boehnke, 2000). Tabachnick und Fidell (2007) geben zu bedenken, dass der Kolmogorov-Smirnov-Test bei großen Stichproben leicht zu einer Überschätzung der Ergebnisse führt. Daher sollten bei größeren Stichproben verstärkt Schiefe und Kurtosis betrachten werden. In der vorliegenden Arbeit werden alle Kennwerte angegeben.

3.5.3 Überprüfung der Skalengüte

Zur Überprüfung der Skalengüte der zugrunde liegenden Stichprobe sollen zunächst eine Itemanalyse und im weiteren Verlauf konfirmatorische Faktorenanalysen durchgeführt werden. Alle Analysen finden auf dem individuellen Datenniveau (N=294) statt, da zunächst der Fokus auf die Güte der Instrumente und nicht auf statistische Zusammenhänge der Einflussfaktoren gelegt werden soll.

3.5.3.1 Item- & Skalenanalysen

Auf Grundlage der Annahmen der Klassischen Testtheorie (KTT; z. B. Lienert & Raatz, 1998; Bortz & Döring, 2006; Bühner, 2006) erfolgt eine Item- und Skalenanalyse hinsichtlich der Mittelwerte, den damit verbundenen Standardabweichungen, der Trennschärfe einzelner Items, der Itemschwierigkeit sowie der Reliabilität der Skalen (Interne Konsistenz). Einen Überblick gibt Tabelle 3.3.

Tab. 3.3.: Beschreibung der Koeffizienten zur Item- & Skalenanalyse

Koeffizient		Zielkriterium
Trennschärfe	r_{it}	.3 bis .5 (mittlere Ausprägung)
		ab .5 (hohe Ausprägung)
Itemschwierigkeit	p_i	.2 bis .8
Interne Konsistenz	α	ab .7 (akzeptable Ausprägung)
		.8 bis .9 (mittelmäßige Ausprägung)
		.9 bis 1 (hohe Ausprägung)

Die *Trennschärfe* beschreibt, wie gut ein betrachtetes Item mit dem Gesamtwert des Verfahrens (bereinigt um den Einfluss des betrachteten Items) korreliert. Demnach kann für einen Teilnehmer mit einer hohen Ausprägung auf diesem Item, eine ebenfalls hohe Ausprägung für das Gesamtergebnis des Verfahrens vorhergesagt werden. Um dieses zu gewährleisten, sind mittlere Werte von .3 bis .5 bzw. hohe Werte ab .5 für den Trennschärfekoeffizient anzustreben (Weise, 1975).

Die *Itemschwierigkeit* spiegelt die Lösungs- oder Zustimmungsraten der Teilnehmer zu dem einzelnen Items wider. Dieser Wert gibt zusätzlich Auskunft über die Verteilung der Testwerte. Bei mehrstufigen Antwortformaten berechnet sich die Itemschwierigkeit durch die Summe der erreichten Punkte auf einem Item dividiert durch die maximal erreichbare Punktsumme (Dahl, 1971). Der Wert eines schwierigen Items strebt dabei gegen Null, während ein leichtes Items einen Wert von bis zu Eins annehmen kann. In der Praxis werden Items mittlere Ausprägungen von .2 bis .8 aufgrund des besseren Informationsgehalts bevorzugt.

Zur Bestimmung der *Reliabilität* der Skalen (interne Konsistenz) erfolgt die Angabe des Alphakoeffizienten nach Cronbach (1951). Dieser spiegelt die Korrelation der einzelnen Items einer Skala untereinander wider. Hinsichtlich der Reliabilität (Cronbach Alpha) werden Werte zwischen .80 und .90 gelten als mittelmäßig und Werte über .90 als hoch betrachtet. Aufgrund der mangelnden Kontrollierbarkeit der Feldforschung sollen auch Werte ab .70 akzeptiert werden. Zusätzlich erfolgt die Angabe, in wie weit sich verändern würde, wenn ein betrachtetes Item aus der Skala entfernt werden würde ($\Delta\alpha$, delta Cronbach's Alpha).

3.5.3.2 Exploratorische Faktorenanalysen

Im Rahmen dieser Arbeit wurde aufbauend auf dem Konzept von Wall, Cordery und Clegg (2002) und der Dissertation von Debitz (2005) eine Operationalisierung für das subjektive Maß von „Operational Uncertainty" (OU) entwickelt und erprobt. Für die Entwicklung derartiger Fragebögen sowie die erstmalige Beurteilung und Überprüfung der Dimensionalität komplexer Merkmale (z. B. auch Persönlichkeitsmerkmale oder Intelligenz) empfiehlt sich ein exploratives Vorgehen für die Analyse von Datenstrukturen im Gegensatz zur Überprüfung fester Modellannahmen. Ziel einer exploratorischen Faktorenanalyse ist es, die Korrelationsmatrix der betrachteten Variablen so zu verdichten, dass eine möglichst einfache, sinnvolle und interpretierbare Struktur erkennbar wird und die Beziehungen der Variablen untereinander nachvollziehbar bleiben (vgl. Diehl & Kohr, 1999, zit. n. Rudolf & Müller, 2004).

Für die Datenanalyse der OU wurde eine Hauptkomponentenanalyse mit Varimax-Rotation gewählt. Diese orthogonale Rotationstechnik ermöglicht durch die Umverteilung der aufgeklärten Varianzen die Entstehung einer Einfachstruktur, bei der die jeweiligen Items möglichst hoch auf einem Faktor und möglichst gering auf anderen Faktoren laden. Ein Eigenwert größer Eins fungiert als Extraktionskriterium. Weiterhin sollen die *Kommunalitäten* (h^2, durch die Faktoren aufgeklärte Varianz des betrachteten Items), der *Kaiser-Meyer-Olkin-Koeffizient* (KMO-Koeffizient) sowie *Bartlett's Test* auf Sphärizität berichtet werden. Die Kommunalität der Items sollte $h^2 > .60$ betragen (Bühner, 2006). Der

KMO-Koeffizient gibt Auskunft, ob die Auswahl der Items für eine Faktorenanalyse geeignet ist. Anzustreben ist ein Wert über .80. Bartlett's Test auf Sphärizität überprüft die Nullhypothese, dass alle Korrelationen gleich null sind. Eine Signifikanz deutet damit auf eine Interkorrelation des Items hin und ermöglicht die Durchführung einer Faktorenanalyse. Als relevante Faktorladungen soll ein Wert größer .5 betrachtet werden. Einen guten Überblick über die Voraussetzungen sowie die Vorgehensweisen für explorative Faktorenanalysen bieten Bühner (2006) sowie Bortz (2004).

3.5.4 Prüfung der Urteilerübereinstimmung mittels $r_{WG(J)}$

Gemäß den Fragestellungen und Hypothesen soll eine Datenauswertung auf Basis einer Aggregation auf Teamebene erfolgen. Um ein solches Vorgehen zu rechtfertigen, erfolgt vor der Aggregation eine Überprüfung der Intragruppenübereinstimmung der Teammitglieder mittels $r_{WG(J)}$ erfolgen (James, Demaree & Wolf, 1984, 1993). Die Aggregation auf Teamebene entspricht dem empfohlenden Vorgehen bei der Analyse von Teams (vgl. Kozlowski & Klein, 2000). Gemäß den Autoren erfolgt eine Betrachtung der Skalierung der Variable auf der individuellen Ebene. Zeigt sich diese kontinuierlich und linear, kann einer Aggregation oder einer Summenbildung auf Teamebene nichts entgegengehalten werden. Dieses liegt im Rahmen dieser Arbeit vor.

Weitere Möglichkeiten zur Überprüfung der Übereinstimmung im Team bieten die Betrachtung der Standardabweichung (Schmidt & Hunter, 1989) oder die Berechnung der „Intra Class Correlation" (ICC, Wirtz & Caspar, 2002). Auf Basis der ICC darf eine Aggregation der Daten erfolgen, wenn die Varianz zwischen den Gruppen größer ist, als die Varianz innerhalb der Gruppen. Da jedoch im Rahmen dieser Arbeit eine gewisse Homogenität der Stichprobe (Projektteams) angestrebt wird, soll von einer Berechnung des ICC abgesehen werden.

Das Übereinstimmungsmaß $r_{WG(J)}$ nach James et al. (1984, 1993) setzt die in einer Gruppe beobachtete Varianz mit der Varianz eines zufälligen Antwortverhaltens ins Verhältnis. Je näher die Werte an 1 liegen, desto größer ist die Übereinstimmung innerhalb einer Gruppe. Klein, Bliese, Kozlowski, Dansereau, Gavin, Griffin, Hofmann, James, Yammarino und Bligh (2000) empfehlen einen Wert von mindestens .70 als hinreichende Übereinstimmung. Im Rahmen dieser Arbeit wird im ersten Schritt der $r_{WG(J)}$-Wert pro Gruppe und pro theoretisches Konstrukt berechnet und im 2. Schritt über die Gruppen gemittelt.

3.5.5 Multiple und moderierte Regressionsanalysen

Die Überprüfung von Zusammenhangshypothesen erfolgt in der vorliegenden Arbeit vornehmlich mittels multipler und moderierter Regressionsanalysen. Auf eine Beschreibung der grundlegend durchgeführten Korrelationsanalysen soll aus Platzgründen verzichtet werden.

3.5.5.1 Multiple lineare Regression

Multiple lineare Regressionsanalysen erlauben es, die Ausprägung einer Kriteriumsvariable y aufgrund mehrerer Prädiktorvariablen x_1 bis x_2 möglichst optimal vorherzusagen (detaillierte Beschreibungen finden sich bei Aiken & West, 1991; Cohen, Cohen, West & Aiken, 2003; Rudolf & Müller, 2005). Als Grundlage fungiert die Gleichung

$$y = b_0 + b_1 x_1 + b_2 x_2 + \ldots + b_k x_k$$

welche zusätzlich die Konstante b_0 sowie die Regressionsgewichte b_1 bis b_k enthält. Ein standardisiertes Maß für den Einfluss der einzelnen Variablen stellen die *Beta-Gewichte* dar, die mithilfe der Prüfgröße T auf statistische Bedeutsamkeit untersucht werden. Ihnen zugrunde liegt der Regressionskoeffizient b, der auf Basis von z-standardisierten Variablen im Regressionsmodell zu Beta-Gewichten umgewandelt wird. Ebenfalls berichtet wird der Standardfehler der Schätzung, welcher den durchschnittlichen Fehler bei der Verwendung der ermittelten Regressionsfunktion darstellt. Anzustreben ist ein möglichst kleiner Wert, welcher jedoch immer auch im Kontext der Anwendungssituation und vorliegenden Fragestellung betrachtet werden sollte (Rudolf & Müller, 2004).

Eine umfassendere Beurteilung der Vorhersagegüte bietet der F-Test. Eine signifikante Prüfgröße besagt, dass die Prädiktorvariablen zur Erklärung der Varianz der Kriteriumsvariablen geeignet sind. Informationen über das Ausmaß der durch die Prädiktoren aufgeklärten Kriteriumsvarianz bieten das Bestimmtheitsmaß R^2 sowie das korrigierte Bestimmtheitsmaß *korr. R^2*. Letzteres beschreibt die Varianzaufklärung unter Berücksichtigung der Probanden- und Prädiktorenanzahl. Um die Wichtigkeit der herangezogenen unabhängigen Variablen zu bestimmen, kann der T-Wert herangezogen werden (Verhältnis von B-Koeffizenten zu dessen Standardfehler). Werte unter -2 sowie über 2 gelten als akzeptabel.

Um eine multiple lineare Regressionsgleichung korrekt durchzuführen, ist die Überprüfung mehrerer Voraussetzungen notwendig: (1) die Existenz linearer Zusammenhänge zwischen Prädiktoren und Kriterium, (2) die Normalverteilung der Residuen, (3) die statistische Unabhängigkeit der Residuen sowie (4) die Homoskedastizität.

Die Überprüfung der *Existenz linearer Zusammenhänge* erfolgt durch Korrelationsanalysen überprüft und dokumentiert (siehe Anhang A5). Die *Normalverteilung und statistische Unabhängigkeit der Residuen* werden zum einen augenscheinlich unter Betrachtung eines Histogrammes mit Normalverteilungskurve (möglichst große Annäherung der empirisch gefundenen Datenpunkte an erwarteten kumulierten Häufigkeiten der Residuen) sowie zu anderen über die Durbin-Watson-Statistik realisiert. Letztere überprüft die Unabhängigkeit der Residuumsausprägung eines Probanden von den Werten der verbleibenden Teilnehmer. Die Durbin-Watson-Statistik nimmt Werte zwischen null und vier an, wobei extreme Ausprägungen auf eine Autokorrelation der Residuen hindeuten. Autokorrelationen können dann auftreten, wenn die einbezogenen Fälle eine inhaltliche Ordnung aufweisen (z. B. Zeitreihen; vgl. Rudolf &

Müller, 2004). Eine Unterschätzung des Standardfehlers und eine Verzerrung von Signifikanztests sind in der Folge möglich. Nach Rudolf und Müller (2004) sowie Brosius (2004) weisen Werte zwischen 1.5 und 2.5 auf einen Ausschluss der Autokorrelation und damit auf eine Unabhängigkeit der Residuen hin. Die Unabhängigkeit der Residuen von Wert des jeweiligen Prädiktors wird durch die Ausprägung der *Homoskedastizität* symbolisiert. Auch hier erfolgt eine visuelle Überprüfung mittels Streudiagrammen, die die z-standardisierten vorhergesagten Werte sowie deren z-standardisierten Residuen enthalten. Für eine positive Bewertung sollten die Werte keine systematische Verteilung aufweisen, sondern horizontal um den Mittelwert schwanken (Rudolf & Müller, 2004).

Neben einer Verletzung der Voraussetzungen für multiple lineare Regressionsanalysen können auch bei der Interpretation der Ergebnisse Erschwernisse z. B. in Form von Multikollinearität und daraus resultierenden Suppressionseffekten auftreten. Von *Multikollinearität* kann dann gesprochen werden, wenn zwei oder mehr Prädiktoren einer Regressionsgleichung eine hohe Interkorrelation aufweisen. In der Regel ist dieses ab einer Interkorrelation von .80 der Fall. Die betreffenden Variablen sollten beim Vorliegen von Multikollinearität ausgeschlossen oder zusammengefasst werden. Für die Identifikation von Multikollinearität bietet SPSS bietet neben einer Betrachtung der Interkorrelationstabellen zwei Indikatoren an: die Toleranz der Variablen und den „Variance inflation factor" (VIF). Die Toleranz erteilt Auskunft darüber, wie viel Prozent der Varianz eines Prädiktors mit anderen Prädiktoren verbunden ist. Der Indikator kann Werte zwischen Eins (Unabhängigkeit von anderen Prädiktoren) und Null (starke Abhängigkeit zu anderen Prädiktoren) annehmen. Ein Wert nahe Null (Brosius, 2004: hohe Wahrscheinlichkeit von Multikollinearität bei Toleranzwerten < .10) weist auf eine Multikollinearität hin. Die Umkehrfunktion der Toleranz bildet den VIF (1/Toleranz). Dieser Indikator kann dadurch Werte zwischen Eins und Unendlich annehmen. Je höher der VIF, desto mehr besteht die Wahrscheinlichkeit einer Multikollinearität. In der vorliegenden Arbeit soll aufgrund der besseren Interpretierbarkeit nur der Toleranz-Wert angegeben werden. Um dem Einfluss der Multikollinearität Einhalt zu gebieten, empfiehlt sich eine Standardisierung (z-Transformation oder Zentrierung) aller Variablen (vgl. Aiken & West, 1991; Baron & Kenny, 1986; Frazier, Tix & Barron, 2004). Die Ausprägungen der Steigungskoeffizienten und Determinationskoeffizienten bleibt dabei unberührt. Zusätzlich wird die Bedeutung der Prädiktoren lässt sich besser nachvollziehen. Zu beachten ist, dass nach der Transformation die „nicht standardisierten Koeffizienten" im SPSS-Ausdruck den standardisierten entsprechen.

Suppressionseffekte symbolisieren statistische Artefakte, bei denen dem Prädiktor allein durch die Unterdrückung von Varianzanteilen anderer – eigentlich für die Vorhersage bedeutsamer - Prädiktoren ein hohes Beta-Gewicht zugesprochen wird. Eine Identifizierung von Suppressionseffekten lässt sich über eine Variation der Merkmalsselektionsverfahren (vorwärts, rückwärts, einfügen) realisieren. Unterscheiden sich die Bestimmtheitsmaße zwischen den Verfahren stark, so deutet dieses auf ein Vorliegen eines Suppressionseffektes hin (für ausführliche Beispiele siehe Rudolf & Müller, 2004).

3.5.5.2 Moderierte Regressionsanalysen

Das grundlegende Modell der vorliegenden Dissertation beinhaltet die Beachtung der Kontextfaktoren Störungen und „Operational Uncertainty". Postuliert wird ein moderierender Einfluss auf den Zusammenhang zwischen Input- und Outputfaktoren. Baron und Kenny (1989) beschreiben einen Moderator als eine Variable, die den Zusammenhang zwischen einem Prädiktor und einem Kriterium in Stärke und Richtung beeinflusst. Als Abgrenzung zu Mediatoren raten Frazier und Kollegen (2004), Moderatoreffekte mit den Fragewörtern „wann" und „für wen" zu verbinden, während sich hinter „wie" und „warum" eher

Mediatoreffekte verbergen. Eine Umwandlung des „wann" in „unter welcher Bedingung" bzw. „in welchem Kontext" unterstreicht die Annahme eines moderierenden Effekts der genannten Konstrukte.

Die Grundlagen und Vorgehensweisen der moderierten Regressionsanalyse entsprechen in weiten Teilen denen der multiplen linearen Regressionsanalyse (vgl. Aiken & West, 1991; Baron & Kenny, 1986; Frazier, Tix & Barron, 2004). Hinzugefügt wird lediglich ein Interaktionsterm, der den Moderator symbolisiert. Zu beachten ist, dass auch ein Interaktionseffekt eine Beeinflussung eines Prädiktors durch einen anderen Prädiktor in Stärke und Richtung darstellt und so eine ähnliche Vorgehensweise für die Ermittlung von Moderationseffekten genutzt wird.

Eine Ermittlung von Interaktionseffekten erfolgt in der Regel durch eine Varianzanalyse. Da jedoch durch eine Kategorisierung der Variablen ein genereller Informationsverlust sowie künstliche Haupt- und Interaktionseffekte, begründet auf Einbußen hinsichtlich der Teststärke durch eine Erhöhung der Fehlervarianz oder eine Verschwendung von Freiheitsgraden, drohen (Frazier, Tix & Barron, 2004), sollen in der vorliegenden Arbeit zur Überprüfung der Interaktionseffekte moderierte Regressionsanalysen mit intervallskalierten Prädiktoren herangezogen werden.

Das Vorgehen bei einer moderierten Regressionsanalyse besteht aus mehreren Schritten. Aufgrund einer drohenden Multikollinearität sollten die zu verwendenden Daten vor dem Beginn der Analyse z-transformiert oder zentriert werden. In den ersten beiden Schritten werden zunächst Kontrollvariablen (sofern definiert) und nachfolgend Prädiktor- und Moderatorvariable gemeinsam eingefügt. Dieses dient der Kontrolle von Haupteffekten. Im letzten Schritt erfolgt die Integration des Interaktionsterms, welcher aus dem Produkt von Prädiktor- und Moderatorvariable besteht ($X_{1(\text{Prädiktor})}$ * $X_{2(\text{Moderator})}$). Die Regressionsgleichung für eine zweifache Interaktion kann nun wie folgt beschrieben werden:

$$y = b_0 + b_1 x_1 + b_2 x_2 + b_3 x_1 x_2$$

Die Berücksichtigung von dreifachen Interaktionstermen bietet die Möglichkeit, den Einfluss zweier Moderatoren gleichzeitig zu überprüfen (Dawson & Richter, 2006). Das Vorgehen verlängert sich damit um einen Analyseschritt (Integration der drei zweifachen Interaktionen). Die Regressionsgleichung für eine dreifache Interaktion enthält folgende Elemente:

$$y = b_0 + b_1 x_1 + b_2 x_2 + b_3 x_3 + b_4 x_1 x_2 + b_5 x_1 x_3 + b_6 x_2 x_3 + b_7 x_1 x_2 x_3$$

Bei jedem Schritt der moderierten Regressionsanalyse erfolgen Berechnungen der Regressionskoeffizienten, Prüfgrößen und Bestimmtheitsmaße. So lassen sich Veränderungen zwischen den Modellgleichungen dokumentieren und überprüfen. Besonders relevant ist die Differenz des Bestimmtheitsmaßes R^2 vor und nach der Integration des Interaktionsterms ausgedrückt in der Effektgröße ΔR^2, welche die praktische Relevanz des Interaktionseffekts herausstellt. Ab einem ΔR^2 von .02 wird von einem schwachen, ab .15 von einem mittleren und ab .35 von einem starken Effekt gesprochen. Die Signifikanztestung auf der Prüfgröße F. Auch erfolgt hier in jedem Analyseschritt eine Signifikanztestung der Regressionskoeffizienten der jeweiligen Regressionsgraden mittels der Prüfgröße T. Ein signifikanter zweifacher oder dreifacher Interaktionsterm unterstreicht die Relevanz des Moderatoreffekts, kann aber auch in Ausnahmefällen aus inhaltlichen Gründen vernachlässigt werden (Cohen, Cohen, West & Aiken, 2003). Bei der Interpretation der Regressionsgleichungen ist zu beachten, dass die Reliabilität des Interaktionsterms stets geringer als die Reliabilität der ursprünglichen Prädiktor- und Moderatorvariablen ausfallen wird. Daher sollten die Reliabilitäten einen Wert von .80 nicht unterschreiten (vgl. Aiken & West, 1991; Frazier et al., 2004).

Methoden

Simple Slope Test. Im Rahmen der post hoc Überprüfung von 2- und 3-fachen Interaktionen sind zunächst Simple Slope Test durchzuführen. Nach Aiken und West (1991) lässt sich mit diesem Verfahren ermitteln, in wie weit für ein bestimmtes Ausmaß des Moderators (für kontinuierliche Daten ohne inhaltlich begründete Grenzwerte empfehlen Cohen und Cohen (1983) eine Standardabweichung über / unter dem Mittelwert) die Regression zwischen Prädiktor und Kriterium signifikant von Null abweicht. Hierfür werden insbesondere die Standardfehler der einzelnen Koeffizienten in die Berechnung mit einbezogen. Der nachfolgende t-Test fußt auf der Teilung des Regressionsgewichtes an der Stelle der betrachteten Simplen Slopes durch den Standardfehler mit (n − k − 1) Freiheitsgraden. Dabei steht n für die Anzahl der Fälle, k die Anzahl der Prädiktoren ohne die Konstante.

Slope Different Test. Nach der Bestimmung der statistischen Relevanz einzelner Regressionsgeraden unter ausgewählten Moderatorausprägungen erfolgt weitergehend ein Vergleich der Regressionsgeraden insbesondere unter der Kombination von verschiedenen Moderatorausprägungen (hier zwei Moderatoren entsprechen vier Möglichkeiten). Dawson und Richter (2006) bestimmen dabei zunächst die Simple Slopes für jede Moderatorkombination. Im nachfolgenden Schritt werden die Differenzen zwischen jeweils zwei Slopes sowie der dazugehörige Standardfehler berechnet und ins Verhältnis gesetzt (ΔSlope/SE$_{\Delta Slope}$). Weist dieser Wert signifikant von Null ab (t-Test mit n − k − 1 Freiheitsgraden), so können die betrachteten Slopes und damit die betrachteten Moderatorkombinationen als signifikant unterschiedlich gekennzeichnet werden.

4 Ergebnisse

In diesem Kapitel erfolgt die Darstellung der Ergebnisse, die eine Interpretation in Kapitel 5 erfahren. Zunächst werden stark verkürzt die Ergebnisse der Voranalysen dargestellt. Die Ergebnisdarstellung der Hauptanalysen orientiert sich dabei an der Reihenfolge der Fragestellungen.

4.1 Voranalysen

Als Grundlage für die Hauptanalysen fungieren die Voranalysen, welche Item und Skalenanalysen (Kap. 4.1.1.) exploratorische und konfirmatorische Faktorenanalysen (Kap. 4.1.1.) sowie die Analyse der Urteilsübereinstimmung James et al. (1984, 1993; $r_{WG(J)}$) umfassen. Bei der Darstellung sollen die Ergebnisse zur Operational Uncertainty vermehrt im Vordergrund stehen, da es sich hierbei um eine Neuentwicklung handelt. Die detaillierten Ergebnisse der etablierten Instrumente befinden sich im Anhang A4.

4.1.1 Item- und Skalenanalyse Operational Uncertainty

Für die Operationalisierung des Konzeptes „Operational Uncertainty" (Wall et al., 2002) wurden von der Autorin der vorliegenden Arbeit fünf Items entwickelt und überprüft (Tab. 4.1.). Die Daten wurden vor der Berechnung der Kennwerte für ein verbessertes Verständnis umgepolt. So zeigen sich für die Trennschärfe mittlere bis hohe Ausprägungen (r_{it} = .46 [st_0x_5] bis r_{it} = .76 [st_0x_4]). Auch die Itemschwierigkeitsindizes bewegen sich in einem mittleren Bereich (p_i = .58 [st_0x_6] bis p_i = .61 [st_0x_5]). Ein Cronbach's α = .84 deutet auf eine gute interne Konsistenz hin. Eine geringfügige Verbesserung dieses Wertes ließe sich mit einem Ausschluss des Items zum „Spielraum" [st_0x_5] erreichen. Davon wird in der vorliegenden Arbeit aufgrund der geringen Erfahrung mit dem Konzept der Operational Uncertainty

Abstand genommen. Dafür spricht auch ein hoher Anteil aufgeklärter Varianz von 61.93% im Rahmen einer explorativen Faktorenanalyse.

Tab. 4.1.: Item- und Skalenanalyse von Operational Uncertainty und Unsicherheit

Nr.		M	SD	r_{it}	p_i	$\Delta\alpha$	α
	Unsicherheit						
st_0x_1	Wie stark verunsichert Sie diese Störung in Ihrer weiteren Projektbearbeitung?	3.08	.63	-	-	-	-
	Operational Uncertainty	2.96	.58				.84
st_0x_2	Das Auftreten dieser Störung kann ich rechtzeitig einschätzen.	2.94	.71	.57	.59	.83	
st_0x_3	Die Auswirkungen dieser Störung auf meine weitere Projektbearbeitung sind für mich gut durchschaubar.	2.95	.78	.72	.59	.79	
st_0x_4	Ich weiß, wie ich handeln muss, um das Projekt trotz dieser Störung erfolgreich durchzuführen.	2.96	.74	.76	.59	.78	
st_0x_5	Ich habe genug Spielraum, um eigene Maßnahmen umzusetzen.	3.07	.73	.46	.61	.86	
st_0x_6	Die Konsequenzen dieser Maßnahmen für die weitere Projektbearbeitung kann ich gut einschätzen.	2.89	.73	.75	.58	.78	

Anmerkungen: M = arithmetisches Mittel; SD = Standardabweichung; r_{it} = Itemtrennschärfe; p_i = Itemschwierigkeit; $\Delta\alpha$= Cronbachs α, wenn Item von der Skala eliminiert würde; α = Cronbachs α der Skala
x = die Nummer der Störung (entsprechend der Auswahl)

Weitergehend gibt eine signifikante Korrelation (.30, p<.05) zwischen Operational Uncertainty und der separat erhobenen Verunsicherung durch die Störungsquelle einen ersten Hinweis auf Konstruktvalidität. Damit kann die Operationalisierung des Konstrukts der Operational Uncertainty im Bereich der Projektarbeit als gelungen betrachtet werden.

4.1.2 Explorative Faktorenanalyse Operational Uncertainty

Die Items des Konzepts „Operational Uncertainty" zeigten in einer ersten Überprüfung gute Item- und Skalenkennwerte. Für die Überprüfung der Faktorenstruktur (Tab. 4.2.) wurde zunächst ein exploratives Vorgehen gewählt. Ein KMO-Koeffizient von .82 sowie ein hoch signifikanter Bartlett-Test sprechen für eine Angemessenheit und Durchführbarkeit der Faktorenanalyse. Auch konnte die postulierte einfaktorielle Struktur bestätigt werden. Für die Güte der Faktorenlösung spricht zudem die Höhe der Faktorladungen (ab .61) und der Kommunalitäten (ab .52). Eine Ausnahme bildet des Item „Spielraum", welches eine geringere Kommunalität von .37 aufweist. Insgesamt zeigt sich ein hoher Anteil aufgeklärter Varianz von 61.93%.

Tab. 4.2.: Explorative Faktorenanalyse von Operational Uncertainty und Unsicherheit

Operational Uncertainty	Faktor 1	Kommunalitäten
Vorhersehbarkeit	.72	.52
Durchschaubarkeit	.85	.72
Beeinflussbarkeit	.87	.75
Spielraum	.61	.37
Konsequenzen	.86	.74
Hauptkomponentenanalyse mit Varimax-Rotation		
Kaiser-Meyer-Olkin-Kriterium		.82
Bartlett-Test		643.03***
Anteil aufgeklärter Varianz (kumuliert)		61.93%

4.1.3 Urteilsübereinstimmung mittels $r_{WG(J)}$

Wie in Kapitel 3.5.3.4. beschrieben, stellt die Überprüfung der Urteilsübereinstimmung eine der wichtigsten Voraussetzungen für die Aggregation der Daten dar. Eine Möglichkeit der Testung bietet das Maß $r_{WG(J)}$ nach James und Kollegen (1984, 1993). Klein et al. (2000) empfehlen einen Wert ab .7 als Indikator für eine akzeptable Übereinstimmung im Team. Die einzelnen Teams weisen durchschnittliche Werte von $r_{WG(J)}$ = .68 bis $r_{WG(J)}$ = .97. Im Mittel einspricht dieses einem Wert von $r_{WG(J)}$ = .91 (SD = .05). Da das Team 46 als einziges diesen Wert nur knapp verfehlt ($r_{WG(J)}$ = .68), soll es trotzdem in den weiteren Berechnungen berücksichtigt werden. Damit befinden sich 98% Teams über dem kritischen Wert von .70. Auf Konstruktebene bewegen sich die Werte zwischen .82 (Instrumentalität) und .95 (Teamführung, Teamorganisation, Arbeitsintensität, Unsicherheit) ebenfalls mit einem mittleren $r_{WG(J)}$ von .91 (SD = .05).

4.2 Hauptanalysen

Im folgenden Abschnitt werden die ermittelten Ergebnisse gemäß den Fragestellungen geordnet dargestellt.

4.2.1 Ergebnisse zum Zusammenhang von Inputfaktoren und Teamleistung

Im ersten Abschnitt erfolgt gemäß den Fragestellungen 1, 2 und 3 die Betrachtung des Einflusses der einzelnen Komponenten auf den Ebenen des Teams, des Individuums und der Aufgabe auf die Teamleistung. Die Komponenten entsprechen den genannten Skalen der Verfahren TeamPuls® (Wiedemann, v. Watzdorf & Richter, 2004), VIST-Modell (Hertel, 2002) und dem Fragebogen zur Arbeitsintensität und Tätigkeitsspielraum (FIT, Richter, 2010). Die Auswirkung dieser Komponenten auf die Teamleistung wird durch multiple lineare Regressionsanalysen realisiert, welche nach Ebenen getrennt erfolgt. Zur Verminderung der Gefahr von Multikollinearität wurde im Vorwege eine Zentrierung der Prädiktoren des Modells durchgeführt (vgl. Aiken & West, 1991; Baron & Kenny, 1986; Frazier et al., 2004). Weiterhin konnten für die Leistung des Teams eingeschätzt durch den Teamleiter keine Zusammenhänge zu den Kovariablen ermittelt werden[12]. Aus diesem Grund erfolgt keine Einbeziehung der Kovariablen in die nachfolgenden moderierten Regressionsanalysen.

Fragestellung 1: Ebene des Teams

Auf der Ebene des Teams erfolgen Betrachtungen von Ziel- & Leistungsorientierung, Engagement & Verantwortung, Kommunikation,

---

[12] Zur Ermittlung der Kovariablen für die Einschätzung der Leistung durch den Teamleiter wurden folgende Angaben hinzugezogen: Die Ausführung der Tätigkeit in Monaten, die Arbeit im konkreten Team in Monaten, die Tätigkeit im Unternehmen in Monaten, die Anzahl der aktuell bearbeiteten Projekte, die Anzahl der bis zum Zeitpunkt der Befragung bearbeiteten Projekte, der Anteil der individuellen Arbeitszeit, welcher auf betrachtete Projekt entfällt, die Anzahl der Teammitglieder sowie der Alterdurchschnitt im Team. Die herangezogenen Daten entstammen den allgemeinen Angaben der Mitarbeiter und Teamleiter. Berücksichtigt wurden alle Angaben zur beruflichen Erfahrung, die für die 51 Teams vollständig vorlagen.

Führung und Teamorganisation zur Vorhersage der Leistung. Es zeigt sich allein die Teamorganisation mit einem Beta von .36 (p<.05) bei einem Anteil von 30% (korr. R^2=.23) aufgeklärter Varianz als statistisch relevant für die Vorhersage der Leistung (Tab. 4.3.). Die ermittelten Werte für die Toleranzen (≥.31) und den Durbin-Watson-Koeffizienten (2.50) befinden sich noch innerhalb des vorgegebenen Rahmens, deuten jedoch auf ein Multikolinaritätsvorkommen hin. Die T-Werte von Engagement & Verantwortung (.08) sowie Führung (-.10) weisen auf eine mangelnde Passung zur Regressionsgleichung hin.

Tab. 4.3.: Vorhersage der Leistung (TL) auf der Ebene des Teams

Ebene	Skala	B	SE B	Beta	T	R^2	Korr. R^2	F(5,45)
Team	Konstante	4.33	.10		43.36	.30	.23	3.93*
	Ziel- & Leistungsorientierung	.72	.40	.37	1.82			
	Engagement & Verantwortung	.03	.38	.02	.08			
	Kommunikation	-.52	.37	-.28	-1.41			
	Führung	-.04	.36	-.02	-.10			
	Teamorganisation	.73	.36	.36*	2.01			

Anmerkungen: N=51; Methode: Einschluss; Toleranzen ≥ .31, Durbin-Watson = 2.50; Signifikanz (einseitig): * p<.05; ** p<.01; *** p<.001

Fragestellung 2: Ebene des Individuums

Zur Vorhersage der Leistung werden auf der Ebene des Individuums im Team die Komponenten des VIST-Modells (Hertel, 2002) namentlich Valenz, Instrumentalität, Selbstwirksamkeitserwartung und Vertrauen herangezogen (Tab 4.4). Jedoch weist keiner der genannten Prädiktoren einen Einfluss auf die Leistung eingeschätzt durch den Teamleiter auf. Dieser mangelnde Zusammenhang zeigt sich auch in einem geringen Anteil aufgeklärter Varianz von 9% (korr. R^2=.01). Das Ergebnis kann nicht auf eine Abhängigkeit der ausgewählten Prädiktoren (Toleranzen ≥ .55) oder Residuen (Durbin-Watson = 2.13) zurückgeführt werden. Auch hier gilt es, die Passung der Variablen aufgrund der T-Werte (-.65 bis 1.30) zu überdenken.

Tab. 4.4.: Vorhersage der Leistung (TL) auf der Ebene des Individuums

Ebene	Skala	B	SE B	Beta	T	R^2	Korr. R^2	$F(4,46)$
Individuum	Konstante	4.33	.11		38.37	.09	.01	1.16
	Valenz	.45	.35	.24	1.30			
	Instrumentalität	-.04	.35	-.02	-.11			
	Selbstwirksamkeitserwartung	.41	.38	.20	1.08			
	Vertrauen	-.19	.29	-.11	-.65			

Anmerkungen: N=51; Methode: Einschluss; Toleranzen ≥ .55, Durbin-Watson = 2.13; Signifikanz (einseitig): * p<.05; ** p<.01; *** p<.001

Fragestellung 3: Ebene der Aufgabe

Auf der Ebene der Aufgabe werden die Arbeitsintensität und der Tätigkeitsspielraum (FIT, Richter, 2010) zur Vorhersage der Leistung berücksichtigt, tragen mit 2% (korr. R^2=-.04) jedoch nur wenig zur Aufklärung der Varianz bei (Tab. 4.5.). Keines der Beta-Gewichte weist eine Signifikanz auf. Die Kennwerte zu Toleranzen (≥ .99) und Durbin-Watson (1.99) liegen im guten Bereich, nicht dagegen die T-Werte (-.12 und .83).

Tab. 4.5.: Vorhersage der Leistung (TL) auf der Ebene der Aufgabe

Ebene	Skala	B	SE B	Beta	T	R^2	Korr. R^2
Aufgabe	Konstante	4.38	.11		39.19	.02	-.04
	Arbeitsintensität	-.05	.30	-.03	-.16		
	Tätigkeitsspielraum	.30	.37	.14	.83		

Anmerkungen: N=37; Methode: Einschluss; Toleranzen ≥ .99, Durbin-Watson = 1.99; Signifikanz (einseitig): * p<.05; ** p<.01; *** p<.001

4.2.2 Ergebnisse zum Zusammenhang von Störungen und Operational Uncertainty

Die vierte Fragestellung steht unter dem Zeichen der Entwicklung und Erprobung des Konstrukts der Operational Uncertainty. Zunächst befinden sich in den Tabellen 4.6 und 4.7 Informationen über die Häufigkeit der Auswahl von Quellen von Störungen und Operational Uncertainty, Mittelwert, Standardabweichung sowie die geringste und höchste Ausprägung. Tabelle 4.6. führt die Ausprägung des Störungsindex aufgeschlüsselt nach den Störungsquellen auf. Dabei unterscheiden sich die Störungen mit den häufigsten Nennungen (21x Genauigkeit der zeitlichen Planung; 20x Verfügbarkeit der Produktbestandteile; 20x

Qualität der Produktbestandteile; 18x Klarheit des Projektauftrages) von denen mit den höchsten Ausprägungen des Störungsindex (Qualität der Informationen, die das Team vom Kunden erhält = 3.33; Verfügbarkeit von Verbrauchsmaterialien = 3.17; Absatzmöglichkeit der Produkte = 3.13; Qualität der Informationstechnologie = 3.02; Klarheit des Projektauftrages = 3.00). Lediglich die Klarheit des Projektauftrages tritt ebenso häufig wie intensiv als Störung auf. Die Einschätzung erfolgte durch die Teamleiter und ohne Einschränkung der Anzahl der Nennungen. Durchschnittlich wurden 7.76 Störungsquellen (SD = 3.95) genannt.

Für die Erhebung der Operational Uncertainty war es Mitarbeitern und Führungskräften möglich die Störungen zu nennen, die am meisten verunsichern (Tab. 4.7.). Besonders häufig wurden genannt: 86x Eingeschränkte Verfügbarkeit der Mitarbeiter im Projekt; 66x Geringe Anzahl der Mitarbeiter im Projekt; 59x Unklare inhaltliche Planung des gesamten Projektes; 49x mangelhafte/fehlende Dokumentationen, Handbücher, Spezifikationen; 41x Unklare zeitliche Planung des gesamten Projektes; 41x Unklarheit des Projektauftrages. Die höchsten Werte für Operational Uncertainty lassen sich für folgende Aspekte ermitteln: Unüberbrückbarkeit der kulturellen Unterschiede der Projektmitarbeiter = 3.28; Unterschiedliche Zeitzonen der Projektmitarbeiter = 3.21; Mangelhafte Kommunikation via Informationstechnologie (Email, Groupwaresysteme,...) = 3.14; Geringe Anzahl der Mitarbeiter im Projekt = 3.10; Unklare zeitliche Planung des gesamten Projektes = 3.10).

Tab. 4.6.: Ausprägung der Störungen aufgeschlüsselt nach Störungsquellen

Bez.	Quelle	Störung				
		n	M	SD	Minimum	Maximum
St_01a	Verfügbarkeit der Produktbestandteile	20	2.58	.81	1.08	3.67
St_01b	Qualität der Produktbestandteile	20	2.73	.70	1.42	3.67
St_02a	Verfügbarkeit der Produktionstechnologie	10	2.54	.91	1.08	3.33
St_02b	Qualität der Produktionstechnologie	9	3.02	.55	2.33	3.67
St_03a	Qualität der Produkte	10	2.61	.75	1.42	3.67
St_03b	Absatzmöglichkeit der Produkte	4	3.13	.83	1.92	3.67
St_04a	Verfügbarkeit der Informationstechnik	8	2.98	1.00	1.08	4.33
St_04b	Qualität der Informationstechnik	8	2.89	.76	1.42	3.58

Bez.	Quelle	Störung				
		n	M	SD	Minimum	Maximum
St_05a	Verfügbarkeit von Verbrauchsmaterialien	1	3.17	-	3.17	3.17
St_05b	Qualität von Verbrauchsmaterialien	1	1.75	-	1.75	1.75
St_06a	Finanzielle Ressourcen	8	2.05	.87	1.08	3.92
St_07a	Verfügbarkeit von Ansprechpartnern im Unternehmen	13	2.58	.81	1.42	4.67
St_07b	Qualität der von Ansprechpartnern im Unternehmen verfügbaren Informationen	11	2.36	.84	1.08	3.67
St_08a	Verfügbarkeit von Dokumentationen / Handbüchern	9	2.56	.60	1.75	3.67
St_08b	Qualität der Informationen innerhalb von Dokumentationen / Handbüchern	14	2.59	.59	1.50	3.67
St_09a	Verfügbarkeit von externen Experten / Beratern	7	2.80	.68	2.08	3.67
St_09b	Qualität der Informationen von externen Experten / Beratern	5	2.65	.60	2.08	3.67
St_10	Klarheit des Projektauftrages	18	3.00	.86	1.08	4.33
St_11a	Zugänglichkeit der Teilziele / Aufgabenpakete	8	2.58	.57	1.92	3.33
St_11b	Vollständigkeit der Teilziele / Aufgabenpakete	8	2.42	.80	1.08	3.42
St_12a	Zugänglichkeit der zeitlichen Planung	6	2.18	.81	1.08	3.50
St_12b	Genauigkeit der zeitlichen Planung	21	2.83	.74	1.42	5.00
St_13a	Zugänglichkeit der organisatorischen Regelungen innerhalb des Projektes	12	2.55	.75	1.42	4.00
St_13b	Einhaltung der organisatorischen Regelungen innerhalb des Projektes	6	2.75	.74	1.42	3.67
St_14a	Zugänglichkeit der organisatorischen Regelungen innerhalb des Unternehmens	6	2.57	.49	1.75	3.17
St_14b	Einhaltung der organisatorischen Regelungen innerhalb des Unternehmens	6	2.01	.57	1.42	2.67
St_15a	Anzahl der Projektmitarbeiter	16	2.71	.74	1.08	3.67
St_15b	Kompetenz	15	2.55	.66	1.08	3.58
St_15c	Verfügbarkeit	17	2.37	.77	1.08	3.67
St_15d	Zusammenarbeit	8	2.48	.50	1.75	3.00
St_16a	Verfügbarkeit von Ansprechpartnern beim Kunden	17	2.73	.92	1.08	4.50
St_16b	Qualität der Informationen, die das Team vom Kunden erhält	17	3.33	.74	1.83	4.50
St_17	Absprachen im Unternehmen des Kunden	15	2.82	.89	1.75	4.50
St_18a	Unterschiedliche Standorte	8	2.45	.74	1.50	3.50
St_18b	Unterschiedliche Zeitzonen	3	2.33	.36	2.08	2.75
St_18c	Kommunikation über Informationstechnologie	5	2.33	.40	1.75	2.75
St_19	andere (Freifeld)	23	2.90	.70	1.08	5.00
	Gesamt	416	2.64	.35*		

* entspricht der Standardabweichung der Mittelwerte

Tab. 4.7.: Ausprägung der Operational Uncertainty aufgeschlüsselt nach Störungsquellen

Bez.	Quelle	Operational Uncertainty				
		n	M	SD	Minimum	Maximum
st_01_ges	Mangelhafte/fehlende Produktbestandteile	34	2.86	.65	1.60	4.20
st_02_ges	Mangelhafte/fehlende Technologie zur Erstellung des Produkts	33	3.07	.77	1.60	5.00
st_03_ges	Eingeschränkte Absatzmöglichkeit des Produktes	16	3.00	.89	1.80	4.33
st_04_ges	Mangelhafte/fehlende Informationstechnik (Hard- und Software)	28	2.70	.88	1.00	5.00
st_05_ges	mangelhafte/fehlende Verbrauchsmaterialien	4	2.80	1.05	2.00	4.20
st_06_ges	mangelhafte/fehlende Dokumentationen, Handbücher, Spezifikationen	49	2.99	.85	1.40	5.00
st_07_ges	Fehlende Ansprechpartner im Unternehmen	21	2.45	.88	1.00	4.00
st_08_ges	Fehlende Ansprechpartner beim Kunden	37	2.85	.62	1.20	4.00
st_09_ges	Fehlende Experten / Berater	28	2.92	.90	1.00	5.00
st_10_ges	Unterschiedliche Standorte der Projektmitarbeiter	17	3.01	.82	1.80	4.60
st_11_ges	Unterschiedliche Zeitzonen der Projektmitarbeiter	6	3.15	.72	2.20	3.80
st_12_ges	Mangelhafte Kommunikation via Informationstechnologie (Email, Groupwaresysteme,...)	19	3.14	.69	2.00	4.20
st_13_ges	Unklarheit des Projektauftrages	41	3.00	.77	1.00	4.80
st_14_ges	Unklare inhaltliche Planung des gesamten Projektes	59	3.01	.65	1.20	4.60
st_15_ges	Unklare zeitliche Planung des gesamten Projektes	41	3.10	.67	2.00	4.80
st_16_ges	Mangelhafte/fehlende organisatorische Regelungen innerhalb des Projektes	37	2.93	.70	1.00	4.00
st_17_ges	Mangelhafte/fehlende organisatorische Regelungen im Unternehmen	32	2.90	.79	1.60	5.00
st_18_ges	Geringe Anzahl der Mitarbeiter im Projekt	66	3.10	.75	1.80	4.80
st_19_ges	Geringe Kompetenz der Mitarbeiter im Projekt	27	2.83	.62	1.20	4.60
st_20_ges	Eingeschränkte Verfügbarkeit der Mitarbeiter im Projekt	86	3.00	.75	1.00	4.80
st_21_ges	Unzureichende Zusammenarbeit der Projektmitarbeiter	38	2.88	.71	1.20	4.80
st_22_ges	Unüberbrückbarkeit der kulturellen Unterschiede der Projektmitarbeiter	30	3.28	.66	2.00	4.67
st_23_ges	Geringe finanzielle Ausstattung des Projektes	25	3.06	.70	1.40	4.67
st_24_ges	andere (Freifeld)	27	3.21	.86	1.80	5.00
	Gesamt	801	2.97	.17°		

° entspricht der Standardabweichung der Mittelwerte

Aufbauend auf Item- und Skalenanalysen sowie Faktorenanalysen erfolgt zusätzlich eine Validierung der Operational Uncertainty-Skala an einer direkten Einschätzung der Unsicherheit durch die Mitarbeiter. Hierzu findet sich eine Korrelation der Skala mit dem Item ‚Wie stark verunsichert Sie diese Störung in Ihrer weiteren Projektbearbeitung?" in einem Ausmaß von .30 (p<.05). Damit kann ein Zusammenhang des

Konstrukts Operational Uncertainty und Unsicherheit angenommen werden. Fragestellung 4 geht auf die bestehenden Störungen im Projekt und ihren Einfluss auf die Empfindung von Operational Uncertainty aufseiten der einzelnen Teammitglieder ein. Es besteht die Annahme eines positiven Zusammenhangs. Dieser zeigt sich mit einer Korrelation von .21 und einem p=.14 jedoch nicht[13].

4.2.3 Ergebnisse zu den Auswirkungen von Störungen und Operational Uncertainty auf den Zusammenhang von Inputfaktoren und Teamleistung

Den Kern der vorliegenden Dissertation stellt die Überprüfung des Einflusses von Störungen und Unsicherheiten bzw. Operational Uncertainty auf den Zusammenhang der Komponenten der Zusammenarbeit und der Teamleistung dar. Verankert ist dieses in den Fragestellungen fünf bis fünfzehn, welche damit der Forderung von Kozlowski und Bell (2003) nachkommen, organisatorische Kontextbedingungen resp. Umweltdynamiken und deren Auswirkungen stärker zu berücksichtigen. Die Darstellung der Ergebnisse erfolgt für die beiden Moderatoren getrennt. Erwartet wird ein moderierender Effekt des Störungsindex und des Konstrukts der Operational Uncertainty als Operationalisierungen des Störungseinflusses und der damit verbundenen Unsicherheit aufseiten der Mitarbeiter in dem Maße, als das das Auftreten der Störungen und Unsicherheiten zu einer Verminderung des Einflusses der Komponenten des Teammodells auf die Leistung führt.

Fragestellung 5: Kommunikation

Für den Prädiktor Kommunikation können keine signifikanten Ergebnisse zur Vorhersage der Leistung unter dem Einfluss von Störungen und Operational Uncertainty nachgewiesen werden (vgl. Tab. 4.8 bis 4.10.).

---

[13] Dieser Zusammenhang lässt sich auf individueller Ebene mit einer signifikanten Korrelation von .10 (p<.05; n=294) nachweisen

Tab. 4.8.: Moderation des Zusammenhangs von Kommunikation und Leistung (TL) durch den Störungsindex

Schritt	Skala	B	SE B	Beta	T	R^2	Korr. R^2	ΔR^2	F(3,47)
2	Konstante	4.33	.12		37.24	.14	.09	.00	2.60
	Kommunikation	.00	.27	.00	.00				
	Störungsindex	-.03	.01	-.38**	-2.65				
	Störungsindex X Kommunikation	.00	.03	-.02	-.17				

Anmerkungen: N=51; Methode: Einschluss; Toleranzen (2. Schritt) ≥ .84; Durbin-Watson = 2.01; Signifikanz (einseitig): * p<.05; ** p<.01; *** p<.001

Beginnend mit dem Störungsindex als Moderator des Zusammenhangs von Kommunikation und Leistung zeigt sich nur dieser mit einem Beta-Gewicht von -.38 (p<.01) als statistisch relevant. Gemeinsam können 14% der Varianz aufgeklärt werden (korr. R^2=.09; F(3,47)=2.60, n. s.). Neben dem unauffälligen Durbin-Watson-Koeffizienten (2.01) und Toleranzwerten (≥ .84) gilt es die kritischen T-Werte von Kommunikation (0) und dem Interaktionsterm (-.17) zu beachten (Tab. 4.8.).

Ein ähnliches Bild wie in der vorangegangenen multiplen Regressionsanalyse bietet sich auch für die Betrachtung der Operational Uncertainty als Moderator. Hier bestehen keinerlei signifikante Beta-Gewichte bei einem minimalen Anteil aufgeklärter Varianz (R^2=.07; korr. R^2=.01), der sich auch bei Hinzunahme des Interaktionsterms nicht verändert (ΔR^2=.00; F(3,47)=1.19, n. s.). Unauffällige Toleranz-(≥ .84) und Durbin-Watson-Werte (2.16) lassen auf eine angemessene Datenbasis schließen. Allein die Auswahl der Prädiktoren gilt es laut T-Werte zu überdenken (Tab. 4.9.).

Tab. 4.9.: Moderation des Zusammenhangs von Kommunikation und Leistung (TL) durch Operational Uncertainty

Schritt	Skala	B	SE B	Beta	T	R^2	Korr. R^2	ΔR^2	F(3,47)
2	Konstante	4.33	.11		37.95	.07	.01	.00	1.19
	Kommunikation	.16	.27	.09	.59				
	O. Uncertainty	-.49	.30	-.24	-1.64				
	O. Uncertainty X Kommunikation	.03	.71	.01	.04				

Anmerkungen: N=51; Methode: Einschluss; Toleranzen (2. Schritt) ≥ .84; Durbin-Watson = 2.16; Signifikanz (einseitig): * p<.05; ** p<.01; *** p<.001

Auch die multiple Regressionsanalyse mit Störungsindex und Operational Uncertainty kommt zu keinen anderen Ergebnissen als die zwei vorherigen Analysen (Tab. 4.10.).

Tab. 4.10.: Moderation des Zusammenhangs von Kommunikation (K) und Leistung (TL) durch den Störungsindex (STI) und Operational Uncertainty (OU)

Schritt	Skala	B	SE B	Beta	T	R^2	Korr. R^2	ΔR^2	$F(7,43)$
3	Konstante	4.38	.12		37.76	.26	.14	.00	2.17
	Kommunikation	-.04	.28	-.02	-.13				
	Störungsindex	-.02	.01	-.27	-1.83				
	O. Uncertainty	-.50	.34	-.25	-1.47				
	STI x K	.00	.03	-.01	-.06				
	OU x K	-.69	.78	-.15	.89				
	STI x OU	-.08	.03	-.35*	-2.21				
	STI x OU x K	.03	.09	.06	.37				

Anmerkungen: N=51; Methode: Einschluss; Toleranzen (3. Schritt) ≥ .57; Durbin-Watson = 2.00; Signifikanz (einseitig): * p<.05; ** p<.01; *** p<.001

Neben der mangelnden Signifikanz der Prädiktoren besteht kein Zuwachs der aufgeklärten Varianz durch die Hinzunahme des Interaktionsterms. Gemeinsam werden 26% der Varianz aufgeklärt (korr. R^2=.14; F(7,43)=2.17, n. s.). Die weiteren Kennwerte weisen ähnliche Werte auf.

Fragestellung 6: Teamorganisation

Für die Teamorganisation lässt sich ein signifikanter Einfluss auf die Leistung des Teams unter der Moderation von Operational Uncertainty sowie unter der gemeinsamen Moderation von Störungen und Operational Uncertainty nachweisen. Beginnend mit der alleinigen Betrachtung von Störungen als Moderator ist von einem nicht signifikanten Ergebnis zu berichten (Tab. 4.11.). Nur für die Teamorganisation besteht ein statistisch relevantes Beta-Gewicht von .32 (p<.5). Der Anteil der aufgeklärten Varianz beträgt im zweiten Analyseschritt 31% (korr. R^2=.27, F(3,47)=7.07, p<.01), welcher einen Varianzzuwachs von 4% durch Hinzunahme des Interaktionsterms beinhaltet. Unauffällige Werte finden sich für die Toleranz (≥.78) und den Durbin-Watson-Koeffizienten (2.27). Die T-Werte können mit -1.66 und 2.32 teilweise als grenzwertig eingestuft werde.

Ergebnisse

Tab. 4.11.: Moderation des Zusammenhangs von Teamorganisation (TO) und Leistung (TL) durch den Störungsindex (STI)

Schritt	Skala	B	SE B	Beta	T	R^2	Korr. R^2	ΔR^2	$F(3,47)$
2	Konstante	4.38	.10		42.89	.31	.27	.04	7.07**
	Teamorganisation	.64	.28	.32*	2.32				
	Störungsindex	-.02	.01	-.22	-1.66				
	STI X TO	.03	.02	.21	1.61				

Anmerkungen: N=51; Methode: Einschluss; Toleranzen (2. Schritt) ≥ .78; Durbin-Watson = 2.27; Signifikanz (einseitig): * p<.05; ** p<.01; *** p<.001

Für den Prädiktor Teamorganisation zeigen sich im zweiten Schritt der moderierten Regressionsanalyse (Tab. 4.12.) signifikante Beta-Gewichte für den Prädiktor (Teamorganisation: Beta=.50, p<.001), den Moderator (Operational Uncertainty: Beta=-.35, p<.01) und den Interaktionsterm (OUxTO: Beta=.40, p<.001) sowie einem Zuwachs von 13% an aufgeklärter Varianz.

Tab. 4.12. Moderation des Zusammenhangs von Teamorganisation (TO) und Leistung (TL) durch Operational Uncertainty (OU)

Schritt	Skala	B	SE B	Beta	T	R^2	Korr. R^2	ΔR^2	$F(3,47)$
2	Konstante	4.37	.09		47.32	.39	.35	.13	10.00***
	Teamorganisation	1.02	.24	.50***	4.31				
	O. Uncertainty	-.69	.25	-.35**	-2.75				
	OU x TO	1.66	.52	.40***	3.18				

Anmerkungen: N=51; Methode: Einschluss; Toleranzen (2. Schritt) ≥ .81; Durbin-Watson = 2.17; Signifikanz (einseitig): * p<.05; ** p<.01; *** p<.001

Insgesamt werden 39% (korr. R^2=.35, F(3,47)=10.09, p<.01) der Varianz erläutert. Auch hier bestehen unauffällige Werte für die Toleranz (≥ .81) und den Durbin-Watson-Koeffizienten (2.17) sowie für die T-Statistik (-2.75 bis 4.31). Die Abbildung 4.1. zeigt eine vereinfachte Darstellung des von Operational Uncertainty moderierten Einflusses von Teamorganisation auf die Leistung. In Verbindung mit dem Simple Slope Test konnte für die Bedingung einer niedrigen Operational Uncertainty nur ein minimaler Anstieg der Leistungsbeurteilung durch eine Erhöhung der Teamorganisation verzeichnet werden, der sich zudem nicht signifikant zeigt (Tab. 4.13.; b=.35, SE=.29, t-Wert =1.19, n. s.). Eine Zunahme der Teamorganisation führt bei einer hohen Verunsicherung im Team zu einem signifikanten Anstieg der

Leistungsbeurteilung, deren statistische Relevanz mit einem b von 1.69 im Simple Slope Test bestätigt wird (SE=.34, t-Wert=4.97, p<.001).

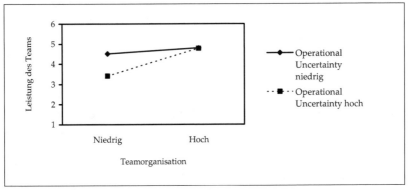

Abb. 4.1.: Graphische Darstellung des Einflusses der Teamorganisation auf die Leistung des Teams (Einschätzung durch den Teamleiter) moderiert durch Operational Uncertainty

Tab. 4.13.: Simple Slopes für die Vorhersage der Leistung (TL) durch die Teamorganisation unter der Bedingung niedrige / hohe Operational Uncertainty

b	Bedingung	SE	t	p
.35	Niedrige Operational Uncertainty	.29	1.19	.242
1.69	Hohe Operational Uncertainty	.34	4.97	.000

Ebenfalls lässt sich ein entscheidender Einfluss auf die Leistung des Teams durch die Teamorganisation unter dem Einfluss beider Moderatoren, Störungsindex und Operational Uncertainty, nachweisen. Die Bedeutung der Teamorganisation spiegelt sich in einer Signifikanz der Beta-Gewichte in allen drei Analyseschritten wider (3. Schritt: Beta=.33, p<.05, Tab. 4.14.). Zusätzlich zeigen sich der 2-fach Interaktionsterm aus Operational Uncertainty und Teamorganisation (Beta=.42, p<.05) sowie der 3fach Interaktionsterm (Beta=.38, p<.05) signifikant. Nach einem Zuwachs von 7% durch die Ergänzung des 3-fachen Interaktionsterms steigt der Anteil der aufgeklärten Varianz auf 50% (korr. R^2=.42, $F(7,43)$=6.11, p<.00). Der Durbin-Watson-Koeffizient (2.20) sowie der Toleranz-Wert ($\geq$ .46) unterstützen die positive Beurteilung der Regressionsgleichung, während die T-Statistik auf einzelne Schwachpunkte (insb. STI T=-.58 oder STIxTO T=-.39) hinweist.

Tab. 4.14.: Moderation des Zusammenhangs von Teamorganisation (TO) und Leistung (TL) durch den Störungsindex (STI) und Operational Uncertainty (OU)

Schritt	Skala	B	SE B	Beta	T	R^2	Korr. R^2	ΔR^2	F(7,43)
3	Konstante	4.38	.09		47.30	.50	.42	.07	6.11***
	Teamorganisation	.66	.28	.33*	2.33				
	Störungsindex	-.01	.01	-.07	-.58				
	O. Uncertainty	-.46	.27	-.23	-1.69				
	STI x TO	-.01	.02	-.06	-.39				
	OU x TO	1.71	.65	.42*	2.62				
	STI x OU	-.04	.03	-.17	-1.26				
	STI x OU x TO	.15	.06	.38*	2.42				

Anmerkungen: N=51; Methode: Einschluss; Toleranzen (3. Schritt) ≥ .46; Durbin-Watson = 2.20; Signifikanz (einseitig): * p<.05; ** p<.01; *** p<.001

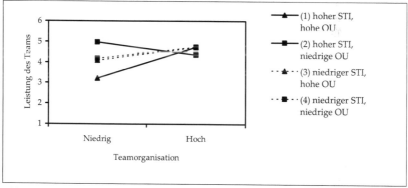

Abb. 4.2.: 3-fach Interaktion der Moderatoren Störungsindex (STI) und Operational Uncertainty (OU) mit dem Prädiktor Teamorganisation bezogen auf das Kriterium Leistung (eingeschätzt durch den Teamleiter)

Eine Darstellung der Interaktion erfolgt in Abbildung 4.2.. Hypothesenkonform zeigt sich auch hier für die Bedingungen in denen die Moderatoren beide gering oder hoch ausgeprägt sind, ein positiver Einfluss des Prädiktors Teamorganisation auf die Leistungsbeurteilung des Teams. Gleiches gilt für die Bedingung einer geringen Störungseinschätzung und einer hohen Verunsicherung im Team. Die bei einer niedrigen Teamorganisation bestehenden Leistungsunterschiede gleichen sich unter einer hohen Prädiktorausprägung für alle Moderatorbedingungen auf einem mittleren Niveau an. Ein negativer Einfluss der Teamorganisation auf die Leistungsbeurteilung ergibt sich lediglich für das Auftreten eines hohen Störungsindex in Kombination mit einer geringen Verunsicherung im Team. In Verbindung mit den Simple Slope (Tab. 4.15.) wird deutlich, dass allein die Steigung der ersten Bedingung (hoher Störungsindex, hohe Operational Uncertainty) eine statistische Relevanz besitzt (b=1.89, SE=.41, t-Wert=4.59, p<.001). In nachfolgenden Slope Different Tests zeigt sich wiederum der Unterschied zwischen der 1. und 4. Bedingung signifikant (b=1.19, SE=.53, t-Wert=2.25, p<.05). In beiden Bedingungen ist ein positive Einfluss der Teamorganisation auf die Leistung zu verzeichnen, welcher unter der hohen Ausprägung beider Moderatoren stärker ausfällt als unter der geringen Ausprägung von Störungsindex und Operational Uncertainty. Besteht eine hohe Organisation im Team, so gleicht sich die Leistungsbewertung unter beiden Bedingungen auf einem hohen Niveau an.

Tab. 4.15.: Simple Slopes und Slope Differences Test für die Vorhersage der Leistung (TL) durch die Teamorganisation unter Variation der Bedingungen niedriger / hoher Störungsindex und niedrige / hohe Operational Uncertainty

b	Bedingung	SE	t	p
SIMPLE SLOPES				
1.89	(1) Hoher Störungsindex. hohe Operational Uncertainty	.41	4.59	.000
-.76	(2) Hoher Störungsindex. niedrige Operational Uncertainty	.62	1.24	.221
.81	(3) Niedriger Störungsindex. hohe Operational Uncertainty	.62	1.31	.197
.70	(4) Niedriger Störungsindex. niedrige Operational Uncertainty	.42	1.67	.103
SLOPE DIFFERENCES				
1.56	(1) und (2)	.86	1.81	.077
1.09	(1) und (3)	.70	1.56	.127
1.19	(1) und (4)	.53	2.25	.030
-1.57	(2) und (3)	1.01	1.56	.126
-1.46	(2) und (4)	.73	2.02	.050
.11	(3) und (4)	.61	.17	.864

Nicht unerwähnt bleiben soll der Hinweis auf die knappen Signifikanz von p=.05 für die Unterschiede zwischen den Bedingungen 2 und 4. Unter gleich bleibend niedriger Operational Uncertainty führt ein niedriger Störungsindex im Team zu einem positiven Einfluss der

Teamorganisation auf die Leistungsbeurteilung, während ein hohes Störungsaufkommen zu einem negativen Einfluss der Teamorganisation auf die Leistungsbeurteilung führt.

Fragestellung 7: Engagement & Verantwortung

Für den Prädiktor „Engagement & Verantwortung" liegen nicht signifikante Ergebnisse für den alleinigen Einfluss der Moderatoren vor. Wirken Störungen und Operational Uncertainty zusammen, so zeigt sich ein moderierender Einfluss auf den Zusammenhang von Engagement & Verantwortung und Leistung. Beginnend mit der Betrachtung des Störungsindex als alleinigen Moderator kann von einem signifikanten negativen Beta-Gewicht (Beta =-.36, p<.05) für ebenden berichtet werden (Tab.4.16.). Dieses verdeutlicht den negativen Einfluss der Störungen auf die Teamleistung, spricht mit dem nicht signifikanten Interaktionsterm sowie einem fehlenden Varianzzuwachs jedoch nicht für eine Moderation des Einflusses von Engagement & Verantwortung auf die Teamleistung. Insgesamt werden 15% (korr. R^2 = .09; $F(3,47)$=2.73, n. s.) der Varianz aufgeklärt. Unauffällig verhalten sich Toleranzen (≥.94) und der Dubin-Watson-Koeffizient (1.98). Zu beachten sind die T-Werte für Engagement & Verantwortung (.59) sowie für den Interaktionsterm (-.12), welche gegen die Passung der Prädiktoren sprechen.

Tab. 4.16.: Moderation des Zusammenhangs von Engagement & Verantwortung (EV) und Leistung (TL) durch den Störungsindex (STI)

Schritt	Skala	B	SE B	Beta	T	R^2	Korr. R^2	ΔR^2	$F(3,47)$
2	Konstante	4.33	.11		38.78	.15	.09	.00	2.73
	Engagement & Verantwortung	.16	.28	.08	.59				
	Störungsindex	-.03	.01	-.36*	-2.59				
	STI X EV	.00	.03	-.02	-.12				

Anmerkungen: N=51; Methode: Einschluss; Toleranzen (2. Schritt) ≥ .94; Durbin-Watson = 1.98; Signifikanz (einseitig): * p<.05; ** p<.01; *** p<.001

Eine ähnliche Situation bietet die Überprüfung von Operational Uncertainty als Moderator (Tab. 4.17.). Auch hier besteht nur ein geringer Varianzzuwachs von 1% auf 10% (korr. R^2=.09; $F(3,47)$=1.66, n.

s.) in Verbindung mit einem nicht signifikanten Interaktionsterm. Die Kennwerte für Toleranzen, Durbin-Watson und T-Statistik bieten ebenfalls ein ähnliches Bild.

Tab. 4.17.: Moderation des Zusammenhangs von Engagement & Verantwortung (EV) und Leistung (TL) durch Operational Uncertainty (OU)

Schritt	Skala	B	SE B	Beta	T	R^2	Korr. R^2	ΔR^2	F(3,47)
2	Konstante	4.34	.11		38.72	.10	.04	.01	1.66
	Engagement & Verantwortung	.27	.28	.14	.99				
	O. Uncertainty	-.56	.30	-.28	-1.89				
	OU X EV	.70	.87	.12	.80				

Anmerkungen: N=51; Methode: Einschluss; Toleranzen (2. Schritt) ≥ .88; Durbin-Watson = 2.02; Signifikanz (einseitig): * p<.05; ** p<.01; *** p<.001

Eine gemeinsame Betrachtung beider Moderatoren bringt mehr Aufschluss: Für den Prädiktor „Engagement & Verantwortung" zeigt sich im dritten Schritt der moderierten Regressionsanalyse ein signifikanter Einfluss von Operational Uncertainty (Beta=-.42, p<.01), des Interaktionsterms der beiden Moderatoren (STIxOU: Beta=-.45, p<.01) sowie des Interaktionsterms von Moderatoren und Prädiktor (STIxOUxEV: Beta=.36, p<.05) auf die Beurteilung der Teamleistung durch den Teamleiter (Tab. 4.18.). Durch die Integration des 3-fachen Interaktionsterms kann eine zusätzliche Varianzaufklärung von 10% verzeichnet werden, die zu einer Gesamtvarianzaufklärung von 37% führt (korr. R^2=.26, F(7,34) = 3.53, p<.01). Toleranzen (≥.67) und Durbin-Watson-Koeffizent (2.04) zeigen sich akzeptabel. Auch die T-Werte sind mit Ausnahmen (insb. STIxEV T=.32) höher und damit zufriedenstellender ausgeprägt als in den vorangegangenen Analysen.

Tab. 4.18.: Moderation des Zusammenhangs von Engagement & Verantwortung (EV) und Leistung (TL) durch den Störungsindex (STI) und Operational Uncertainty (OU)

Schritt	Skala	B	SE B	Beta	T	R^2	Korr. R^2	ΔR^2	$F(7, 43)$
3	Konstante	4.40	.10		41.97	.37	.26	.10	3.53**
	Engagement & Verantwortung	.33	.26	.17	1.30				
	Störungsindex	-.01	.01	-.16	-1.18				
	O. Uncertainty	-.84	.29	-.42**	-2.86				
	STI x EV	.01	.03	.04	.32				
	OU x EV	1.57	.81	.27	1.92				
	STI x OU	-.10	.03	-.45**	-3.04				
	STI x OU x EV	.26	.10	.36*	2.54				

Anmerkungen: N=51; Methode: Einschluss; Toleranzen (3. Schritt) ≥ .67; Durbin-Watson = 2.04; Signifikanz (einseitig): * p<.05; ** p<.01; *** p<.001

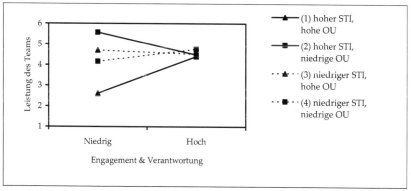

Abb. 4.3.: 3-fach Interaktion der Moderatoren Störungsindex (STI) und Operational Uncertainty (OU) mit dem Prädiktor Engagement & Verantwortung bezogen auf das Kriterium Leistung (eingeschätzt durch den Teamleiter)

In Abbildung 4.3. sind die Regressionsgeraden unter den vier Bedingungen der Moderatorkombinationen zu erkennen. Allgemein besteht für die Bedingung „hoher Störungsindex, hohe Operational Uncertainty" die Hypothese eines Leistungszuwachs bei zunehmender Ausprägung des Prädiktors Engagement & Verantwortung. Diese Annahme bestätigt sich augenscheinlich und wird durch die Ergebnisse der Simple Slope Tests (Tab. 4.19.) gestützt (hoher Störungsindex, hohe Operational Uncertainty; b=2.17, SE=.68, t-Wert=3.20, p<.01).

Weitergehend lässt sich ein negativer Einfluss des Prädiktors Engagement & Verantwortung auf die Teamleistung unter der Bedingung eines hohen Störungsindex und einer niedrigen Operational Uncertainty (b=-1.33, SE=.74, t-Wert=1.80, n. s.) beschreiben, der nur knapp nicht signifikant wird. Besteht hier nur ein geringes Ausmaß an Engagement und Verantwortung im Team, wird die Leistung des Teams durch den Teamleiter besser eingeschätzt, als bei der Steigerung des Prädiktors. Keinerlei Beitrag zur Vorhersage der Teamleistung durch Engagement & Verantwortung lässt sich unter einer geringen Ausprägung des Störungsindex und gleichzeitig hoher Ausprägung der Operational Uncertainty nachweisen (b=-.24, SE=.44, t-Wert=.53, n. s.).

Tab. 4.19.: Simple Slopes und Slope Differences Test für die Vorhersage der Leistung (TL) durch Engagement & Verantwortung unter Variation der Bedingungen niedriger / hoher Störungsindex und niedrige / hohe Operational Uncertainty

b	Bedingung	SE	t	p
SIMPLE SLOPES				
2.17	(1) Hoher Störungsindex, hohe Operational Uncertainty	.68	3.20	.003
-1.33	(2) Hoher Störungsindex, niedrige Operational Uncertainty	.74	1.80	.079
-.24	(3) Niedriger Störungsindex, hohe Operational Uncertainty	.44	.53	.596
.73	(4) Niedriger Störungsindex, niedrige Operational Uncertainty	.76	.96	.344
SLOPE DIFFERENCES				
2.49	(1) und (2)	1.26	1.98	.054
2.41	(1) und (3)	1.08	2.23	.031
1.44	(1) und (4)	.94	1.54	.131
-1.09	(2) und (3)	1.18	.93	.359
-2.06	(2) und (4)	1.00	2.06	.045
-.96	(3) und (4)	.91	1.06	.296

Durch eine Überprüfung der Differenzen zwischen den Steigungen der Regressionsgleichungen unterschiedlicher Bedingungen konnten die Unterschiede zwischen Bedingung 1 und 3 sowie zwischen 2 und 4 als signifikant identifiziert werden. Somit unterscheiden sich zum einen bei einer hohen Operational Uncertainty die Verläufe der Regressionsgleichungen unter den Annahmen eines hohen bzw. niedrigen Störungsindex (b=2.41, SE=1.08, t-Wert=2.23, p<.05) ebenso wie bei einer niedrigen Ausprägung der Operational Uncertainty (b=-2.06, SE=1.00, t-

Wert=2.06, p<.05). Hier kann von einer immensen Bedeutung der Moderatorbedingungen bei niedrigem Engagement und geringer Verantwortung für die Leistung des Teams gesprochen werden.

Fragestellung 8: Ziel- & Leistungsorientierung

Für den Prädiktor Ziel- & Leistungsorientierung besteht ein signifikanter Einfluss auf die Leistung des Teams unter der Moderation von Operational Uncertainty, während Moderationen durch Störungen allein oder Störungen und Operational Uncertainty wirkungslos bleiben.

Beginnend mit dem Moderator Störungen kann lediglich von einem signifikanten Beta-Gewicht für den Prädiktor Ziel- & Leistungsorientierung (Beta=.33, p<.05) berichtet werden (Tab. 4.20.). Auch besteht mit 2% Zuwachs auf 27% aufgeklärte Varianz (korr. R^2=23; $F(3,47)$=5.83, p<.01) zum zweiten Analyseschritt nur ein geringer Einfluss des Moderators. Gute Werte zeigen sich für die Toleranzen (≥.81) sowie den Durbin-Watson-Koeffizienten (2.26). Die Anforderung an die T-Werte unter -2 oder über 2 zu liegen, werden nicht vollständig erfüllt (STI T=-1.49 und Interaktionsterm T=1.23).

Tab. 4.20.: Moderation des Zusammenhangs von Ziel- & Leistungsorientierung (ZL) und Leistung (TL) durch den Störungsindex (STI)

Schritt	Skala	B	SE B	Beta	T	R^2	Korr. R^2	ΔR^2	$F(3,47)$
2	Konstante	4.38	.11		40.78	.27	.23	.02	5.83**
	Ziel- & Leistungsorientierung	.65	.27	.33*	2.43				
	Störungsindex	-.02	.01	-.21	-1.49				
	Störungsindex X ZL	.03	.02	.16	1.23				

Anmerkungen: N=51; Methode: Einschluss; Toleranzen (2. Schritt) ≥ .81; Durbin-Watson = 2.26; Signifikanz (einseitig): * p<.05; ** p<.01; *** p<.001

Für den Aspekt der Ziel- & Leistungsorientierung zeigen sich im zweiten Schritt der hierarchischen Regressionsanalyse ein signifikante Beta-Gewichte für den Prädiktor (Ziel- & Leistungsorientierung: Beta=.55, p<.001), den Moderator (Operational Uncertainty: Beta=-.40, p<.001) sowie für den Interaktionsterm (STIxZL: Beta=.48, p<.01) statistisch relevant (Tab. 4.21.). Ebenso erweist sich der Zuwachs von 17%

aufgeklärter Varianz durch den Interaktionsterm auf $R^2=.41$ (korr. $R^2=37$; $F(3,47)=5.83$, $p<.001$) als signifikant. Alle ergänzenden Kennwerte (Toleranzen, Durbin-Watson, T-Statistik) liegen weitestgehend in den vorgegebenen Bereichen.

Tab. 4.21.: Moderation des Zusammenhangs von Ziel- & Leistungsorientierung (ZL) und Leistung (TL) durch Operational Unceratainty (OU)

Schritt	Skala	B	SE B	Beta	T	R^2	Korr. R^2	ΔR^2	$F(3,47)$
2	Konstante	4.38	.09		48.05	.41	.37	.17	10.72***
	Ziel- & Leistungsorientierung	1.06	.23	.55***	4.62				
	Operational Uncertainty	-.81	.26	-.40***	-3.17				
	OU x ZL	1.88	.52	.48**	3.63				

Anmerkungen: N=51; Methode: Einschluss; Toleranzen (2. Schritt) ≥ .71 Durbin-Watson = 1.85; Signifikanz (einseitig): * p<.05; ** p<.01; *** p<.001

Die besondere Bedeutung der Ziel- & Leistungsorientierung des Teams bei einer hohen Verunsicherung der Mitglieder ist in Abbildung 4.4. deutlich zu erkennen. So zeigt sich unter einer geringen Ausprägung der Operational Uncertainty durch eine Erhöhung des Prädiktors nur eine minimale Veränderung auf dem mittleren Niveau des Kriteriums, welche sich auch in einem b von .30 im Simple Slope Test (Tab. 4.22.; SE=.26, t-Wert=1.13, n. s.) widerspiegelt.

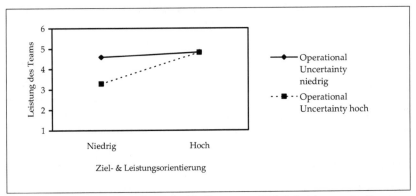

Abb. 4.4.: Graphische Darstellung des Einflusses von Ziel- & Leistungsorientierung auf die Leistung des Teams (Einschätzung durch den Teamleiter) moderiert durch Operational Uncertainty

Geben die Teammitglieder eine Hohe Operational Uncertainty an, so wird die Teamleistung bei einer niedrig ausgeprägten Ziel- & Leistungsorientierung von Teamleiter als nur mittelmäßig bewertet. Besteht jedoch eine hohe Ausprägung des Prädiktors, so gleichen sich die Leistungseinschätzungen unter beiden Moderatorbedingungen an. Der deutliche Anstieg unter der Bedingung einer hohen Unsicherheit wird im Simple Slope Test mit einem b von 1.82 ebenfalls signifikant (Tab. 4.22.; SE=.35, t-Wert=5.17, p<.001).

Tab. 4.22.: Simple Slopes für die Vorhersage der Leistung (TL) durch die Ziel- & Leistungsorientierung unter der Bedingung niedrige / hohe Operational Uncertainty

b	Bedingung	SE	t	p
.30	Niedrige Operational Uncertainty	.26	1.13	.265
1.82	Hohe Operational Uncertainty	.35	5.17	.000

Abschließend wird der Einfluss beider Moderatoren betrachtet. Wie in den vorangegangenen Analyse zeigen sich die Beta-Gewichte für die Ziel- & Leistungsorientierung (Beta=.43, p<.01) und Operational Uncertainty (Beta=-.29, p<.05) ansich sowie deren Produkt (OUxZL: Beta=.42, p<.05) signifikant (Tab. 4.23.).

Tab. 4.23.: Moderatoren: Störungsindex (STI), Operational Uncertainty (OU), Ziel- & Leistungsorientierung (ZL), Leistung (TL)

Schritt	Skala	B	SE B	Beta	T	R^2	Korr. R^2	ΔR^2	$F_{(7,43)}$
3	Konstante	4.39	.10		45.86	.50	.41	.05	6.02***
	Ziel- & Leistungsorientierung	.82	.26	.43**	3.20				
	Störungsindex	.00	.01	-.06	-.49				
	O. Uncertainty	-.58	.28	-.29*	-2.08				
	STI x ZL	.00	.02	.01	.04				
	OU x ZL	1.65	.62	.42*	2.67				
	STI x OU	-.05	.03	-.22	-1.53				
	STI x OU x ZL	.11	.06	.30	2.00				

Anmerkungen: N=51; Methode: Einschluss; Toleranzen (3. Schritt) ≥ .47; Durbin-Watson = 1.92; Signifikanz (einseitig): * p<.05; ** p<.01; *** p<.001

Nicht unerwähnt bleiben soll die mit p=.0516 nur sehr knapp verfehlte Signifikant des 3-fach-Interaktionsterms (Beta=.30, n. s.). Weiterhin besteht eine nach einem Zuwachs von 5% eine nicht unerhebliche Varianzaufklärung von 50% (korr. R^2=.41; $F(7,43)$=6.02, p<.001). Während die Toleranzen sowie der Durbin-Watson-Koeffizient in befriedigenden Bereichen liegen, weisen die T-Werte auf eine mangelnde Passung einiger Prädiktoren hin (insb. STI: T=-.49 und STIxZL: T=.04).

Fragestellung 9: Führung

Als letzte Komponente auf der Ebene des Teams wird die Führung bzw. ihr Einfluss auf die Teamleistung auch unter dem Einwirken von Störungen und Operational Uncertainty betrachtet. Es besteht jedoch für keinen der Moderatoren ein statistisch relevantes Ergebnis (Tab 4.24. bis 4.26.).

Tab. 4.24.: Moderation des Zusammenhangs von Führung (F) und Leistung (TL) durch den Störungsindex (STI)

Schritt	Skala	B	SE B	Beta	T	R^2	Korr. R^2	ΔR^2	$F(3,47)$
2	Konstante	4.33	.11		39.80	.17	.12	.00	3.29*
	Führung	.29	.22	.18	1.34				
	Störungsindex	-.03	.01	-.35*	-2.60				
	STI X F	-.01	.03	-.03	-.24				

Anmerkungen: N=51; Methode: Einschluss; Toleranzen (2. Schritt) ≥ .95; Durbin-Watson = 2.07; Signifikanz (einseitig): * p<.05; ** p<.01; *** p<.001

Tab. 4.25.: Moderation des Zusammenhangs von Führung (F) und Leistung (TL) durch Operational Uncertainty (OU)

Schritt	Skala	B	SE B	Beta	T	R^2	Korr. R^2	ΔR^2	$F(3,47)$
2	Konstante	4.34	.11		39.28	.12	.06	.01	2.10
	Führung	.40	.24	.25	1.71				
	O.Uncertainty	-.53	.29	-.26	-1.84				
	OU X F	.41	.55	.12	.76				

Anmerkungen: N=51; Methode: Einschluss; Toleranzen (2. Schritt) ≥ .78; Durbin-Watson = 2.15; Signifikanz (einseitig): * p<.05; ** p<.01; *** p<.001

Tab. 4.26.: Moderation des Zusammenhangs von Führung (F) und Leistung (TL) durch den Störungsindex (STI) und Operational Uncertainty (OU)

Schritt	Skala	B	SE B	Beta	T	R^2	Korr. R^2	ΔR^2	$F(7,43)$
3	Konstante	4.38	.11		41.26	.32	.21	.03	2.85*
	Führung	.46	.23	.29	2.00				
	Störungsindex	-.01	.01	-.07	-1.35				
	O. Uncertainty	-.53	.30	-1.08	-1.78				
	STI x F	.00	.03	-.12	-.11				
	OU x F	.52	.58	.87	.89				
	STI x OU	-.08	.03	-.36*	-2.39				
	STI x OU x F	.10	.07	.24	1.41				

Anmerkungen: N=51; Methode: Einschluss; Toleranzen (3. Schritt) ≥ .55; Durbin-Watson = 2.10; Signifikanz (einseitig): * p<.05; ** p<.01; *** p<.001

Für die Hinzunahme der Interaktionsterme konnte keine (Moderator Störungen: $R^2=.17$; korr $R^2=.12$) oder eine nur geringe Verbesserung (Moderator Operational Uncertainty: $R^2=.12$; korr $R^2=.06$; $\Delta R^2=.01$; Moderator Störungen/Operational Uncertainty: $R^2=.32$; korr $R^2=.21$; $\Delta R^2=.03$) der Varianzaufklärung erreicht werden. Die Toleranzwerte sowie die Durbin-Watson-Koeffizienten weisen in allen drei Analysen unauffällige Werte auf. Beachtenswert sind die geringen T-Werte in allen drei Tabellen für Interaktionen des Störungsindex, welche auf eine geringe Passung der Prädiktoren zu den jeweiligen Regressionen hinweisen.

Fragestellung 10: Valenz

Als erste Komponente auf der Ebene des Individuums wird die Valenz betrachtet. Eine Moderation des Einflusses der Valenz auf die Leistung des Teams durch Störungen oder Operational Uncertainty konnte nicht nachgewiesen werden. Lediglich ein gemeinsamer Einfluss der Moderatoren führt zu einem signifikanten Ergebnis. Beginnend mit dem Moderator Störungen (Tab. 4.27.) weisen ebendieser Prädiktor (Beta=-.42, p<.01;) sowie die Valenz (Beta=.31, p<.05) signifikante Beta-Gewichte auf. Nur der Interaktionsterm besitzt ein geringes, nicht signifikantes Gewicht von .09 (T=.69) auf, welches sich zudem in dem minimalen Zuwachs von 1% auf 23% (korr. $R^2=.18$; $F(3,47)=4.69$, p<.01) widerspiegelt.

Tab. 4.27.: Moderation des Zusammenhangs von Valenz (V) und Leistung (TL) durch den Störungsindex (STI)

Schritt	Skala	B	SE B	Beta	T	R^2	Korr. R^2	ΔR^2	$F(3,47)$
2	Konstante	4.32	.10		41.67	.23	.18	.01	4.69**
	Valenz	.59	.26	.31*	2.32				
	Störungsindex	-.03	.01	-.42**	-3.23				
	STI X V	.02	.03	.09	.69				

Anmerkungen: N=51; Methode: Einschluss; Toleranzen (2. Schritt) $\geq$ .92 Durbin-Watson = 1.91; Signifikanz (einseitig): * p<.05; ** p<.01; *** p<.001

Keinerlei Einfluss besitzt der Moderator Operational Uncertainty auf den Zusammenhang von Valenz und Teamleistung (Tab. 4.28.).

Tab. 4.28.: Moderation des Zusammenhangs von Valenz (V) und Leistung (TL) durch Operational Uncertainty (OU)

Schritt	Skala	B	SE B	Beta	T	R^2	Korr. R^2	ΔR^2	F(3,47)
2	Konstante	4.34	.11		38.85	.11	.05	.00	1.91
	Valenz	.39	.27	.20	1.43				
	O. Uncertainty	-.47	.29	-.23	-1.61				
	OU X V	.15	.69	.03	.22				

Anmerkungen: N=51; Methode: Einschluss; Toleranzen (2. Schritt) ≥ .88; Durbin-Watson = 2.07; Signifikanz (einseitig): * p<.05; ** p<.01; *** p<.001

Keines der Beta-Gewichte weist eine statistische Relevanz auf, was sich auch in geringen T-Werten widerspiegelt (-1.61 bis 1.43). Auch führt die Hinzunahme des Interaktionsterms zu keinerlei Veränderung des Anteils der aufgeklärten Varianz. Dieser beläuft sich auf 11% (korr. R^2=.05; F(3,47)=1.91, n. s.). Auf individueller Ebene trägt der Prädiktor Valenz positiv zur Vorhersage der Leistung bei (Tab. 4.29.). Dieses wird in allen drei Analyseschritten deutlich (3. Schritt: Beta=.30, p<.05).

Tab. 4.29.: Moderation des Zusammenhangs von Valenz (V) und Leistung (TL) durch den Störungsindex (STI) und Operational Uncertainty (OU)

Schritt	Skala	B	SE B	Beta	T	R^2	Korr. R^2	ΔR^2	F(7,43)
3	Konstante	4.36	.10		44.99	.45	.36	.10	5.00***
	Valenz	.58	.24	.30*	2.46				
	Störungsindex	-.02	.01	-.26*	-2.07				
	O. Uncertainty	-.76	.27	-.38**	-2.80				
	STI x V	.00	.03	-.01	-.08				
	OU x V	1.53	.71	.33*	2.16				
	STI x OU	-.11	.03	-.50**	-3.52				
	STI x OU x V	.26	.10	.44**	2.76				

Anmerkungen: N=51; Methode: Einschluss; Toleranzen (3. Schritt) ≥ .51; Durbin-Watson = 1.90; Signifikanz (einseitig): * p<.05; ** p<.01; *** p<.001

Zusätzlich zeigt sich ein negativer Einfluss des Störungsindex (Beta=-.26, p<.05), der Operational Uncertainty (Beta=-.38, p<.01) sowie deren 2-fachen Interaktionsterm (Beta=-.50, p<.01). Einen positiven Einfluss besitzen jedoch der 2-fache Interaktionsterm aus Valenz und Unsicherheit (Beta=.33, p<.05) sowie der 3-fache Interaktionsterm (Beta=.44, p<.01). Letzterer führt zu einer zusätzlichen Varianzaufklärung von 10% (R^2=.45, korr. R^2=36, F(7,43)=5.00, p<.001). Toleranzen (≥ .51) und Durbin-Watson-Koeffizient (1.90) befinden sich in einem befriedigenden Bereich. Dieses trifft mit Ausnahme des Interaktionsterms STIxValenz mit -.08 auch auf die T-Werte zu.

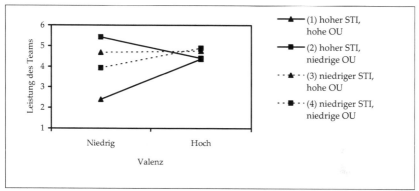

Abb. 4.5.. 3-fach Interaktion der Moderatoren Störungsindex (STI) und Operational Uncertainty (OU) mit dem Prädiktor Valenz bezogen auf das Kriterium Leistung (eingeschätzt durch den Teamleiter)

In Abbildung 4.5. ist wie bei den zuvor beschriebenen Darstellungen ein hypothesenkonformer Anstieg der Regressionsgeraden unter einer hoch bzw. niedrig ausgeprägten Moderatorenkombination von Störungsindex und Operational Uncertainty. Die Verläufe gelten aufgrund des Simple Slope Tests (Tab. 4.30.) als signifikant von null verschieden und damit als statistisch relevant (hoher Störungsindex, hohe Operational Uncertainty, b=2.32, SE=.65, t-Wert=3.58, p<.01; niedriger Störungsindex, niedrige Operational Uncertainty, b=1.13, SE=.54, t-Wert=2.03, p<.05). Eine gegenläufige Entwicklung der Regressionsgerade konnte auch in dieser Analyse für die Bedingung 2 (hoher Störungsindex, geringe Operational Uncertainty) festgestellt werden, die sich jedoch nicht als signifikant präsentiert (b=-1.21, SE=.84, t-Wert=1.44, n. s.). Keinerlei Beeinflussung der Leistung durch den Prädiktor Valenz ist bei einem geringen Störungsaufkommen und gleichzeitig hoher Verunsicherung im Team zu erkennen (b=.07, SE=.40, t-Wert=2.09, n. s.).

Tab. 4.30.: Simple Slopes und Slope Differences Test für die Vorhersage der Leistung (TL) durch die Valenz unter Variation der Bedingungen niedriger / hoher Störungsindex und niedrige / hohe Operational Uncertainty

b	Bedingung	SE	t	p
SIMPLE SLOPES				
2.32	(1) Hoher Störungsindex, hohe Operational Uncertainty	.65	3.58	.001
-1.21	(2) Hoher Störungsindex, niedrige Operational Uncertainty	.84	1.44	.158
.07	(3) Niedriger Störungsindex, hohe Operational Uncertainty	.40	.18	.856
1.13	(4) Niedriger Störungsindex, niedrige Operational Uncertainty	.54	2.09	.043
SLOPE DIFFERENCES				
2.55	(1) und (2)	1.26	2.03	.049
2.25	(1) und (3)	.76	2.96	.005
1.19	(1) und (4)	.77	1.55	.128
-1.28	(2) und (3)	1.20	1.07	.293
-2.34	(2) und (4)	1.22	1.93	.061
-1.06	(3) und (4)	.68	1.57	.125

Unterschiede zwischen den einzelnen Regressionsgleichungen konnten für die Bedingungen 1 und 2 sowie für 1 und 3 ermittelt werden (Tab. 4.30.). Ähnlich wie in den vorangegangengen Darstellungen zeigt sich für die Bedingungen 1 und 2 extreme Verankerungen der Leistungsbeurteilung unter einer geringen Prädiktorausprägung, welche sich bei einer hohen Prädiktorausprägung auf einem mittleren Niveau (b=2.55, SE=1.26, t-Wert=2.03, p<.05) angleichen. Auch hier ist unter einem konstant hohen Störungsindex der Einfluss des Prädiktors abhängig von dem Empfinden der Operational Uncertainty im Team. Bei einer Betrachtung einer konstant hohen Ausprägung von Operational Uncertainty (Bedingung 1 und 3) ist ebenfalls unterschiedlicher Einfluss der Valenz auf die Leistungsbeurteilung je nach Ausmaß des Störungsindex zu verzeichnen (b=2.25, SE=.76, t-Wert=2.96, p<.01).

Fragestellung 11: Instrumentalität

Die zweite Komponente auf der Ebene des Individuums ist die Instrumentalität. Wie in den Tabellen 4.31. bis 4.33. zu erkennen ist, besteht kein moderierender Einfluss durch Störungen oder/und Operational Uncertainty auf den Beziehung von Instrumentalität und Leistung des Teams. Alle relevanten Interaktionsterme (STI x Instrumentalität

Beta=.19, n. s.; OU x Instrumentalität Beta=-.06, n. s.; STI x OU x Instrumentalität Beta=-.07, n. s.) sind nicht signifikant. Zudem zeigt sich der Zuwachs der Varianzaufklärung mit 0 bis 4% sehr gering. Insgesamt beläuft sich die Varianzaufklärung zwischen 9 (korr. R^2=.03; $F(3,47)$=1.58, n. s.; Moderator: Operational Uncertainty) und 32 (korr. R^2=.21; $F(7,43)$= 2.91, $p<.05$; Moderatoren: Störungen und Operational Uncertainty). Die Toleranzwerte sowie die Durbin-Watson-Koeffizienten entsprechen mit mindestens .68 bis .98 und 1.65 bis 2.18 den Anforderungen; nicht jedoch die T-Statistiken mit Werten um -.46 für alle Interaktionsterme, die die Operational Uncertainty beinhalten. Nicht unerwähnt bleiben sollen die signifikanten Beta-Gewichte von Instrumentalität (.29, $p<.05$) und Störungen (-.48, $p<.01$; -.39, $p<.05$) in den Tabellen 4.31. und 4.33., welche den positiven Einfluss der Instrumentalität und die negativen Einwirkungen der Störungen auf die Leistung des Teams unterstreichen.

Tab. 4.31.: Moderation des Zusammenhangs von Instrumentalität (I) und Leistung (TL) durch den Störungsindex (STI)

Schritt	Skala	B	SE B	Beta	T	R^2	Korr. R^2	ΔR^2	$F(3,47)$
2	Konstante	4.29	.11		40.81	.24	.20	.04	5.03**
	Instrumentalität	.54	.24	.29	2.24				
	Störungsindex	-.04	.01	-.48**	-3.56				
	STI X I	.05	.03	.19	1.47				

Anmerkungen: N=51; Methode: Einschluss; Toleranzen (2. Schritt) ≥ .90; Durbin-Watson = 1.80; Signifikanz (einseitig): * $p<.05$; ** $p<.01$; *** $p<.001$

Tab. 4.32.: Moderation des Zusammenhangs von Instrumentalität (I) und Leistung (TL) durch Operational Uncertainty (OU)

Schritt	Skala	B	SE B	Beta	T	R^2	Korr. R^2	ΔR^2	$F(3,47)$
2	Konstante	4.33	.11		38.26	.09	.03	.00	1.58
	Instrumentalität	.29	.26	.16	1.13				
	O. Uncertainty	-.47	.28	-.23	-1.66				
	OU X I	-.36	.81	-.06	-.44				

Anmerkungen: N=51; Methode: Einschluss; Toleranzen (2. Schritt) ≥ .98; Durbin-Watson = 2.18; Signifikanz (einseitig): * $p<.05$; ** $p<.01$; *** $p<.001$

Tab. 4.33.: Moderation des Zusammenhangs von Instrumentalität (I) und Leistung (TL) durch den Störungsindex (STI) und Operational Uncertainty (OU)

Schritt	Skala	B	SE B	Beta	T	R^2	Korr. R^2	ΔR^2	$F(7,43)$
3	Konstante	4.33	.11		38.34	.32	.21	.00	2.91*
	Instrumentalität	.55	.25	.29*	2.16				
	Störungsindex	-.03	.01	-.39*	-2.64				
	O. Uncertainty	-.51	.29	-.25	-1.76				
	STI x I	.04	.03	.15	1.07				
	OU x I	-.38	.83	-.07	-.45				
	STI x OU	-.05	.03	-.23	-1.53				
	STI x OU x I	-.04	.09	-.07	-.46				

Anmerkungen: N=51; Methode: Einschluss; Toleranzen (3. Schritt) ≥ .68; Durbin-Watson = 1.65; Signifikanz (einseitig): * p<.05; ** p<.01; *** p<.001

Fragestellung 12: Selbstwirksamskeitserwartung

Die Ergebnisse für den Einfluss der Selbstwirksamkeitserwartung auf die Leistung moderiert durch Störungen und Operational Uncertainty gleichen denen im vorangegangenen Abschnitt (Tab. 4.34. bis 4.36.).

Tab. 4.34.: Moderation des Zusammenhangs von Selbstwirksamkeitserwartung (S) und Leistung (TL) durch den Störungsindex (STI)

Schritt	Skala	B	SE B	Beta	T	R^2	Korr. R^2	ΔR^2	$F(3,47)$
2	Konstante	4.32	.10		41.64	.23	.19	.02	4.77**
	Selbstwirksamkeitserwartung	.58	.27	.28*	2.17				
	Störungsindex	-.03	.01	-.45***	-3.31				
	STI X S	.05	.04	.15	1.09				

Anmerkungen: N=51; Methode: Einschluss; Toleranzen (2. Schritt) ≥ .89; Durbin-Watson = 1.88; Signifikanz (einseitig): * p<.05; ** p<.01; *** p<.001

Tab. 4.35.: Moderation des Zusammenhangs von Selbstwirksamkeitserwartung (S) und Leistung (TL) durch Operational Uncertainty (OU)

Schritt	Skala	B	SE B	Beta	T	R^2	Korr. R^2	ΔR^2	$F(3,47)$
2	Konstante	4.34	.11		39.12	.12	.06	.01	2.12
	Selbstwirksamkeitserwartung	.48	.29	.23	1.65				
	Operational Uncertainty	-.47	.28	-.23	-1.69				
	OU X S	.82	1.10	.10	.74				

Anmerkungen: N=51; Methode: Einschluss; Toleranzen (2. Schritt) ≥ .97; Durbin-Watson = 2.16; Signifikanz (einseitig): * p<.05; ** p<.01; *** p<.001

Auch hier zeigt sich zum einen keiner der Interaktionsterme signifikant (STI x Selbstwirksamkeitserwartung Beta=.15, n. s.; OU x Selbstwirksamkeitserwartung Beta=.10, n. s.; STI x OU x Selbstwirksamkeitserwartung Beta=.36, n. s.), zum anderen fällt der Zuwachs der Varianz zwischen 0 und 2% sehr gering aus. Der Anteil der aufgeklärten Varianz beläuft sich auf 12 (korr. R^2=.06, $F(3,47)$= 2.12, n. s.; Moderator: Operational Uncertainty) bis 34% (korr. R^2=.34, $F(7,43)$= 3.10, p<.05; Moderatoren: Störungen, Operational Uncertainty). Für alle drei Analysen bestehen akzeptable bis gute Durbin-Watson-Koeffizienten (1.72 bis 2.16) und Toleranz-Werte (≥.81 bis .97). Ebenfalls negativ fallen die geringen T-Werte der Interaktionsterme auf (T=.14 bis 1.09).

Tab. 4.36.: Moderation des Zusammenhangs von Selbstwirksamkeitserwartung (S) und Leistung (TL) durch den Störungsindex (STI) und Operational Uncertainty (OU)

Schritt	Skala	B	SE B	Beta	T	R^2	Korr. R^2	ΔR^2	$F(7,43)$
3	Konstante	4.38	.11		41.35	.34	.23	.00	3.10*
	Selbstwirksamkeitserwartung	.58	.27	.28*	2.19				
	Störungsindex	-.03	.01	-.36*	-2.63				
	O. Uncertainty	-.54	.28	-.27	1.91				
	STI x S	.04	.04	.12	.88				
	OU x S	.97	1.04	.12	.93				
	STI x OU	-.06	.03	-.64	-2.02				
	STI x OU x S	.02	.13	.36	.14				

Anmerkungen: N=51; Methode: Einschluss; Toleranzen (3. Schritt) ≥ .81; Durbin-Watson = 1.72; Signifikanz (einseitig): * p<.05; ** p<.01; *** p<.001

<u>Fragestellung 13: Vertrauen</u>

Das Vertrauen in die Einstellungen und Kompetenzen der anderen Teammitglieder stellt die letzte Komponente auf der Ebene des Individuums dar. Wie in den Tabellen 4.37. bis 4.39. dargestellt, besteht kein signifikanter Einfluss der Prädiktoren auf die Leistung des Teams. Durch die Hinzunahme der Interaktionsterme konnte kein essentieller Zuwachs der aufgeklärten Varianz erreicht werden. Es besteht demnach keine moderierende Wirkung von Störungen und Operational Uncertainty auf den Zusammenhang von Vertrauen und Teamleistung. Der Anteil der aufgeklärten Varianz bewegt sich zwischen 6 (korr. R^2=.00, $F(3,47)$= 1.07, n. s.; Moderator: Operational Uncertainty) und 25% (korr. R^2=.13, $F(7,43)$= 2.02, n. s.; Moderatoren: Störungen, Operational Uncertainty). Gute Ergebnisse bestehen für den Durbin-Watson-Koeffizienten in allen drei Analysen (1.89 bis 2.17). Die Toleranzen weisen nur in der dritten Tabelle mit ≥.35 geringere, aber noch ausreichende Werte auf. Zu beachten sind die schlechten T-Werte für den Prädiktor Vertrauen und den damit verbundenen Interaktionstermen (-.55 bis .56).

Tab. 4.37.: Moderation des Zusammenhangs von Vertrauen (Vert) und Leistung (TL) durch den Störungsindex (STI)

Schritt	Skala	B	SE B	Beta	T	R^2	Korr. R^2	ΔR^2	F(3,47)
2	Konstante	4.33	.11		40.09	.15	.10	.01	2.79
	Vertrauen	.12	.24	.07	.49				
	Störungsindex	-.03	.01	-.38*	-2.83				
	STI X Vert	-.01	.02	-.07	-.55				

Anmerkungen: N=51; Methode: Einschluss; Toleranzen (2. Schritt) ≥ .99; Durbin-Watson = 2.00; Signifikanz (einseitig): * p<.05; ** p<.01; *** p<.001

Tab. 4.38.: Moderation des Zusammenhangs von Vertrauen (Vert) und Leistung (TL) durch Operational Uncertainty (OU)

Schritt	Skala	B	SE B	Beta	T	R^2	Korr. R^2	ΔR^2	F(3,47)
2	Konstante	4.33	.12		37.58	.06	.00	.00	1.07
	Vertrauen	.04	.25	.02	.16				
	O. Uncertainty	-.49	.30	-.25	-1.66				
	OU X Vertrauen	-.04	.61	-.01	-.06				

Anmerkungen: N=51; Methode: Einschluss; Toleranzen (2. Schritt) ≥ .91; Durbin-Watson = 2.17; Signifikanz (einseitig): * p<.05; ** p<.01; *** p<.001

Tab. 4.39.: Moderation des Zusammenhangs von Vertrauen (Vert) und Leistung (TL) durch den Störungsindex (STI) und Operational Uncertainty (OU)

Schritt	Skala	B	SE B	Beta	T	R^2	Korr. R^2	ΔR^2	F(7,43)
3	Konstante	4.39	.11		39.37	.25	.13	.00	2.02
	Vertrauen	.14	.24	.08	.56				
	Störungsindex	-.02	.01	-.28	-1.98				
	O. Uncertainty	-.57	.31	-.28	-1.85				
	STI x Vert	-.01	.03	-.04	-.31				
	OU x Vert	.30	.92	.07	.33				
	STI x OU	-.06	.03	-.30	-2.01				
	STI x OU x Vert	.04	.11	.08	.36				

Anmerkungen: N=51; Methode: Einschluss; Toleranzen (3. Schritt) ≥ .35; Durbin-Watson = 1.89; Signifikanz (einseitig): * p<.05; ** p<.01; *** p<.001

Fragestellung 14: Arbeitsintensität

Hinsichtlich der Betrachtung des moderierenden Einflusses von Störungen auf die Auswirkung verschiedener Komponenten der Zusammenarbeit auf die Teamleistung (Tab. 4.40.) zeigte sich zum einen eine statistisch relevante Interaktion für die bestehende Arbeitsintensität und auftretende Störungen mit einem Beta von -.37 (p<.05). Die Hinzunahme des Interaktionsterms führt zu einem deutlichen Varianzzuwachs von 13%. Ebenfalls signifikant präsentiert sich der Störungsindex (Beta=-.34, p<.05). Insgesamt werden 25% der Varianz (korr. R^2=.18, F(3,33)=

3.71, p<.05) durch die Koeffizienten aufgeklärt. Die Ergebnisse für die Toleranzen (≥ .89) und Durbin-Watson-Koeffizient (1.86) befinden sich in einem befriedigenden Bereich. Dieses trifft mit Ausnahme der Arbeitsintensität (T=-.01) auch auf die T-Werte zu.

Tab. 4.40.: Moderation des Zusammenhangs von Arbeitsintensität (Ai) und Leistung (TL) durch den Störungsindex (STI)

Schritt	Skala	B	SE B	Beta	T	R^2	Korr. R^2	ΔR^2	$F_{(3,33)}$
2	Konstante	4.45	.11		41.98	.25	.18	.13	3.71*
	Arbeitsintensität	.00	.28	.00	-.01				
	STI	-.02	.01	-.34*	-2.15				
	STI x Ai	-.07	.03	-.37*	-2.43				

Anmerkungen: N=37; Methode: Einschluss; Toleranzen (2. Schritt) ≥ .89; Durbin-Watson = 1.86; Signifikanz (einseitig): * p<.05; ** p<.01; *** p<.001

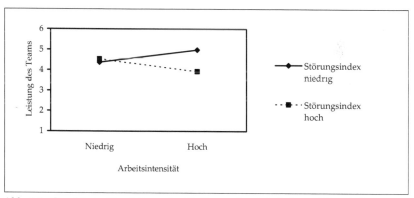

Abb. 4.6.: Graphische Darstellung des Einflusses der Arbeitsintensität auf die Leistung des Teams (Einschätzung durch den Teamleiter) moderiert durch den Störungsindex

Abbildung 4.6. verdeutlicht die Interaktion. Bei einer niedrigen Arbeitsintensität fällt die Einschätzung der Teamleistung durch den Teamleiter unabhängig von der Moderatorbedingung in den mittleren Bereich. Relevante Unterschiede zeigen sich erst bei einer hohen Ausprägung der Arbeitsintensität. So fällt die Teamleistung unter der Bedingung eines geringen Störungsindex bzw. unter einer Bedingung eines hohen Störungsindex geringer aus als zuvor beschrieben. Eine zunehmende Arbeitslast wird demnach abhängig vom Ausmaß der auftretenden Störungen in Leistung umgewandelt. Der Simple Slope

Test unterstreicht die Relevanz beider Regressionsgleichungen (Tab. 4.41.), wobei eine Signifikanz knapp verfehlt wird.

Tab. 4.41.: Simple Slopes für die Vorhersage der Leistung (TL) durch die Arbeitsintensität unter der Bedingung niedriger / hoher Störungsindex

b	Bedingung	SE	t	p
.78	niedriger Störungsindex	.39	2.01	.054
-.79	hoher Störungsindex	.46	1.72	.096

Weitergehend bestehen für die Operational Uncertainty sowie deren gemeinsamer Einfluss mit dem Störungsaufkommen keine nennenswerden Auswirkungen auf den Zusammenhang der Arbeitsintensität und der Teamleistung (Tab. 4.42. und 4.43.). Einzig der Interaktionsterm von Arbeitsintensität und Störungen weist eine Signifikanz auf (Beta = -.35; Tab. 4.43.). Der Anteil der aufgeklärten Varianz variiert deutlich sich zwischen 4 (korr. R^2=-.05, $F(3,33)$= .47, n. s.; Moderator: Operational Uncertainty) und 31% (korr. R^2=.14, $F(7,29)$= 1.82, n. s.; Moderatoren: Störungen, Operational Uncertainty). Die Durbin-Watson-Koeffizienten in beiden Analysen gute Werte auf (1.81 bis 1.92). Die Toleranzen weisen allein in Tabelle 4.43 mit ≥.38 geringere, aber noch ausreichende Werte auf. Zu beachten sind die geringen T-Werte in beiden Analysen

Tab. 4.42.: Moderation des Zusammenhangs von Arbeitsintensität (Ai) und Leistung (TL) durch Operational Uncertainty (OU)

Schritt	Skala	B	SE B	Beta	T	R^2	Korr. R^2	ΔR^2	F(3,33)
2	Konstante	4.37	.11		38.75	.04	-.05	.00	.47
	Arbeitsintensität	-.05	.30	-.03	-.17				
	O. Uncertainty	-.31	.26	-.20	-1.16				
	OU X Ai	-.14	.62	-.04	-.23				

Anmerkungen: N=37; Methode: Einschluss; Toleranzen (2. Schritt) ≥ .90; Durbin-Watson = 1.81; Signifikanz (einseitig): * p<.05; ** p<.01; *** p<.001

Tab. 4.43.: Moderation des Zusammenhangs von Arbeitsintensität (Ai) und Leistung (TL) durch den Störungsindex (STI) und Operational Uncertainty (OU)

Schritt	Skala	B	SE B	Beta	T	R^2	Korr. R^2	ΔR^2	F(7,29)
3	Konstante	4.46	.11		40.35	.31	.14	.01	1.82
	Arbeitsintensität	.10	.30	.05	.32				
	Störungsindex	-.02	.01	-.30	-1.75				
	O. Uncertainty	-.13	.32	-.08	-.39				
	STI x Ai	-.07	.03	-.35*	-2.13				
	OU x Ai	.17	.86	.05	.20				
	STI x OU	-.02	.03	-.13	-.64				
	STI x OU x Ai	-.06	.09	-.17	-.68				

Anmerkungen: N=37; Methode: Einschluss; Toleranzen (3. Schritt) ≥ .38; Durbin-Watson = 1.92; Signifikanz (einseitig): * p<.05; ** p<.01; *** p<.001

Fragestellung 15: Tätigkeitsspielraum

Als letzte Komponente des Wirkmodells wird der Tätigkeitsspielraum betrachtet. Es finden sich keine signifikanten Ergebnisse für eine Moderation des Einflusses von gegebenen Tätigkeitsspielraum auf die Leistung des Teams durch Störungen oder Operational Uncertainty (Tab. 4.44. bis 4.46.). Beginnend mit dem Störungsindex als Moderator (Tab. 4.44.) ist von keinem signifikanten Beta-Gewicht sowie einem Anteil der aufgeklärten Varianz von 21% (korr. R^2=.14; F(3,33)=3.00, p<.05) zu berichten. Die Hinzunahme des Interaktionsterms führt zu einem Zuwachs von 9% an aufgeklärter Varianz.

Tab. 4.44.: Moderation des Zusammenhangs von Tätigkeitsspielraum (Tsp) und Leistung (TL) durch den Störungsindex (STI)

Schritt	Skala	B	SE B	Beta	T	R^2	Korr. R^2	ΔR^2	F(3,33)
2	Konstante	4.39	.10		42.70	.21	.14	.09	3.00*
	Tätigkeitsspielraum	.15	.34	.07	.46				
	Störungsindex	-.02	.01	-.30	-1.91				
	STI X Tsp	.09	.05	.30	1.90				

Anmerkungen: N=37; Methode: Einschluss; Toleranzen (2. Schritt) ≥ .96; Durbin-Watson = 1.68; Signifikanz (einseitig): * p<.05; ** p<.01; *** p<.001

Weitergehend mit der Operational Uncertainty als Moderator ergibt sich mit R^2=.06 in Tabelle 4.45. eine sehr geringe Varianzaufklärung (korr. R^2=-.03; F(3,33)=1.86, n. s.). Auch ist die Hinzunahme des Interaktionsterms als nicht relevant einzustufen.

Tab. 4.45.: Moderation des Zusammenhangs von Tätigkeitsspielraum (Tsp) und Leistung (TL) durch Operational Uncertainty (OU)

Schritt	Skala	B	SE B	Beta	T	R^2	Korr. R^2	ΔR^2	F(3,33)
2	Konstante	4.37	.11		39.25	.06	.03	.00	1.86
	Tätigkeitsspielraum	.34	.43	.16	.80				
	OU	-.31	.27	-.21	-1.14				
	Tsp X OU	.19	1.13	.04	.17				

Anmerkungen: N=37; Methode: Einschluss; Toleranzen (2. Schritt) ≥ .65; Durbin-Watson = 1.84; Signifikanz (einseitig): * p<.05; ** p<.01; *** p<.001

Die abschließende Betrachtung von Störungsindex und Operational Uncertainty als gemeinsame Moderatoren (Tab. 4.46.) zeigt wiederum ein besseres, wenn auch nicht signifikantes Bild. Der Anteil der aufgeklärten Varianz beläuft sich auf 29%, welche unter der Betrachtung des korrigierten Bestimmtheitsmaßes auf 12% (F(3,33)=1.86, n. s.) deutlich absinkt. So zeigt sich auch der Varianzzuwachs durch Hinzunahme des Interaktionsterms mit 5% gering.

Tab. 4.46.: Moderation des Zusammenhangs von Tätigkeitsspielraum (Tsp) und Leistung (TL) durch den Störungsindex (STI) und Operational Uncertainty (OU)

Schritt	Skala	B	SE B	Beta	T	R^2	Korr. R^2	ΔR^2	F(7,29)
3	Konstante	4.39	.11		41.25	.29	.12	.05	1.67
	Tätigkeitsspielraum	.24	.40	.11	.59				
	Störungsindex	-.01	.01	-.15	-.80				
	O. Uncertainty	-.20	.29	-.13	-.70				
	STI x Tsp	.09	.06	.29	1.53				
	OU x Tsp	.06	1.10	.01	.05				
	STI x OU	-.02	.03	-.12	-.54				
	STI x OU x Tsp	.18	.13	.26	1.35				

Anmerkungen: N=37; Methode: Einschluss; Toleranzen (3. Schritt) ≥ .49; Durbin-Watson = 1.76; Signifikanz (einseitig): * p<.05; ** p<.01; *** p<.001

Insgesamt sind die Analysen durch schlechte T-Werte, mittelere (≥.49) bis sehr gute (≥.96) Toleranzen sowie befriedigende Durbin-Watson-Koeffizienten (1.68 bis 1.84) geprägt.

4.2.4 Ergebnisüberblick

An dieser Stelle erfolgt ein kurzer Überblick über die Ergebnisse der Fragestellungen 1 bis 15 sowie der damit verbundenen Hypothesen. Die Fragestellungen resp. Hypothesesn 1 bis 3 umfassen die Analyse der ausgewählten Komponenten auf den Ebenen des Teams, des Individuums und der Aufgabe hinsichtlich ihres gemeinsamen Beitrages zur Vorhersage der Teamleistung. Allein die Teamorganisation zeigt sich auf der Ebene des Teams relevant für die Leistung. Auch lässt sich in Fragestellung resp. Hypothese 4 kein signifikanter Zusammenhang zwischen den für das Team relevanten Störungen und der von den Mitgliedern empfundenen Unsicherheit nachweisen. Die abschließende Überprüfung getrennt nach Komponenten sowie Störungen und Operational Uncertainty als Moderatoren lässt sich in den Fragestellungen 5 bis 15 nachvollziehen. Jede Fragestellung ist mit Hypothesen von a bis c untersetzt. Einen Überblick bietet Tabelle 4.47.

Tab. 4.47.: Ergebnisüberblick

Prädiktoren \ Moderatoren	a Störungsindex	b Operational Uncertainty	c Störungsindex & Operational Uncertainty
Fragestellung 5: Kommunikation	-	-	-
Fragestellung 6: Teamorganisation	-	✓	✓
Fragestellung 7: Engagement & Verantwortung	-	-	✓
Fragestellung 8: Ziel- & Leistungsorientierung	-	✓	-
Fragestellung 9: Führung	-	-	-
Fragestellung 10: Valenz	-	-	✓
Fragestellung 11: Instrumentalität	-	-	-
Fragestellung 12: Selbstwirksamkeitserwartung	-	-	-
Fragestellung 13: Vertrauen	-	-	-
Fragestellung 14: Arbeitsintensität	✓	-	-
Fragestellung 15: Tätigkeitsspielraum	-	-	-

Unter den 33 durchgeführten Analysen befinden sich sechs statistisch relevante Zusammenhänge. Diese können unterteilt werden in vier signifikante Ergebnisse auf der Teamebene, eines auf der Ebene des Individuums und eines auf Aufgabenebene. Bei einer genaueren Betrachtung der Moderatoren lassen sich ein signifikantes Ergebnis für den Einfluss der Störungen, zwei für den alleinigen Einfluss der Operational Uncertainty sowie drei für den gemeinsamen Einfluss beschreiben. Eine detaillierte inhaltliche Diskussion findet sich im nachfolgenden Kapitel.

5 Diskussion

Im Fokus der vorliegenden Dissertation steht die Forschungsfrage, welche Aspekte der Zusammenarbeit sich auch unter einem Einfluss der Kontextbedingungen als leistungsrelevant zeigen? Eine Beantwortung erfolgt auf Basis einer Gelegenheitsstichprobe von 51 Teams (268 Mitarbeiter) aus dem wirtschaftlichen Kontext. Alle teilnehmenden Teams können gemäß der DIN 69901 (zit. n. Schelle, 1998) als Projektteams bewertet werden. Das Vorgehen der vorliegenden Dissertation ist als eine Annäherung an die in der Forschung bisher nur wenig betrachteten Konstrukte der Störungen und Verunsichungen (Operational Uncertainty) im Rahmen der Projektarbeit zu verstehen. Hierin begründet sich das allgemeine Modell. Sehr positiv hervorzuheben ist die gelungene Übertragung der Operational Uncertainty in den Kontext der Projektarbeit. Die zugewiesenen Komponenten Durchschaubarkeit, Vorhersehbarkeit, Beeinflussbarkeit, Spielraum und Konsequenzen lassen sich messtheoretisch gut bestätigen. Hier leistet die Dissertation einen wichtigen Beitrag zur Erfassung und Analyse von Kontexteinflüssen. Bekräftigung erhält auch die Relevanz der Teamstrukturen in der Projektarbeit durch die vornehmlich auf der Teamebene verankerten signifikanten Regressionsanalysen. Eine Betrachtung der einzelnen Moderatoren macht zunächst für die Störungen deutlich, wie sehr diese insbesondere unter einem hohen Arbeitsaufkommen darüber entscheiden, ob die Leistung eines Teams sinkt (viele Störungen) oder steigt (wenige Störungen). Besteht weitergehend im Team eine hohe Verunsicherung durch Störungen der Projektbearbeitung (Operational Uncertainty), so kann durch eine adäquate Teamorganisation und eine starke Ziel- & Leistungsorientierung im Team ein Leistungsdefizit ausgeglichen werden. Eine Integration beider Moderatoren in einer moderierten Regressionsanalyse veranschaulicht die Bedeutsamkeit von strukturierenden Eigenschaften wie Teamorganisation für die Zusammenarbeit im Team unter turbulenten Bedingungen. Erkennbar sind aber auch die Relevanz der individuellen Identifikation mit dem Teamziel (Valenz) sowie die Übernahme von Verantwortung im Team. Die Ergebnisse der vorliegenden Arbeit unterstreichen damit die Notwendigkeit, Umwelteinflüsse – hier in Form von Störungen und Unsicherheiten – in die Analyse von Arbeitstätigkeiten mit einzubeziehen. Unter der Berücksichtigung des moderierenden Einflusses von Störungen und Unsicherheiten entsteht ein wesentlicher Zuwachs an Varianzaufklärung für die Leistungsprädiktion, welche über die bloße Berücksichtigung von Team-, Individual- und Aufgabenmerkmalen hinausgeht.

In den nachfolgenden Abschnitten sollen die dargestellten Ergebnisse gemäß den Fragestellungen gewürdigt und diskutiert werden (Kap. 5.1). Eine übergreifende Diskussion der Ergebnisse findet in Kapitel 5.2 statt. Die anschließenden Kapitel bieten eine Einordnung der gewonnenden Erkenntnisse in den allgemeinen Forschungkontext (Kap. 5.3) sowie in die betriebliche Praxis (Kap. 5.4). Nach der Nennung von Limitationen (Kap. 5.5) erfolgt zum Abschluss der Diskussion ein Ausblick auf sich ergebende Forschungsthemen (Kap. 5.6).

5.1 Diskussion nach Fragestellungen

Die Diskussion der Fragestellungen ist in drei Abschnitte geteilt. Kapitel 5.1.1 (Fragestellungen 1 bis 3) gibt einen Einblick in den Zusammenhang von Inputfaktoren und Teamleistung auf den Ebenen des Teams, des Individuums und der Aufgabe. Der Zusammenhang von Störungen und Operational Uncertainty wird in Kapitel 5.1.2 näher betrachtet (Fragestellung 4). Abschließend erfolgt in Kapitel 5.1.3 gemäß den Fragestellungen 5 bis 15 eine detaillierte Betrachtung der Auswirkung von Störungen und Operational Uncertainty auf den Zusammenhang von Inputfaktoren und Teamleistung.

5.1.1 Zusammenhang von Inputfaktoren und Teamleistung (Fragestellungen 1 bis 3)

Der erste Abschnitt enthält die Betrachtung des Einflusses einzelner Komponenten auf den Ebenen des Teams, des Individuums und der Aufgabe auf die Teamleistung. Die unter der ersten Fragestellung (H1) aufgezählten leistungsrelevanten Komponenten der Kommunikation, Teamorganisation, Engagement & Verantwortung, Ziel- & Leistungsorientierung sowie der Führung entsprechen den Dimensionen des TeamPuls® von Wiedemann und Kollegen (2004). Valenz, Instrumentalität, Selbstwirksamkeitserwartung und Vertrauen stellen die vier Säulen des VIST-Modells von Hertel (2002) dar, für welche eine positive Auswirkung auf die Leistung angenommen wird (H2). In Hypothese H3 besteht auf der Ebene der Aufgabe die Annahme, dass Arbeitsintensität und Tätigkeitsspielraum zur Vorhersage der Teamleistung beitragen. Die beiden Komponenten sind dem FIT - Fragebogen zum Erleben von Intensität und Tätigkeitsspielraum in der Arbeit (Richter, 2010) entliehen. Einer gemeinsamen Überprüfung der Komponenten auf der jeweiligen Ebene halten die genannten Hypothesen nur teilweise stand. Lediglich die Teamorganisation trägt zur Vorhersage der Leistung des Teams bei. Ursachen für die nur teilweise hypothesenkonformen Ergebnisse können in einer geringen Güte des Messinstruments oder einer mangelnden Passung zum Untersuchungskontext vermutet werden:

Die Güte der Erhebungsinstrumente wurde im Rahmen einer Item- und Skalenanalyse (siehe Anhang A4) sowie einer konfirmatorischen Faktorenanalyse für die vorliegende Datenbasis als insgesamt zufriedenstellend bewertet. Inhaltlich sollen insb. der Teampuls® und der FIT betrachtet werden: Das Teamdiagnoseverfahren TeamPuls® wurde von Wiedemann et al. (2004) entwickelt, um Informationen für die Zusammenarbeit in Gruppen zu erhalten. Als Einsatzgebiet nennen die Autoren „Teams und Arbeitsgruppen in allen Bereichen" (Wiedemann et al., 2004, S. 4). Eine Übertragung auf Projektteams scheint damit möglich. Nicht auszuschließen ist allerdings, dass die Vernachlässigung von projektspezifischen Komponenten wie dem Umgang mit Zeitdruck oder das Spannungsfeld zwischen inhaltlichem Projektziel und vorgegebenem finanziellen Rahmen, welche durchaus die Zusammenarbeit in Gruppen beeinflussen können (vgl. Schelle, 1998), einen Einfluss auf das Ergebnis hat.

Der FIT-Fragebogen dient insbesondere der orientierenden, personenbezogenen Analyse von gesundheitsrelevanten Arbeitsanforderungen. Nach Rau (2004) sowie Richter et al. (2007) kann der FIT auch zur Beantwortung anderer Fragestellungen herangezogen werden. Für einen Zusammenhang zur Leistung von Teams kann eine Begründung genannt werden (vgl. Kap. 2.2.3.3), es liegen jedoch keine aussagekräftigen Studien vor. Da dieses hier ebenfalls nicht gelungen ist, besteht die Frage, ob überhaupt und wenn ja, unter welchen Bedingungen, ein statistisch relevanter Zusammenhang zwischen den FIT-Komponenten der Arbeitsintensität und des Tätigkeitsspielraums zur Leistung von Teams besteht. Weitergehend ist eine Anmerkung von Rau, Morling und Rösler (2010) zu berücksichtigen: Ihrer Meinung nach, vermag eine hohe Arbeitsintensität, wie es in Projekten in der Regel der Fall ist, die Pufferwirkung des Tätigkeitsspielraums aufzulösen. Die Autorinnen bringen es wie folgt auf den Punkt: Es steht frei, Tätigkeits- resp. Handlungsspielräume zu nutzen, auf intensive Anforderungen muss dagegen zeitnah reagiert werden. Abschließend kann darauf aufbauend ein weiterer Grund in der ursprünglich individuellen Ausrichtung des Verfahrens gesehen werden. Unter Umständen werden relevante Aspekte der (Gruppen-)Aufgaben in Projektteams nicht ausreichend abgebildet. Vorstellbar ist eine Ergänzung um Zeitdruck, Komplexität (für eine Abgrenzung zur Unsicherheit sowie zur Bedeutung von Komplexität für die Zusammenarbeit vgl. Cordery et al., 2010) oder Neuartigkeit der Aufgabe.

Zusammenfassend findet sich in den multiplen Regressionsanalysen zu den Fragestellungen 1 bis 3 nur ein signifikantes Beta-Gewicht (Teamorganisation, H2), was zu einer Zurückweisung der mit den Fragestellungen verbundenen Hypothesen führt. In den anschließenden Diskussionen konnten Ansätze zur Begründung der mangelnden Signifikanzen, jedoch keine abschließende Erklärungen gefunden werden. So gewinnt die Forderung von Kozlowski und Bell (2003) nach einer stärkeren Berücksichtigung der organisationalen Kontextbedingungen vermehrt Bedeutung. Gemäß Kap. 2.3.3 wurden hierfür der Störungsindex sowie die Operational Uncertainty ausgewählt. Eine nähere Betrachtung erfolgt im nachfolgenden Abschnitt.

5.1.2 Zusammenhang von Störungen und Operational Uncertainty

Der zweite Abschnitt der Fragestellungen stellt die Entwicklung und Erprobung des Konstrukts der Operational Uncertainty in den Vordergrund, welches von Wall und Kollegen 2002 das erste Mal detaillierter beschrieben wurde. Hinsichtlich der Erfassung von Störungen und Operational Uncertainty stellt diese Arbeit durch die umfassendere Dokumentation und die Analyse von Zusammenhängen der beiden Komponenten eine Erweiterung zu Debitz (2005) dar. Die Güte des neu entwickelten Instruments unterstreichen die positiven Kennzahlen der Item- und Skalenanalyse.

In Bezug auf die Störungsquellen steht die Klarheit des Projektauftrages bzw. ein Mangel dessen mit einer ebenso häufigen wie hohen Bewertung im Vordergrund. Dieses deckt sich mit einer Studie der Akademie für Führungskräfte der Wirtschaft GmbH (www.die-akademie.de/download/studien/AkademieStudie1997.pdf [19.09.2008]). Für die weiteren Störungsquellen ist ein Ungleichgewicht zwischen der Häufigkeit der Nennung und des eingestuften Störungsausmaßes zu beobachten. Auch Milliken (1989) merkt an, das die Auswahl der relevanten Umweltkomponenten durch die Mitarbeiter Aufschluss über deren Wahrnehmung der Umwelt und ihrer Unsicherheiten gibt.

Während Probleme hinsichtlich der zeitlichen Planung sowie der Verfügbarkeit und Qualität von Produktbestandteilen häufig auftreten, verursachen doch eher das Fehlen von Verbrauchsmaterialien, mangelnde Absatzmöglichkeiten des Produktes oder eine eingeschränkte Qualität der Informationstechnik Störungen in der weiteren Projektbearbeitung. Beachtenswert ist ebenfalls die vielfache Einstufung der mangelnden Verfügbarkeit der Ansprechpartner beim Kunden als Störfaktor, während erst die Qualität der darüber benötigten Informationen als einflussreich bewertet wird. Eine erhebliche Anzahl von Nennungen sowie eine hohe Ausprägung des Störungsindex sind für die Klarheit des Projektauftrages zu verzeichnen. Ein ähnliches Bild für die Bewertung der Störungsquellen durch Experten findet sich auch bei Debitz (2005) für das produzierende Gewerbe. Hier verursachen Probleme rund um Personal, Infrastruktur, Ansprechpartner und Produktbestandteile essentielle Störungen. Hinsichtlich der Anzahl der Nennungen der Störungsquellen befinden sich bei Debitz (2005) keine genaueren Angaben. Ein homogeneres Bild bezüglich der Anzahl der Nennungen und Einstufung der Quellen zeigt sich für die Operational Uncertainty. In beiden Bereichen dominieren Aspekte bezüglich der Mitarbeiter im Projekt (Verfügbarkeit und Anzahl), der Planung (zeitlich und inhaltlich) sowie des Projektauftrages. Zusätzlich nennen die Teammitglieder häufig mangelhafte/fehlende Dokumentationen, Handbücher oder Spezifikationen als Quelle für Verunsicherung. Eine sehr hohe Ausprägung der Operational Uncertainty zeigt sich insbesondere für die Unüberbrückbarkeit kultureller Unterschiede, unterschiedliche Zeitzonen und eine mangelhafte Kommunikation via Informationstechnologie (Email, Groupwaresysteme, etc.). Für die letztgenannten Aspekte findet sich jedoch nur eine geringe bis mittlere Häufigkeit der Nennungen. Als Grund für die unterschiedliche Beurteilung der einzelnen Aspekte durch die Führungskraft (Störungsindex) und das Team (Operational Uncertainty) kann nach den Erfahrungen der

Autorin in den zugrunde liegenden Interviews der unterschiedliche Blickwinkel der Führungskraft auf die Ereignisse im gesamten Projekt bzw. der Fokus der einzelnen Teammitglieder auf ihre individuellen Aufgaben genannt werden. So kann es vorkommen, dass Führungskräfte Mitarbeitern von Störungen nicht umfassend berichten (z. B. Probleme hinsichtlich des Verkaufs der Produkte, welche das Team demotivieren könnten) und umgekehrt (z. B. Unstimmigkeiten im Team, die die Produktivität der einzelnen Mitarbeiter einschränken können).

Nach der Betrachtung der Quellen von Störungen und Operational Uncertainty folgt die Bestimmung des Zusammenhangs zwischen Störungsindex und Operational Uncertainty. Hier besteht die Hypothese eines positiven Zusammenhangs zwischen Störungen und Operational Uncertainty (Fragestellung 4, H4). Gemäß der korrelativen Analysen auf Ebene der aggregierten Daten besteht kein signifikanter Zusammenhang zwischen Operational Uncertainty und dem Störungsindex (.21, p=.14). Wie sich in der unterschiedlichen Nennung und Bewertung von Quellen schon abgezeichnet hat, kann damit die Hypothese nicht als bestätigt angesehen werden. Dieses Ergebnis entspricht der Beobachtung mehrer Autoren (Downey et al., 1975; Duncan, 1972; Tosi, Aldag & Storey, 1973; zit. n. Milliken, 1987), welche für die bestehenden Instrumente zur Unsicherheitserfassung oft nur eine geringe Reliabilität und Validität fanden bzw. keinen Zusammenhang zwischen objektiven Kennzeichen der Unternehmensumwelt und der wahrgenommenen Umweltunsicherheit nachweisen konnten.

Grundsätzlich ist der Begriff der Unsicherheit vornehmlich auf individueller Ebene verankert (z. B. als eingeschränktes oder nicht vorhandenes Wissen über Häufigkeiten, Wahrscheinlichkeiten, Kausalzusammenhänge oder Gegebenheiten; vgl. Jungermann, Pfister & Fischer, 1998). Wie in Kapitel 2.3.3 dargestellt, kann der Begriff noch weitere Facetten aufweisen: Im Fokus vieler betriebswirtschaftlicher Forschungsansätze (z. B. Thompson, 1967, Lawrence & Lorsch, 1967;

Duncan, 1972, Milliken, 1987) steht die Beziehung zwischen Organisationen und ihrer Umwelt („environmental uncertainty" bzw. „perceived environmental uncertainty"). Lawrence und Lorsch (1967) legen das Hauptaugenmerk auf die für die jeweilige Aufgabenbewältigung bestehende Umwelt (-unsicherheit) eines Subsystems einer Organisation. Die vorgestellten Facetten sowie der geringe Zusammenhang von Operational Uncertainty und Störungen lässt die Frage entstehen, ob ein Angleichen der Betrachtungsebene und eine stärkere Abstimmung der beiden Komponenten hilfreich sein könnten. So wäre eine Erfassung der Operational Uncertainty auf Teamebene in der Art denkbar, dass - orientiert an den zuvor ausgewählten Störungsquellen - bewertet werden sollte, in welchem Umfang Unsicherheiten hieraus für die weitere Bearbeitung der Aufgabe entstehen. Die Bewertung beider Komponenten sollte von Mitarbeitern und Führungskraft gleichermaßen erfolgen (Milliken, 1989). Auf diesem Wege ergibt sich die Möglichkeit, Zusammenhänge von Störungen und Unsicherheiten nicht nur auf der jeweiligen Ebene (Team, Individuum, Aufgabe), sondern auch zwischen den Hierarchiestufen (Führungskraft, Mitarbeiter) detailliert zu analysieren. Zunächst regt der fehlende Zusammenhang dazu an, Störungen und Operational Uncertainty zunächst getrennt von einander zu betrachten. Dieses verschafft zudem detailliertere Informationen über die Bedingungen, unter denen sie als Moderatoren wirksam werden.

5.1.3 Auswirkungen von Störungen und Operational Uncertainty

Die nachfolgenden Fragestellungen 5 bis 15 sind dreigeteilt: In den ersten beiden Fragestellungen werden die der Ergebnisse für die beiden Moderatoren Störungen (a) und Operational Uncertainty (b) getrennt dargestellt. Die 3. Fragestellung überprüft den gemeinsamen Einfluss der Moderatoren (c).

5.1.3.1 Ebene des Teams (Fragestellungen 5 bis 9)

Teams gelten in dem Bereich der Projektarbeit, welcher durch eine hohe Dynamik und Unsicherheit geprägt ist, als „Geheimwaffe" für ein erfolgreiches Abschließen der Aufgabe (Deutsche Gesellschaft für Projektmanagement (http://www.gpm-ipma.de/docs/01001 [19.09.2008]). Als Aspekte der Teamarbeit sollen die Kommunikation im Team (Fragestellung 5), die Teamorganisation (Fragestellung 6), Engagement & Verantwortung (Fragestellung 7), Ziel- & Leistungsorientierung (Fragestellung 8) sowie Führung (Fragestellung 9) gemäß ihrer Wirkung auf die Leistung unter Berücksichtigung von Störungen und Operational Uncertainty als kontextbezogene Moderatoren betrachtet werden.

In der Fragestellung 5 steht die Kommunikation im Team im Vordergrund. Gemäß Kozlowski & Bell (2003) wird sie neben Koordination und Kooperation als essentiell für die Effektivität und den Erfolg von Teams angesehen. Dieses gilt auch für die Arbeit in Projekten (Brodbeck, 1994) sowie für die Erreichung von schwierigen Zielen oder den Umgang mit schwierigen Situationen (Wegge, 2004). Die Fragestellungen H5a bis H5c betrachten den postulierten Zusammenhang unter dem Einfluss von Störungen und Operational Uncertainty. Eine besondere Relevanz der Kommunikation unter diesen Bedingungen muss jedoch verneint werden. Eine Begründung ist in der Erfassung der Kommunikation zu vermuten: Die Einschätzung der Kommunikation im Team basiert auf vier Items des TeamPuls® (Wiedemann et al., 2004) und umfasst die Weitergabe von Informationen, den konstruktiven Umgang mit Kritik und Konflikten sowie das Treffen gemeinsamer Entscheidungen. Diese Aspekte können als unerlässlich für die Leistung von Teams angesehen werden, bilden aber u. U. nicht die ausschlaggebenden Kommunikationsmerkmale für den Erfolg insbesondere unter dem Einfluss von Störungen ab. Eine Ausrichtung des vielfältigen Konstrukts Kommunikation an der Aufgabe des Teams fordern Kozlowski und Bell (2003). Dabei sollte das Ausmaß der für die Aufgabenerfüllung notwendigen Informationen und die Schwierigkeit der Abstimmung von gemeinsamen Aufgaben berücksichtigt werden. Vorstellbar wären für die zu erfassende Kommunikation in Projektteams auch z. B. eine verständliche Darstellung der Situation oder eine klare Verteilung der weiteren Aufgaben. Vermutlich zeichnet sich eine erfolgsrelevante Kommunikation im Team unter einer hohen Verunsicherung durch eine beruhigendere, persönlichere und emotionalere Ansprache aus.

Die sechste Fragestellung widmet sich der Teamorganisation, welcher in der dynamischen und störungsanfälligen Projektarbeit eine leistungsrelevante Rolle zugeschrieben wird (Gemuenden & Hoegl, 1999, 2000). Diese Annahme bestätigt sich nicht unter der alleinigen Moderation von Störungen (H6a). Ein konformeres Bild zeigt sich dagegen für die Hypothese H6b: Das Ausmaß der Operational Uncertainty moderiert den Einfluss der Teamorganisation auf die Teamleistung. Besteht nur eine geringe Verunsicherung, ist die Güte der Teamorganisation in ihrer Wirkung auf die Leistung des Teams zu vernachlässigen. Unter einer hohen Operational Uncertainty wird deutlich, wie sehr eine durch Verunsicherung herabgesetzte Teamleistung durch eine hohe Organisation an das Leistungsniveau bei geringer Operational Uncertainty wieder herangeführt werden kann. Die Organisation ermöglicht demnach durch klare Aufgabenverteilungen, einen angemessenen Abstimmungs- und Besprechungsaufwand sowie Zeit zum Problemlösen eine Erhaltung der Leistungsfähigkeit trotz hoher Verunsicherung im Team. Die Relevanz der Teamorganisation wird noch deutlicher, treten ein hoher Störungsindex und eine hohe Operational Uncertainty gemeinsam auf (H6c). Alle Prädiktoren klären gemeinsam beachtenswerte 50% der Varianz auf. Wie in der vorangegangenen Analyse kann die Leistung des Teams von einem geringen (hohe Ausprägung der Moderatoren) bzw. mittleren (geringe Ausprägung der Moderatoren) auf ein hohes Niveau gesteigert werden. Der konträr verlaufende Zusammenhang unter einem hohen

Störungsaufkommen bei gleichzeitig geringer Verunsicherung im Team soll in dem nachfolgenden Abschnitt umfassend diskutiert werden.

Für das Arbeiten unter Störungseinfluss oder unter unsicheren Bedingungen wird für das Engagement und die Verantwortung im Team eine zentrale Rolle angenommen (Fragestellung 7). In Hypothese H7a erfolgt die Betrachtung des Moderators Störungsindex, Hypothese H7b fokussiert den Einfluss der Operational Uncertainty. Beide Analysen werden nicht bestätigt. Statistisch relevante Ergebnisse zeigen sich erst, wenn die beiden Moderatoren zusammenwirken (Hypothese H7c). Hypothesenkonform findet sich der stärkste Leistungszuwachs bei zunehmendem Engagement & Verantwortung im Team in störungs- und unsicherheitsintensiven Situationen. Die statistische Relevanz dieses Zusammenhangs wird durch einen signifikanten Simple-Slope-Test unterstrichen. Gleichermaßen bestätigend zeigt sich der positive, aber flache Verlauf der Geraden für die Bedingung mit geringen Störungen und geringer Unsicherheit. Die Ergebnisse decken sich mit der Annahme, dass der Zusammenhang von Engagement & Verantwortung und Leistung durch Störungen und Operational Uncertainty derart moderiert wird, als das der Zusammenhang unter der hohen Bedingung deutlich stärker ausfällt. Ähnlich wie bei den vorangegangenen signifikanten Ergebnissen zeigt sich auch für die TeamPuls®-Dimension Engagement & Verantwortung wieder ein negativer Zusammenhang zwischen dem Prädiktor und dem Kriterium unter einem starken Störungseinfluss, aber einer geringen Verunsicherung im Team. Auch wenn das Team sich im Vergleich zu anderen nicht geschlossen in der Verantwortung sieht, sich wenig auf Fehler aufmerksam macht oder die Leistung des anderen nicht umfassend anerkennt, so schätzt der Teamleiter trotz hohem Störungsaufkommens die Leistung des Teams als sehr hoch ein. Ebenso hier kann vermutet werden, dass die hauptsächliche Verantwortung und das Engagement gegenüber Auftraggebern und Vorgesetzten beim Teamleiter liegt. Sobald diese Aufgaben verstärkt vom Team wahrgenommen werden, kann eine realistische Einschätzung der Leistung entstehen. Denkbar wäre auch, dass die Leistung des Teams für den Teamleiter schwerer einzuschätzen ist, wenn sich die Verantwortung auf mehrere Mitarbeiter verteilt. Eine abschließende Bewertung ist jedoch mit den vorliegenden Daten nicht möglich. Beachtenswert ist die (teilweise nur knapp verfehlte) Unabhängigkeit dieser Bedingung zu der Bedingung einer niedrigen (Bedingung 4; Slope differences signifikant) oder hohen Ausprägung beider Moderatoren (Bedingung 2; Slope differences nicht signifikant). Dieses hebt die Besonderheit der Bedingung 2 nochmals hervor.

Um eine Leistungserbringung in turbulenten Umwelten zu erleichtern, können spezifische Ziele Orientierung für das individuelle Handeln der Mitarbeiter bieten (vgl. Nerdinger, 1995). Der Fragestellung 8 liegt daher die Betrachtung der positiven Auswirkung der Ziel- & Leistungsorientierung auf die Teamleistung unter dem Einfluss der Moderatoren Störung und Operational Uncertainty zugrunde. Zunächst soll in Fragestellung H8a der Einfluss der Störungen auf den Zusammenhang von Ziel- & Leistungsorientierung und Teamleistung betrachtet werden, welcher sich nicht signifikant zeigt. Eine Zielvorgabe stellt nach DIN 69901 (zit. n. Schelle, 1998) ein wesentliches Merkmal eines Projektes dar, aus welcher sich die Anforderungen an die Unternehmensführung, das Management sowie an die Projektleiter und – mitarbeiter ableiten lassen. Eine gewisse Ausrichtung auf Ziele besteht demnach in einem Projekt von vornherein. Ihre Wirkung auf die Mitarbeiter und deren Leistung unterstreicht das signifikante Beta-Gewicht der Ziel- & Leistungsorientierung. Die besondere Relevanz unter dem Einfluss von Störungen lässt sich jedoch nicht nachweisen. Möglicherweise ist die Zielorientierung für die Projektarbeit derart prägend, dass eine Verstärkung bei bestehenden Störungen nicht notwendig erscheint.

Weitergehend erfolgt in Hypothese H8b die Überprüfung des moderierenden Einflusses von Operational Uncertainty auf den Zusammenhang von Ziel- & Leistungsorientierung und Teamleistung. Die signifikante Regressionsanalyse macht deutlich, wie sehr eine hohe Ziel- & Leistungsorientierung ein durch Unsicherheit geprägtes Team von einem mittleren auf ein hohes Leistungsniveau heben kann. Besteht keinerlei Verunsicherung, so hat auch das Ausmaß der Ziel- & Leistungsorientierung keinen Einfluss. Unsicherheit kann als ein Gefühl von Zweifel verstanden werden (Lipshitz & Strauss, 1997), welches Handlungen blockiert oder verzögert. Ein Team mit einer hohen Verunsicherung, das nicht weiß, wie es im Projekt konkret weitergehen soll, findet in den Zielvorgaben Orientierung bzw. einzelne Anknüpfungspunkte anhand derer ein Projektplan aktualisiert werden kann. Hilfreich ist dabei das Setzen von Prioritäten, wie es in der Zusammenstellung der TeamPuls®-Items zur Erhebung der Ziel- & Leistungsorientierung erfasst wird. Nahezu die gleichen Werte ergeben sich für die Hypothese H8c. Auch wenn eine Interaktion nicht nachgewiesen werden konnte, so zeigen sich doch wieder signifikante Beta-Gewichte für die Ziel-& Leistungsorientierung, die Operational Uncertainty sowie beider Interaktionsterme. Dieses Ergebnis bestätigt die vorangegangenen Annahmen.

Die Führung von Teams stellt die letzte zu betrachtende TeamPuls®-Dimension dar (Fragestellung 9). Es wird in Hypothese H9a vermutet, dass sich eine hohe Ausprägung der Teamführung unter störungsintensiven Bedingungen positiv auf die Teamleistung auswirkt. Es zeigt sich allein das Beta-Gewicht der Führung signifikant. Dieses Ergebnis stützt die Relevanz der Führung für die Leistung von Projektteams, widerlegt aber die Annahme der regulierenden Funktion von Führung unter dem Einfluss von Störungen. An dieser Stelle sei nochmals an das „Regulierungspotential" der Mitarbeiter erinnert, welches in nachfolgenden Studien stärker gewürdigt werden müsste. Es sollte eine Differenzierung des (Selbst-) Führungsaspekts nach der Person (Führungskraft oder Mitarbeiter), aber insbesondere auch nach Möglichkeit von autonomen Entscheidungen in einem so strikt an die Vorgaben des Kunden gebundenen Arbeitssystems erfolgen. Letzteres könnte Klarheit in der Frage bringen, ob und wenn ja welche Art der Autonomie in der Projektarbeit relevant ist (vgl. Campion et al., 1993; Campion et al., 1996; Cohen & Bailey, 1997).

Ebenso wenig wie für Störungen ist auch für Operational Uncertainty kein moderierender Einfluss auf den Zusammenhang von Führung und Teamleistung nachweisbar (Ablehnung der Hypothese H9b). Ähnliches gilt für die Hypothese H9c, der gemeinsame Einfluss von Störungen und Operational Uncertainty. Grundlage der Erfassung von Führung sind sechs Items des TeamPuls®-Verfahrens, welche sich auf die Zusammenarbeit des Teamleiters mit dem vollständigen Team beziehen. Wird die Aufgabenteilung innerhalb eines Projektteams betrachtet, so ist festzustellen, dass viele Mitarbeiter unterschiedliche Aufgaben bearbeiten. Dieses kann zu einer unterschiedlichen Betroffenheit durch Störungen (z. B. fehlende Produktbestandteile betreffen nur einen Teil des Teams) und damit auch zu differierenden Unsicherheiten hinsichtlich der weiteren Projektbearbeitung führen. Hier soll ein Blick auf die Zusammenarbeit von Teamleiter und einzelnem Teammitglied gewagt werden, die u. U. eine direktere, schnellere Hilfe im Umgang mit Unsicherheiten in der weiteren Projektbearbeitung darstellt. Hinweise bieten dyadische Führungstheorien, wie z. B. die Leader-Member-Exchange (LMX)- Theorie von Graen und Uhl-Bien (1995). Ziel des Forschungsansatzes ist es, zu allen Mitgliedern eine möglichst hochqualitative Partnerschaft zu entwickeln, um so mögliche Eigeninteressen in übergeordnete Gruppenziele zu überführen. Hierbei entsteht zusätzlich ein besonders guter Teamzusammenhalt, der die Gruppe zu Höchstleistungen im Dienste der gemeinsamen Aufgabe motiviert. Diese enge, vertrauensvolle und unterstützende Partnerschaft könnte in (Krisen-) Situationen, in denen die weiteren Tätigkeitsschritte mit Unsicherheit behaftet sind, erleichternd wirken. Denkbar wäre eine Erweiterung des

Fragebogens um Aspekte aus dem LMX zum persönlichen Einsatz des Vorgesetzten (Macht, Einfluss) hinsichtlich der Hilfe bei arbeitsbezogenen Problemen oder in Notsituationen (auch auf eigene Kosten). Weiteren Aufschluss über den Zusammenhang von Führung und Operational Uncertainty könnten auch die Annahmen zur Transformationalen / Charismatische Führung (vgl. House & Shamir, 1993; Bass & Avolio, 1993) geben, welche sich auch für Umbruchsituationen oder Krisen eignen soll. In derartigen Situationen könnte eine derartige Führungskraft durch ihr Charisma resp. die Bewunderung und das große Vertrauen der Mitarbeiter in die Fähigkeiten der Führungskraft (idealized influence), die Vermittlung von Sinn und Zuversicht zur Motivation (inspirational motivation), das Anregen zum eigenständigen Problemlösen (intellectual stimulation) oder die individuelle Unterstützung (individualized consideration) zu hoher Leistung animieren.

5.1.3.2 Ebene des Individuums (Fragestellungen 10 bis 13)

In diesem Abschnitt liegt der Fokus auf dem einzelnen Mitarbeiter im Team, welcher in dynamischen und risikoreichen Systemen agiert. Unter diesen Bedingungen können individuelle Handlungen erschwert und damit die Leistungserbringung beeinträchtig sein. Um Projekt erfolgreich abzuschließen, gilt es, individuelle Motivation zu erhalten oder noch zu steigern. Hierzu wurde der Einfluss der VIST-Komponenten (Hertel, 2002) Valenz (Fragestellung 10), Instrumentalität (Fragestellung 11), Selbstwirksamkeitserwartung (Fragestellung 12) und Vertrauen (Fragestellung 13) auf die Teamleistung unter dem Einfluss der Moderatoren Störungsindex und Operational Uncertainty betrachtet.

Beginnend mit der Valenz als Indikator für die subjektive Bedeutung des Gruppenzieles für das Teammitglied zeigt sich kein moderierender Einfluss der Störungen (H10a) oder Operational Uncertainty (H10b). Ein signifikantes Ergebnis findet sich erst in der gemeinsamen Berücksichtigung der beiden Moderatoren (H10c). Auch hier findet sich ein ähnliches Muster wie in den vorangegangenen

Dreifachinteraktionen: Es ist insbesondere eine positive Auswirkung der Valenz auf die Teamleistung unter einer hohen bzw. niedrigen Ausprägung beider Moderatoren zu beobachten (signifikante Simple Slope Tests). Hypothesenkonform findet sich ein stärkerer Zusammenhang von Valenz und Teamleistung in einer störungs- und unsicherheitsintensiven Umgebung. Ähnlich wie bei der Ziel- & Leistungsorientierung des Teams trägt damit der individuelle Wert des Teamzieles dazu bei, sich auch in störungs- und unsicherheitsintensiven Situationen auf relevante Handlungserfordernisse zu fokussieren und zusätzliche Anforderungen erfolgreich zu bewältigen.

Bestandteile der Erwartungs x Wert-Theorien (z. B. Atkinson, 1957; Vroom, 1964) sind neben der Wert-Komponente Valenz die Erwartungskomponenten Instrumentalität, Selbstwirksamkeitserwartung und Vertrauen, welche nachfolgend genauer betrachtet werden sollen (vgl. Hertel, 2002). Instrumentalität stellt die erste Erwartungskomponente im VIST-Modell dar. Sie bildet die Bedeutung des eigenen Beitrags für die Erreichung des gemeinsamen Zieles ab. Es besteht jedoch kein Einfluss der Instrumentalität auf die Teamleistung unter Berücksichtigung von Störungen und Operational Uncertainty (Fragestellung 11a bis c). Der Mangel an Ergebnissen verwundert, da durch die Items der Instrumentalität Aspekte abgedeckt werden, welche in schwierigen Situationen relevant erscheinen. Dazu gehören die fachliche Hilfe für andere Teammitglieder sowie der fachliche Beitrag zur Lösung von Problemen, welche insbesondere in einem störungsintensiven Kontext von Bedeutung sein könnten. Eine Erklärung des Mangels an Ergebnissen anhand inhaltlicher Formulierungen ist demnach abzulehnen. Ein Grund kann in dem Zusammenspiel der Modellkomponenten vermutet werden: Um die Bedeutung des eigenen Beitrags zu kennen, sollte eine Durchschaubarkeit des Systems resp. des Projekts sowie die Kenntnis der Konsequenzen des eigenen Handelns bestehen. Gemäß den Annahmen in Kap. 2.4.2 besteht diese Kenntnis nur bedingt unter einer hohen

Ausprägung der Operational Uncertainty. So entsteht ein Widerspruch, wenn alle Teammitglieder aufgrund einer geringen Kenntnis des Systems und der Konsequenzen eine hohe Operational Uncertainty angeben haben, sich gleichzeitig dennoch eine hohe Bedeutung des eigenen Beitrags zuweisen, welche wiederum Wissen über System und Konsequenzen beinhaltet.

Als zweite Erwartungskomponente kann die Selbstwirksamkeitserwartung genannt werden (Fragestellung 12). Zwar wird in den multiplen Regressionsanalysen der positive Einfluss der Selbstwirksamkeitserwartung und der negative Einfluss der Störungen auf die Teamleistung deutlich, es zeigt sich jedoch in den Hypothesen H12a (Störungen), H12b (Operational Uncertainty) und H12c (beide Moderatoren) keine Signifikanz für die Interaktionsterme. Eine Deutung der Ergebnisse wird durch die wenig explizite Literatur zur Wirkweise von Selbstwirksamkeitserwartung unter dem Einfluss von Störungen und Operational Uncertainty erschwert. Dennoch können Hinweise zur Erklärung der mangelnden Bestätigung von Hypothese H12a (Störungen) im angrenzenden Forschungsbereich zur Task Complexity gefunden werden. Zu beachten ist, dass Task Complexity die Vielfältigkeit von Anforderungen und Informationen repräsentiert als eine Notwendigkeit zum Problemlösen, wie es bei Störungen der Fall ist. Judge et al., (2007) weisen einen stärkeren Zusammenhang von Selbstwirksamkeitserwartung und Leistung unter einer geringen Task Complexity nach. Da im Rahmen der Projektarbeit von einem vermehrten Aufkommen von Störungen und damit u. U. von einer größeren Komplexität auszugehen ist, kann die mangelnde Signifikanz auf den geringer werdenden Zusammenhang zurückgeführt werden. Hypothese H12b beinhaltet die Annahme, dass Selbstwirksamkeitserwartung Mitarbeitern helfen kann, bei Bestehen von Unsicherheiten im Team bzgl. der weiteren Projektbearbeitung Kräfte zu mobilisieren und Rückschläge auszugleichen, um so zur gemeinsamen Leistung beizutragen. Grundsätzlich rät Bandura (1977) unabhängig von der Annahme, ob es sich um eine generelle oder um eine situationsspezifische Ausprägung handelt, die vorherrschende Situation zu berücksichtigen. 1986 verdeutlichte er die Aussage, in dem er Selbstwirksamkeitserwartung als „task specific self confidence" bezeichnete. Ist nun die Fortführung der Aufgabe mit Unsicherheiten behaftet, so entsteht die Frage, ob in dieser Situation überhaupt Selbstwirksamkeitserwartung ent- bzw. bestehen kann?

Die vierte Komponente des VIST-Modells ist das Vertrauen im Team. In Fragestellung 13 wird die Moderation des Einflusses von Vertrauen im Team auf die Leistung unter Störungen und Operational Uncertainty betrachtet. Die Annahmen der Hypothesen H13a (Störungen), H13b (Operational Uncertainty) und H13c (beide Moderatoren) können nicht bestätigt werden. Eine Betrachtung der Items der vierten VIST-Modellkomponente lässt jedoch durchaus auf eine positive Auswirkung auf die Leistung schließen. So können das Vertrauen in die Kompetenz und Einsatzbereitschaft als hilfreich im Umgang mit Störungen oder die Möglichkeit sich vertrauensvoll über Schwierigkeiten in der Arbeit auszutauschen als unterstützend für den Umgang mit Unsicherheiten gewertet werden. Die mangelnde Bestätigung der Hypothese steht allerdings im Einklang mit der Beobachtung, dass der Einfluss von Vertrauen auf Gruppenebene nur schwer nachzuweisen erscheint (Dirks, 2000, und Friedlander, 1970, beide zit. n. Dirks & Ferrin, 2001). Dirks (1999) rät, statt eines direkten Einflusses von Vertrauen, im Gruppenkontext eher eine moderierte Auswirkung der Motivation und des Gruppenprozesses auf die gemeinsame Leistung anzunehmen. Dieses sollte in nachfolgenden, komplexeren Modellen zu Wirkungen von Störungen und Unsicherheiten mit berücksichtigt werden.

5.1.3.3 Ebene der Aufgabe (Fragestellungen 14 und 15)

Auf der Aufgabenebene sollen die Komponenten des FIT (Richter, 2010) Arbeitsintensität (Fragestellung 14) und Tätigkeitsspielraum

(Fragestellung 15) untersucht werden. Ihr Einfluss auf die Teamleistung unter Berücksichtigung der kontextualen Faktoren Störungen und Operational Uncertainty soll an dieser Stelle betrachtet werden.

Fragestellung 14 beginnt mit der Betrachtung des Einflusses der Arbeitsintensität. Von den drei aufgestellten Hypothesen lässt sich einzig die Hypothese H14a bestätigen. In der multiplen Regressionsanalyse zeigt sich ein signifikant negativer Einfluss des Störungsindexes und des Interaktionsterms auf die Teamleistung. Dieses unterstreicht zunächst die dämmende Wirkung der Störungen auf die Leistung des Teams. Weiter moderieren die auftretenden Störungen die Auswirkungen von zunehmender Arbeitsintensität in der Hinsicht, dass die Mehrarbeit unter einer störungsarmen Bedingung in eine höhere Leistung umgewandelt werden kann, während ein hoher Störungsindex und ein verstärktes Arbeitspensum die Leistung des Teams deutlich verringern. Allgemein können Aufgaben in Projekten als hoch komplex, dynamisch und ohne Routinetätigkeit beschrieben werden (vgl. Brodbeck; 1993, 2001). Das Ergebnis ist vor dem Hintergrund, dass sich Tätigkeiten ohne Unterbrechungen oder Verzögerungen von Außen schnell bearbeiten lassen und damit eine erhöhte Teamleistung entsteht, schlüssig. Ebenso nachvollziehbar erscheint die Beobachtung, dass wenn z. B. kurz vor dem Erreichen eines Meilensteins die Notwendigkeit besteht, Aufgaben fertigzustellen, ein zusätzliches Auftreten von Störungen, verbunden mit einem erhöhten Zeitaufwand für Problemlöse- oder Abstimmungsprozesse, einer Neukoordination der Aufgaben o. ä. die Möglichkeit zur Leistungserbringung eines Teams deutlich einschränken kann. Da die Aussagen nur knapp nicht vom Simple Slope Test bestätigt werden, sollte die Hypothese mit einer größeren Stichprobe (hier auf Basis von 37 Teams) erneut überprüft werden.

Nicht bestätigt werden konnten die Hypothesen H14b (Moderator: Operational Uncertainty) und H14c (Moderatoren: Störungen und Operational Uncertainty). Der mangelnde Einfluss der Operational

Uncertainty ist u. U. darauf zurückzuführen, dass, unabhängig vom eigenen Empfinden, die Aufgaben im Projekt bearbeitet werden müssen, um die gesteckten Ziele zu erreichen. Eine abschließende inhaltliche Erklärung findet sich jedoch nicht. Nicht unerwähnt bleiben sollte die fehlende bzw. minimale Gewichtung der Arbeitsintensität an sich in den multiplen Regressionsanalysen. Diese Beobachtung steht im Einklang mit den wenigen publizierten Studien zu Arbeitsintensität und Leistung (vgl. Jex, 1998), in denen in der Regel nur geringe bis mittlere Zusammenhänge nachgewiesen werden konnten. Umso mehr gilt es, die Moderation des Zusammenhangs von Arbeitsintensität und Teamleistung durch die im Projekt auftretenden Störungen zu würdigen.

Abschließend soll in Fragestellung 15 die Moderation des Einflusses des Tätigkeitsspielraums auf die Teamleistung durch das Ausmaß der Störungen oder/und Operational Uncertainty untersucht werden. Für die Hypothesen H15a (Störungen), H15b (Operational Uncertainty) und H15c (beide Moderatoren) zeigen sich keine signifikanten Interaktionen. Wall, Cordery und Clegg (2002) vermuten in dem konzeptionellen Artikel einen moderierenden Einfluss der Operational Uncertainty auf den Zusammenhang von Empowerment als Management Strategie und betrieblichen Leistungskennzahlen. Dabei postulieren sie, dass ein Erfolg von Empowerment im Sinne einer Erweiterung von Entscheidungs- und Handlungsspielräumen vornehmlich bei einem hohen Ausmaß von Operational Uncertainty zu beobachten ist. Diese Annahmen decken sich mit Überlegungen von Burns und Stalker (1961), welche mechanistische Strukturen in stabilen sowie organischen Strukturen in dynamische Umwelten für geeignet halten. Organische Strukturen sind gekennzeichnet durch ein hohes Maß an Entscheidungs- und Handlungsspielräumen der Mitarbeiter, wie sie auch Grote und Kollegen (1999) für den Umgang mit Störungen und Unsicherheiten am Ort des Geschehens für notwendig halten. Cordery und Kollegen weisen in ihrem Artikel von 2010 die positive Auswirkung von Autonomie auf die Teamleistung unter dem

Einfluss von Task Uncertainty nach. Dabei ist Autonomie gleichzusetzen mit erweiterten Handlungs- bzw. Tätigkeitsspielräumen (vgl. Hacker, 2005). In der 2006 veröffentlichten Metaanalyse von Stewart wird dagegen deutlich, wie sehr die möglichen positiven Auswirkungen der Autonomie von der Art der Aufgabe abhängen (z. B. förderlich für kreative, hinderlich für klar abgesteckte Aufgaben). Auch merken Cohen und Bailey (1997) an, dass ein zu hoher Handlungsspielraum die Leistung des Teams einschränkt. Die Rolle von Autonomie im Kontext der Projektarbeit erscheint damit fraglich. Zur Klärung des geschilderten widersprüchlichen Forschungsstandes ist es für nachfolgende Studien zunächst notwendig, die Auftragssituation in Projekten zu berücksichtigen. So besteht in vielen Projekten ein Kundenauftrag, der mit klaren zeitlichen und finanziellen Grenzen versehen ist sowie sachliche Vorgaben beinhaltet (z. B. neue IT-Lösung muss mit bestehenden Komponenten korrespondieren). Es stellt sich damit die Frage, welcher Art bzw. in welchem Ausmaß Autonomie im jeweiligen Projekt überhaupt möglich ist? Erst dann lassen sich die Nutzung der Entscheidungsmöglichkeiten sowie der konkrete Einfluss auf die Teamleistung bestimmen.

5.2 Übergreifende Diskussion der Ergebnisse

Die vorangegangene Diskussion bietet einen detaillierten Einblick in verschiedene Facetten des Wirkens von Störungen und Operational Uncertainty im Bereich der Projektarbeit. Von 37 durchgeführten Analysen zeigen sechs eine deutliche statistische Relevanz und geben damit Aufschluss über eine Leistungsprädiktion auch unter turbulenten Umweltbedingungen. Auffällig sind dabei die immer wieder ähnlichen Muster und damit die Zusammenhänge von Prädiktoren und Kriterium unter dem Einfluss der Moderatoren. Besonders deutlich wird dieses, wenn Störungen und Verunsicherung gemeinsam betrachtet werden (Abb. 5.1.).

So besteht bei allen unter einer geringen Ausprägung des jeweiligen Prädiktors eine starke Differenz in der Leistungsbeurteilung zwischen den Bedingungen: Die geringste Leistung zeigen Teams unter einer hohen Ausprägung beider Moderatoren (1). Ein deutlicher Anstieg der Leistung kann durch strukturierende Komponenten wie Organisation und Zielsetzung im Team erreicht werden. Unter dieser Bedingung ist auch das deutlich leistungssteigernde Wirken von Teamorganisation, Engagement & Verantwortung sowie Valenz nachweisbar.

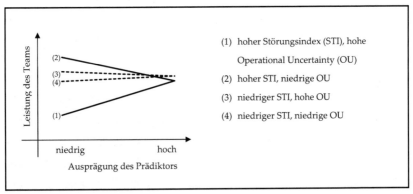

Abb. 5.1.: Allgemeines Muster des Einflusses eines Prädiktors auf die Leistung des Teams (Einschätzung durch den Teamleiter) moderiert durch den Störungsindex und Operational Uncertainty

Ein mittleres bis hohes Leistungsniveau erreichen Teams, die mit wenigen Störungen konfrontiert werden (3 und 4). Eine hohe Verunsicherung im Team scheint dabei nicht hinderlich zu sein. Allerdings erwirken die Prädiktoren auch keine Leistungsveränderung (vgl. Simple Slope Tests). Teams, die in einer störungsintensiven Umgebung arbeiten, gleichzeitig aber keine Verunsicherung verspüren, werden von den Teamleitern das höchste Leistungsniveau zugesprochen (2). Steigt die Ausprägung des Prädiktors, so nähern sich die Beurteilungen der gemeinsamen Leistung durch die Teamleiter einem mit den anderen Bedingungen vergleichbaren Niveau an. Auch wenn weder in der Analyse zur Teamorganisation noch in den nachfolgenden bedeutsamen

Dreifachinteraktionen zu Engagement & Verantwortung sowie Valenz eine Signifikanz in den Simple Slope Tests nachzuweisen ist und damit statistisch kein relevanter Unterschied zu Null besteht, sollte dennoch aufgrund des immer gleichen Musters eine nähere Betrachtung erfolgen: Ausgeschlossen werden kann eine Andersartigkeit der Bedingung, da die Anzahl der Mitarbeiter, das Alter oder die Berufserfahrung der befragten Teams sich nicht von anderen unterscheiden. Einen schwachen Hinweis bietet die unterschiedliche Leistungsbeurteilung durch Teamleiter und Teammitglieder. Ergänzend zu den vorgestellten Berechnungen wurde die ebenfalls von den Mitgliedern beurteilte Leistung der Einschätzung der Teamleiter in einem gepaarten Mittelwertsvergleich gegenübergestellt. Allein unter der Bedingung eines hohen Störungsaufkommens bei gleichzeitig geringer Verunsicherung im Team zeigte sich zwischen Leitern (M=4.44; SD=.21) und Mitarbeitern (M=3.92; SD=.78) der 13 Teams eine signifikant unterschiedliche Leistungsbeurteilung (T=-2.32, df=12, p<.05). Dieses Ergebnis könnte ein Hinweis auf eine grundsätzlich unterschiedliche Beurteilung der Leistung im Team sein. Generell erfolgt die Beurteilung der Teamleistung durch den Teamleiter in seiner Funktion als Person mit dem größten Überblick über die inneren und äußeren Vorgänge. Gleichzeitig gilt es die Abgrenzung der Aufgaben eines Teamleiters von den Aufgaben seiner Mitarbeiter zu beachten. Es besteht daher zum Einen die Möglichkeit, dass die Führungsperson gemäß den Annahmen von Ashby (1963) eine derart starke Regulationsfunktion hinsichtlich der Einflüsse aus der Umwelt wahrnimmt, so dass die Mitarbeiter von den Störungen nur wenig Kenntnis besitzen und folglich nur ein geringes Ausmaß an Unsicherheit entwickeln (z. B. Abstimmungsschwierigkeiten mit dem Kunden werden nicht kommuniziert, um Mitarbeiter nicht zu demotivieren). Weitergehend fällt die Leistungsbeurteilung des Teamleiters dann hypothesenkonträr mit zunehmendem Prädiktor von einem sehr hohen Niveau auf ein mittleres ab. Am Beispiel der Teamorganisation besteht folgende

Erklärungsmöglichkeit: Die Teamorganisation beinhaltet neben Freiraum zum Problemlösen oder klarer Aufgabenverteilung insbesondere den Besprechungs- und Abstimmungsaufwand. Letzteres impliziert einen Austausch zwischen Team und Leiter, der u. U. bei einer geringen Teamorganisation nicht gegeben ist. Durch die mangelnde Rückkopplung mit dem Team und ein möglicher Erfolgszwang durch das Management ist es möglich, dass der Teamleiter trotz oder gerade wegen der auftretenden Störungen die Leistung positiver darstellt als sie tatsächlich vorliegt. Besteht eine vermehrte Teamorganisation resp. ein stärkerer Kontakt zum Team, sinkt die Leistungsbeurteilung auf ein realistisches Niveau.

Weitergehend ist die geringe Wirkung der Störungen als Moderator zu diskutieren. So deuten diese Befunde darauf hin, dass es für die Leistungserbringung unerheblich ist, ob Störungen bestehen. Es kann vermutet werden, dass nicht die Störungen an sich einen alleinigen Einfluss auf die Leistungserbringung besitzen, sondern mehr die damit verbundenen Folgen, wie in diesem Fall die Unsicherheit. Hierfür spricht die Vielzahl von Ergebnissen für Operational Uncertainty als alleinigen Moderator oder in Verbindung mit den Störungen. Ein weiterer Grund kann in der Wahrnehmung der Störungen gesehen werden. Diese gelten in der Projektarbeit als alltäglich (vgl. Brodbeck, 1994, 2001). Möglicherweise gewöhnen sich die Mitglieder mit der Zeit so sehr an die Turbulenzen, dass sie sie nicht mehr als Störung wahrnehmen. Der Umgang mit Störungen wird zu einem regulären Bestandteil der Tätigkeit.

5.3 Einordnung in den Forschungskontext

Die vorliegende Dissertation ist in den Kontext der Teamarbeit in Projekten eingebettet. Dieser ist durch die Einmaligkeit der Bedingung hinsichtlich der Zielvorgabe sowie zeitlicher, finanzieller, personeller und anderer Begrenzungen als auch Abgrenzungen gegenüber anderen Vorhaben und einer projektspezifischen Organisation gekennzeichnet

Diskussion

(Schelle, 1998). Führungskräfte und Mitarbeiter unterliegen den Anforderungen der Eckpunkte des „Magischen Dreiecks" des Projektmanagements (u. a. Schelle, 1998) Leistung / Qualität, Termine / Zeit und Kosten auch unter Widrigkeiten und Widerständen in Balance zu halten. Die hypothesengeleitete sowie die übergeordnete Diskussion machen deutlich, wie sehr Teamarbeit dazu beitragen kann, unter komplexen und turbulenten Arbeits- und Umweltbedingungen - wie sie in Projekten zu finden sind - die Leistung zu erhalten (West et al., 2004). Damit trägt die vorliegende Dissertation zur geforderten stärkeren Berücksichtigung des organisationalen Kontextes bei (Kozlowski & Bell, 2003). Gleichermaßen wird deutlich, welchen zusätzlichen Beitrag über die gängigen Organisations-, Individual- und Aufgabenmerkmale hinaus die Berücksichtigung von (Umwelt-) Dynamiken zur Leistungsprädiktion zu leisten vermag. Auch Richter, Nebel und Wolf (2010) konnten zeigen, dass ausbleibende Interventionseffekte dann interpretiert werden können, wenn Veränderungsprozesse in die Analysen mit einbezogen werden. Dieses gilt insbesondere in dynamischen Bereichen wie dem Flugzeugbau, welche durch Konjunkturschwankungen starken Struktur- und Personalveränderungen ausgesetzt sind.

Als Basis für das Verständnis des Zusammenwirkens von System bzw. Organisation oder Team und Umwelt wurden klassische Theorien der Systemgestaltung gewählt. Ausgehend von Überlegungen Ashby's (1963), besteht die Annahme, dass ein Regulator notwendig ist, um ungünstige Einflüsse auf die essentiellen Variablen des Systems zu filtern oder abzuschirmen. Gemäß den vorliegenden Ergebnissen würde diese Rolle nicht (allein) der Führungskraft, sondern primär dem Team zugeordnet werden. Als relevant zeigen sich die Organisation, die Bereitschaft zu Verantwortungsübernahme und die Zielorientierung des gesamten Teams, was auf die Bedeutsamkeit einer hohen Abstimmung der Zusammenarbeit hinweist. Die damit entstehende Komplexität der

Teamorganisation erscheint erforderlich, um die Komplexität der Umweltbedingungen zu kontrollieren (Malik, 1986). Weitergehend sprechen Pfeffer und Salancik (1978) in ihrem Ressourcenabhängigkeits-Ansatz von dem alleinigen Ziel eines Systems trotz größerer Herausforderungen die eigene Leistungsfähigkeit zu erhalten. Dieses zeigt sich auch hier in der Verbesserung der Leistungsbeurteilung bei einer höheren Ausprägung der Prädiktoren unter Berücksichtigung der Moderatoren.

Hinsichtlich des Umgangs mit Störungen und Unsicherheiten besteht die Annahme, dass sich diese nicht vollständig vermeiden lassen (Grote, 1997). Die empfohlene lokale Bewältigung ist u. a. verbunden mit dem Begriff der teambasierten Arbeitsstrukturen (Grote et al., 1999). Die Daten der vorliegenden Arbeit bestätigen diese Annahme. Keine weitere Unterstützung erfährt jedoch der postulierte Einfluss von Empowerment bzw. die Erweiterung von Entscheidungs- und Handlungsspielräumen (Wall et al., 2002), obwohl dieser die Handlungsfähigkeit der einzelnen Mitarbeiter erhöhen und einen adäquaten Umgang mit Störungen und Operational Uncertainty direkt und schnell gewährleisten soll. Es erscheint daher ratsam, Entscheidungs- und Handlungsspielräume resp. Autonomie zum einen in Projektteams, zum anderen im Zusammenhang mit Störungen und Unsicherheiten genauer zu betrachten. Welche Spielräume sind dort notwendig bzw. möglich? Unter welchen Umständen sind die Mitarbeiter fähig und willens diese zu nutzen? Einen Beitrag zum Verständnis von störungsintensiven und unsicheren Arbeitssituationen leisten die ausgewählten Items sowie die Nennungshäufigkeiten. Sie ermöglichen eine Differenzierung der Störungsquellen hinsichtlich der Auftretenshäufigkeit und Auswirkung. Auf dieser Basis ist es möglich, sich in nachfolgenden Studien auf bestimmte Quellen wie z. B. die als häufig und schwerwiegend eingestufte mangelnde Klarheit des Projektauftrages zu konzentrieren. Eine stärkere Differenzierung weisen auch die Komponenten der Operational Uncertainty auf. Sie geben z. B. Auskunft darüber, welche Zusammenhänge des Unternehmens von den Mitarbeitern durchschaubar und beeinflussbar erlebt werden. Mängel können durch gezielte Informationen und Schulungen ausgeglichen werden.

Abschließend soll nochmals speziell auf die Anwendung der Zielsetzungstheorie auf Gruppen eingegangen werden. Es besteht die Annahme, dass mit zunehmender Aufgabenkomplexität, wie es bei Projektarbeit der Fall ist, eine Leistungssteigerung weniger nachweisbar ist (vgl. O'Leary-Kelly et al., 1994; Wegge, 2004). Obwohl lediglich eine Interaktion der Ziel- & Leistungsorientierung mit den Moderatoren Störungen und Operational Uncertainty besteht, so findet sich doch in allen drei Analysen ein signifikantes Beta-Gewicht für den Prädiktor. Damit sprechen die Ergebnisse dieser Arbeit deutlich für eine weitere Anwendung der Zielsetzungstheorie im Gruppenkontext. Empfehlenswert scheint dabei eine Konzentration auf Gruppenarbeit mit klarer Zielorientierung, wie es bei der Projektarbeit der Fall ist. In diesem Rahmen kann Fortschritt und tatsächliche Zielerreichung vom Mitarbeiter selbst sowie vom Vorgesetzten überprüft werden.

5.4 Praktische Anwendung

Die praktische Anwendung der Ergebnisse lässt sich teilen in Anregungen für das reguläre Projektmanagement sowie Unterstützungen für die Mitarbeiter. Beginnend mit Unterstützungsmöglichkeiten für das reguläre Projektmanagement finden sich vielfältige Ratgeber und Kursangebote, die sich vornehmlich auf die Gestaltung von Projektplänen und deren Überwachung, den Umgang mit unterstützender Software sowie der Organisation der Zusammenarbeit beziehen (z. B. Kuster et al., 2006; Mangold, 2009; Wieczorrek & Mertens, 2010). Obwohl immer wieder Störungen thematisiert werden, bestehen nur wenige Ausführungen darüber, welche Ereignisse nicht nur häufig auftreten, sondern auch den weiteren Projektverlauf negativ beeinflussen (z. B. Schneider & Wastian, 2009). Wie die Ergebnisse dieser Dissertation zeigen, bestehen dahingehend durchaus Unterschiede. So werden Aspekte wie eine mangelnde zeitliche Planung oder die Unklarheit des Projektauftrages häufig genannt, beträchtliche negative Auswirkungen besitzen dagegen auch seltenere Ereignisse wie die mangelnde Verfügbarkeit von Verbrauchsmaterialien oder die Qualität der genutzten Informationstechnologie. Ziel sollte daher eine Sensibilisierung für Umweltdynamiken und ihre Auswirkungen sein. Endsley (1988, zit. n. Wäfler et al., 2011) prägte dafür den Begriff der „situation awareness", welche basierend auf der Pilotenausbildung die Wahrnehmung aller Umweltelemente mit ihren zeitlichen und räumlichen Umfängen, ihrer Bedeutung und ihrer Entwicklung in der Zukunft umfasst.

Eine Sensibilisierung für Störungen sollte vor, während und nach einem Projekt erfolgen. Zu Beginn eines Projektes kann dieses im Rahmen einer Risikoanalyse geschehen. Eine Risikoanalyse umfasst eine Identifikation von Störungsquellen (z. B. durch Brainstorming oder Diskussion mit den am Projekt beiligten Partnern und Mitarbeitern oder die Analyse entsprechender Kennzahlen), aber auch von Potentialen (Litke, 1995). Mögliche Kategorien für eine Risikobestimmung sind in der Tabelle 5.1 verzeichnet.

Tab. 5.1: Risikokategorien in Projekten nach Litke (1995)

Kategorie	Beschreibung des Risikos
Organisation	Aspekte, die mit dem sachlichen Inhalt des Projektes in Verbindung stehen, z. B. unklare Aufteilung der Verantwortlichkeitsbereiche
Technik	Risiko aus der Nutzung von Hardware, Informationstechnologie oder sonstigen Geräten, z. B. Informationsverlust durch Datenbankfehler
Termin	Aspekte, die mit der Planung und Einhaltung von Terminen zusammenhängen, z. B. Veranschlagung von zu geringen Zeitfenstern für einzelne Aufgabenpakete
Kapazität	Abschätzung des Risikos durch eine Fehleinschätzung der benötigten quantitativen und qualitativen Kapazität, z. B. zu geringe Anzahl der Mitarbeiter
Kosten-/Nutzenabgleich	Abgleich der Kosten für Personal, Hardware, Software, Rohstoffe etc. mit dem Nutzen wie Umsatz, Gewinn, Kosteneinsparungen, Image, Wettbewerbsvorteil etc.
Psychologie	Risiken, die sich bei der Einführung des neuen Verfahrens ergeben können, z. B. Unruhe, Dienst nach Vorschrift, Fluktuation

Es gilt diese i. d. R. nach Auftretenswahrscheinlichkeit und Auswirkung auf den Projekterfolg bzw. –misserfolg zu bewerten und ggf. Gegenmaßnahmen einzuleiten. Letztere umfassen die Vermeidung (z. B. Auswahl eines anderern Zulieferers), Verminderung (z. B. engmaschige Kontrolle der Qualität), Übertragung (z. B. auf den Auftraggeber) oder Akzeptanz von Risiken. Es gilt jedoch zu bedenken, dass trotz einer gewissenhaft durchgeführten Risikoanalyse, Fehlbeurteilungen aufgrund der Abhängigkeit von der persönlichen Bewertung oder Gruppendynamiken auftreten können. Dieses wird in den zurückliegenden Analysen in der unterschiedlichen Nennung und Bewertung der Störungs- und Unsicherheitsquellen durch Mitarbeiter und Führungskräfte deutlich.

Der Umgang mit Störungen während eines Projektes ist u. a. mit dem Begriff des „Change Request Managements" verbunden. Es umfasst die Organisation, Verwaltung und Abwicklung von Änderungsanforderungen (Inhalt, Ziele und Prozess) während des Projektverlaufs und kann auf Beanstandungen bzw. Wünsche des Kunden, Entwicklungsfehler, Fehlen von Rohstoffen oder Komponenten, veränderte Vorschriften u. a. zurück zu führen sein (Kuster et al. 2006). Die Folgekosten dieser Veränderungen müssen in der Regel vom Unternehmen getragen oder können dem Kunden in Rechnung gestellt werden. Der Umgang mit Veränderungen ist in Unternehmen daher auch aus ökonomischer Sicht ein sensibles Thema. Nach Abschluss eines Projektes sollte im Rahmen einer Evaluation ein „Lessons learned"-Workshop zu den aufgetretenden Störungen und Unsicherheiten stattfinden. Kauffeld (2001) empfiehlt das Vorgehen zu analysieren, gelungene Strategien herauszuarbeiten und die Abläufe zu hinterfragen. Hieraus können sich für den einzelnen Mitarbeiter, aber auch für das gesamte Team wichtige Hinweise für nachfolgende Projekte ergeben. Die Autorin unterstreicht nochmals die Relevanz Arbeitsprozesse aufgabenbezogen voranzutreiben und gleichzeitig gewohntes Vorgehen zu hinterfragen, um in unsicheren, dynamischen Umwelten zu bestehen.

Im weiteren Teil soll auf die Unterstützung der Mitarbeiter eingegangen werden. Zunächst ist nochmals der Nachweis für eine Beeinflussung der Teamarbeit in Projekten durch externe Faktoren im Rahmen dieser Dissertation hervorzuheben. Demnach können Ereignisse ausserhalb des Teams (z. B. Qualität der Informationen, die das Team vom Kunden erhält) zu Problemen innerhalb des Teams führen (z. B. Uneinigkeit über die Interpretation der Informationen oder das weitere Vorgehen). Um einer derartigen Entwicklung zu begegnen, empfehlen Kauffeld und Kollegen (2009) ein Vorgehen in drei Schritten: (1) Um tiefgreifende Konflikte zu vermeiden, sollte die Quelle der Störungen deutlich gemacht werden. (2) Darauf aufbauend kann das Team entscheiden, welche Störungen aus eigener Kraft und welche in Kooperation mit Projektpartnern oder anderen Institutionen gelöst werden sollten. Eine Verflechtung aus internen und externen Verantwortlichkeiten ist möglich. (3) Zum Abschluss werden Maßnahmen abgeleitet und ggf. Unterstützung von Projektpartnern oder anderen eingefordert.

Mit den Ergebnissen der vorliegenden Arbeit deckt sich ebenfalls eine Studie der Akademie für Führungskräfte der Wirtschaft GmbH (www.die-akademie.de/download/studien/AkademieStudie1997.pdf [19.09.2008]). Die befragten Projektleiter nennen die Zusammenarbeit im Team als wichtigstes Mittel im Umgang mit Hindernissen in der Projektbearbeitung. Spezifisch für störungsintensive und unsichere Arbeitsbedingungen werden neben klaren Aufgabenverteilungen insb. kompetente und verantwortungsvolle Ansprechpartner im Team (vgl. Engagement & Verantwortung) sowie Zeit zum Problemlösen (vgl. Teamorganisation) genannt. Grundlage dessen ist eine längerfristige Zusammenarbeit oder eine intensive Vorbereitung des Teams auf das Projekt. Aufgrund von zeitlichen und finanziellen Vorgaben werden diese Aspekte häufig vernachlässigt. Die Ergebnisse der vorliegenden Dissertation bestätigen jedoch die Bedeutsamkeit, um in schwierigen Situationen das Leistungsniveau halten zu können.

Für den individuellen Umgang mit der betriebsbedingten Unsicherheit (Operational Uncertainty) bestehen bislang nur wenig Hinweise. Als leistungsrelevant unter Unsicherheit zeigen sich Teamorganisation und Ziel- & Leistungsorientierung. Hieraus lässt sich für die Praxis eine Notwendigkeit von transparenten, strukturierten und präzisen Aufgabenstellungen zur Erzeugung eines Sicherheitsgefühls für die weitere Projektbearbeitung ableiten. Grundlegend ist dabei die Schaffung einer gewissen Durchschaubarkeit, welche ein Verständnis für die kausalen Zusammenhänge ermöglicht. Anleitung für ein zielorientiertes Führen bieten z. B. die populären Managmenttechniken Management by Objectives (Odiorne, 1980) oder Partizipatives Produktionsmanagement (PPM; Pritchard, Kleinbeck & Schmidt, 1993).

Besteht neben einer Verunsicherung im Team eine störungsintensive Umwelt, so haben sich die Teamorganisation, Engagement & Verantwortung sowie die Valenz als leistungsfördernd herausgestellt. Wie oben beschrieben, ermöglicht eine transparente Aufgabenverteilung im Rahmen der Teamorganisation eine Durchschaubarkeit der aktuellen Projektphase. Das Gefühl der Beeinflussbarkeit der Situation unterstützt ein angemessener Abstimmungs- und Besprechungsaufwand, wie es in dem Konstrukt der Teamorganisation verankert ist. Kern des Konstrukts Engagement & Verantwortung sind die individuelle sowie die gemeinsame Übernahme von Verantwortung. Insbesondere in Situationen hoher Dynamik und Unsicherheit gilt Verantwortung durch schnelles und direktes Handeln zu übernehmen (Grote, 1997). Um die Kooperation zu fördern, verweisen Hoegl und Gemuenden (1999) auf sechs Aspekte: (1) eine offene Kommunikation miteinander, (2) eng aufeinander abgestimmte Aufgaben im Team, (3) gegenseitige Hilfe bei der Bearbeitung der Aufgaben (ggf. unterstützt durch kooperative Ziele), (4) hoher Arbeitseinsatz als Arbeitsnorm im Team, (5) hohe Gruppenkohäsion und (6) eine Ausgewogenheit der Beiträge aller Gruppenmitglieder. Neben den Maßnahmen auf der Teamebene, zeigt sich die Valenz, als Komponente der Ebene des Individuums, ebenfalls als leistungsrelevant. Die Wertigkeit des Gruppenziels für den Einzelnen kann durch klare und einfache Formulierungen gefördert werden. Sie ermöglichen es, Anforderungen zu verstehen und in den eigenen Arbeitsbereich zu transferieren. Auch hier bietet die Entstehung einer klaren Struktur Orientierung in unsicheren Zeiten.

Abschließend ist nochmals darauf hinzuweisen, dass es keine Idealstrategie für den erfolgreichen Umgang mit komplexen Anforderungen gibt (Starker & von der Weth, 2008). Erfolgsversprechender ist es, die Fähigkeit zum gemeinsamen Problemlösen immer wieder zu trainieren. Computergestützte Planspiele bieten eine gute Möglichkeit, gemeinsame Vorgehensweisen zu erarbeiten und zu etablieren (siehe auch Dörner, 2004; von der Weth, 2001). Starker und von der Weth (2008) empfehlen derartige Trainingsmaßnahmen durch Selbstreflektionen sowie Theorien zur Entwicklung von Prozessmodellen zu ergänzen, um in realen Situationen erfolgreich handeln zu können.

5.5 Limitationen

Die Limitationen lassen sich einteilen in einen inhaltlichen Bereich (Kap. 5.4.1), welcher sich vornehmlich mit der Erfassung und Verrechnung der Störungen und Unsicherheiten beschäftigt und einen methodischen Teil (Kap. 5.4.2).

5.5.1 *Inhaltliche Limitationen*

Zu Beginn soll auf den inflationären Umgang mit dem Begriff „Projekt" eingegangen werden. Nicht immer entspricht ein Vorhaben vollständig der DIN 69901 (zit. n. Schelle, 1998) zu Projekten. So sind viele Projekte mehr eine Anpassung von bestehenden Lösungen an einen bekannten Kontext als eine komplette Neuentwicklung aller Komponenten in einer fremden Umgebung. Bei nachfolgenden Forschungsansätzen sollte daher die Komplexität und die Neuartigkeit bestimmt und in die Analysen als Kontrollvariable mit eingefügt werden (Boos & Heitger, 1990, zit. n. Kuster, et al., 2006). Ebenso unterstützt West (1996) die Charakterisierung von Projektgruppen in Verbindung mit Komplexität, Unvorhersehbarkeit und ständigen Veränderungen. Denkbar wäre auch eine Auswertung hinsichtlich der Phasen eines Projektes. Zu bedenken ist hierbei jedoch, dass Projekte nicht linear, sondern in rekursiven Schleifen (mehrfache Wiederholungen von Phasen) verlaufen. Anschauliche Beispiele für eine derartige Auswertung bieten Schneider und Wastian (2009).

Über die Berechnungen von Störungen und Unsicherheiten besteht in der Literatur aufgrund unterschiedlicher fachlicher Ausrichtungen (z. B. Betriebswirtschaft, Psychologie) und inhaltlicher Fokusse (z. B. Umwelt, Technik, Mensch) keine Einigkeit. Die ausgewählten Varianten weisen Überschneidungen, aber auch Unterschiede auf: Die Erfassung der Störungen basiert auf den Dimensionen der Häufigkeit, Auswirkungen und der Vorhersehbarkeit (Wholey & Brittain, 1989), während für die Erhebung von Operational Uncertainty Durchschaubarkeit, Vorhersehbarkeit, Beeinflussbarkeit, Spielraum und Konsequenzen ausgewählt wurden. Die getrennte Erfassung entspricht den Forderungen von Milliken (1987) sowie Pfeffer und Salancik (1978), verursacht jedoch Schwierigkeiten hinsichtlich der Vergleichbarkeit (vgl. Zapf, 1989). Auch könnte die mangelnde Signifikanz des Zusammenhangs von Störungen und Operational Uncertainty darauf zurückzuführen sein. Neben der Vorhersehbarkeit sollte in nachfolgenden Forschungsansätzen z. B. die Durchschaubarkeit als zentrale Variable für das Verständnis der Organisation und des Einflusses auf eben diese berücksichtigt werden. Eine Einschätzung der Auswirkungen besagt nicht, dass vollständig bekannt ist, was tatsächlich an Problemen gelöst werden sollte.

Weitergehend kann der Verrechnungsmodus für die Bestimmung des Störungsindex diskutiert werden. So liegen dem Index eine unterschiedliche Anzahl ausgewählter Quellen für Störungen zu Grunde. Das unter 3.3.1 beschriebene Vorgehen bildet realitätsnah den Umfang des Störungspotentials ab, verrät jedoch nicht per se, ob es sich um eine Vielzahl von kleineren oder um wenige große Störungen handelt. Daher sollte der Einfluss der Anzahl der Störungen weiterhin in begleitenden Analysen mit überprüft werden. Zu überdenken ist auch die Beschränkung der Auswahl auf die drei wichtigsten Quellen von Operational Uncertainty. Dieses Vorgehen ist dem Umfang des Fragebogens und zeitlichen Restriktionen geschuldet. Es gilt zu kontrollieren, ob sich ohne Einschränkungen andere Ergebnisse bilden. Weitergehend sprechen Wall und Kollegen (2010) in ihrer Längsschnittstudie über Teams der australischen Wasserwirtschaft nicht wie bislang von Operational Uncertainty sondern von Task Uncertainty. Sie setzen damit einen stärkeren Fokus auf die Aufgabe und die mit ihr konkret verbundenen Störungen und Unsicherheiten.

Störungen und Operational Uncertainty werden in der vorliegenden Dissertation für das Team erfasst und berechnet. Das gewählte Vorgehen vernachlässigt jedoch die Varianz innerhalb des Teams. Statt allein die Mittelwerte zu berücksichtigen, sollten auch die Streuungen in die Analysen mit einbezogen werden (Peeters, Tuijl, Rutte & Reymen, 2006). Denkbar wäre auch eine stärkere inhaltliche Auswertung der Störungen und Quellen für Operational Uncertainty, wie es für die Strukturierung des Teamleiterinterviews bereits angewendet wird (z. B. nach den Kategorien Projektunterstützung, Information, Organisation des Projektes). Eine weitere Ergänzung stellt eine genauere Beurteilung der Störungen durch ein Komplexitätsprofil dar, welches sich aus Intransparenz (mangelnde Informationen über die Situation und ihre Ursachen), Problemumfang (Welche Arbeitsabläufe werden beeinträchtig?) und Vernetztheit (Verbindungen zwischen den Problembereichen) zusammensetzen könnte (von der Weth, 2001).

Abschließend gilt es die inhaltlichen Quellen von Störungen und Operational Uncertainty immer wieder auf ihre Passung zum Kontext und Branche sowie zu ihrer Aktualität zu überprüfen. So bietet auch diese Arbeit nur einen Ausschnitt zum entsprechenden Zeitpunkt. Zudem können Verzerrungen der zu beschreibenen Störung oder Quelle von Operational Uncertainty durch die individuelle Wahrnehmung während des Auftretens, aber auch die retrospektive Befragung nicht ausgeschlossen werden. Das Führen eines Projekttagebuchs könnte hier die Erhebung von weniger verfälschten Eindrücken ermöglichen.

5.5.2 Methodische Limitationen

Die vorgestellte Untersuchung geht auf ein Querschnittsdesign im Feld zurück. Hieraus ergeben sich Einschränkungen hinsichtlich der exakten Vergleichbarkeit der Teams, der gleichmäßigen Durchführung der Datenerhebung (siehe auch Störvariablen, Kap. 3.4.) und der Wahl des Erhebungszeitpunktes. Wie Debitz (2005) bemerkt, stellen Störungen seltene Ereignisse dar, die zusätzlich schwer beobachtbar sein können (z. B. fehlende Informationen). Eine retrospektive Befragung ist oft das Mittel der Wahl. Eine Langzeiterfassung erschien für die vorliegende Arbeit aus Gründen der begrenzten zeitlichen und finanziellen Ressourcen nicht empfehlenswert. Um möglichst reine Daten zu erhalten, wurden die Teilnehmer gebeten, nur zu einem bestimmten Projekt zu antworten.

Bei der Interpretation der Ergebnisse ist die mangelnde Möglichkeit von Kausalananhmen, ebenso wie die Homogenität der Stichprobe zu bedenken. Die Mitarbeiter der befragten Projektteams sind vornehmlich männlich, zwischen 21 und 40 Jahren alt und können eine Hochschulausbildung vorweisen. Aufgrund dieser geringen Varianz ist die fehlende Relevanz dieser Aspekte als Kovariablen in den Regressionsanalysen erklärbar. Weiter deutet die Homogenität der befragten

Mitarbeiter auf eine besondere Lebenssituation hin. U. U. sind die Mitarbeiter besonders motiviert nach dem Studium ihr Fachwissen in die Praxis umzusetzen und ihr Können unter Beweis zu stellen. Evtl. werden Störungen daher nicht als solche gesehen, sondern eher als Herausforderungen wahrgenommen.

Eine weitere Einschränkung wird bei der Betrachtung der Kennwerte für die multiplen Regressionsanalysen deutlich. Auf der Ebene des Teams zeigen sich für den TeamPuls® Toleranzwerte von mindestens .31. Dieser Wert lässt noch nicht auf Multikollinearität schließen, verdeutlicht dennoch die Tendenz. In nachfolgenden Studien sollten die Komponenten daher einzlend betrachtet werden. Weitergehend ist zu bedenken, dass eine Gegenüberstellung mit den von Wiedemann und Kollegen (2004) bereitgestellten Vergleichswerten der Gütekriterien nur bedingt praktikabel erscheint, da in der vorliegenden Dissertation eine Kurzfassung des Instruments verwendet wurde (vgl. 3.3.3). Zusammenfassend kann die Güte des TeamPuls® als ausreichend, jedoch deutlich verbesserungsbedürftig dargestellt werden.

5.6 Ausblick

Die vorangegangenen Diskussionen machen den Verbesserungs- bzw. Ergänzungsbedarf hinsichtlich des Modells bzw. der Wirkpfade innerhalb des Modells sowie der systematischeren Erfassung von Störungen und Operational Uncertainty deutlich. Das Forschungsmodell der vorliegenden Arbeit orientiert sich vornehmlich am IMOI-Modell von Ilgen et al. (2005). Als Grundlage fungiert vornehmlich die Idee des immer wiederkehrenden zyklischen Verlaufs der Zusammenarbeit im Team, welche zurückliegende Prozesse und Output als Input der aktuellen Situation werten. Eine Überlegung zur Verbesserung des Modells stellt die stärkere Berücksichtigung der Prozess- (vgl. McGrath, 1964; Guzzo & Shea, 1992) bzw. Throughputvariablen (Tannenbaum et al., 1992) wie Koordination, Kooperation oder Kommunikation dar. Sie könnten als Moderatoren oder Mediatoren fungieren, während Kontextvariablen im Input verankert werden.

Als weitere relevante Variablen für den organisationalen Kontext sehen van Dick und West (2005) in Anlehnung an Hackman (1990) das Belohnungssystem, Information und Feedback sowie Trainings als Personalentwicklungsmaßnahme. Insbesondere Feedback zum Projektprozess und Trainings zum Umgang mit unerwarteten Ereignissen könnten eine Relevanz für die Leistung von Projektteams besitzen: Besteht eine lange Zeit bis zur Rückmeldung über leistungsrelevante Aspekte, so sehen Lawrence und Lorsch (1967) darin einen wichtigen Faktor für die Entstehung von Unsicherheiten. Die Rolle des Feedbacks betonen auch Tannenbaum und Kollegen (1992) in ihren Anmerkungen zum „Input-Throughput-Output-Modell". Im Sinne einer Rückmeldeschleife von Output zum Input gelangen Informationen z. B. über den Projektstand, veränderte Anforderungen oder Bewertungen übergeordneter Ebenen wieder an den Beginn und beeinflussen die nachfolgende Projektbearbeitung. Zeitnahes Feedback ermöglicht es damit, Fehlentwicklungen rechtzeitig zu identifizieren oder die Mitarbeiter bei positiver Entwicklung in ihrem Engagement weiter zu bestärken. Neben dieser Betrachtung der aktuellen Situation erscheint auch eine Vorbereitung auf nachfolgende Situationen durch Trainings relevant und betrachtungswürdig. Dieses könnte im Rahmen spezifischer Kommunikationstrainings, komplexer Planspiele mit unerwarteten Wendungen oder individueller Strategien im Team realisiert werden.

Eine der größten Herausforderungen besteht nach Kozlowski und Bell (2003) in dem Zusammenspiel zwischen den Ebenen. So kann sich z. B. das mangelnde Vertrauen eines Teammitglieds in die anderen Teammitglieder auf die Zusammenarbeit des gesamten Teams auswirken. Da eine Analyse dieser Zusammenhänge den Rahmen der Arbeit sehr weit ausdehnen würde, wurde auf eine genauere Betrachtung verzichtet. Grundsätzlich ist dieses allerdings für nachfolgende Studien anzuraten.

In der vorliegenden Arbeit ist die Ebene des Individuums vornehmlich durch den Blickwinkel „Mitarbeiter im Team" geprägt. Ausgelassen wurden bisher die Auswirkungen der Störungen und betriebsbedingten Unsicherheiten auf den einzelnen Mitarbeiter (z. B. gesundheitliche Aspekte) oder dessen Umgang mit dynamischen Situationen. Beginnend mit Auswirkungen auf die Gesundheit sind eine gewisse Belastung und Beanspruchung der einzelnen Mitarbeiter durch die Konfrontation mit den Anforderungen der Projektarbeit sowie Störungen und Unsicherheiten zu vermuten. Sonnentag (1994) berichtet von unerwarteten Störfällen als häufige Stressoren in Softwareprojekten. Dabei kann Stress als eine Art Ungleichgewicht zwischen Anforderungen und Möglichkeiten, die Anforderungen zu bewältigen, betrachtet werden. Bedacht werden sollten aber auch die fördernden Effekte der Beanspruchung, wie z. B. Aktivierungen. So berichtet Debitz (2005) von einer Erhöhung des positiven Befindens, wenn Umweltereignisse durch ein hohes Selbstregulationspotential bewältigt werden können. Dieses sollte insbesondere bei der jungen, gut ausgebildeten Mitarbeitern berücksichtigt werden. Eine interessante Perspektive für die Betrachtung von Beanspruchungen in besonderen Situationen stellt auch das von Mohr (1986) entwickelte Konzept der Irritation dar, welches mit dem Erfahren von Unsicherheiten im betrieblichen Kontext und den daraus resultierenden Reaktionen der Mitarbeiter (z. B. Stress) in enger Verbindung steht (Mohr, Müller, Rigotti, Aycan & Tschan, 2006). Genauer stellt Irritation ein Produkt des Interaktionsprozesses zwischen Person und Umwelt dar, welches sich nach Abklingen der Belastung ebenfalls verringert und damit (ebenso wie Operational Uncertainty) nicht als konstanter Aspekt der Persönlichkeit anzusehen ist (vgl. Mohr, Müller & Rigotti, 2005; Mischel & Shoda, 1998). Die Autorin differenziert zwischen den beiden Facetten „kognitive" (immer wiederkehrende Gedanken an

(Arbeits-) Probleme) und „emotionale" (Gereiztheit gegenüber der sozialen Umwelt) Irritation. In einer unserer ersten Studien konnte ein Zusammenhang beider Kompontenten zu auftretenden Störungen nachgewiesen werden (Faselt, 2007). Detaillierte Betrachtungen sind jedoch notwendig.

Auch wurde der individuelle Umgang der Mitarbeiter mit den Störungen noch nicht betrachtet. Starker und von der Weth (2008) beschreiben anschaulich individuelle Handlungsstile zum Problemlösen in Gruppen. Handlungsstile gelten als individuell typische Muster im Umgang mit Informationen im Rahmen von Entscheidungen und Planungen. Starker und von der Weth unterscheiden Funktions- und Situationsanalytiker, welche sich durch eine Orientierung an Prozessmodellen bzw. an Wissen über die Situation unterscheiden. Relevant für die Arbeit in Gruppen ist eine adäquate Mischung der Handlungsstile, um eine erfolgreiche „shared situational awareness" („situation awareness" nach Endsley, 1988, zit. n. Wäfler et al., 2011) und angemessene Handlungspläne in turbulenten Situationen zu erreichen. Hierzu sollten weitere Forschungstätigkeiten angestrebt werden.

Eine Erweiterung des vorgestellten Forschungsansatzes stellt neben der Berücksichtigung der „alltäglichen" Störungen und Unsicherheiten eine Einbeziehung von „außergewöhnlichen" Dynamiken wie unternehmensinterne Umstrukturierungen oder drohende Entlassungen dar. Hiermit verbunden ist der Begriff des „Change Managements". So kann durch eine gewissenhafte Erfassung der Veränderungen im Unternehmen in turbulenten Zeiten insb. im Bereich der Gesundheitsinterventionen Aufschluss über den Einfluss und Nutzen der Maßnahmen gewonnen und Unterstützung für die betroffenen Mitarbeiter angeboten werden (Richter et al., 2010). Als eher unabsichtliche Veränderung der Strukturen gelten die Einführung von Enterprise Resource Planning (ERP) Systemen (Wäfler et al., 2011). In diesem Fall verändert ein internes, vornehmlich auf die Technik ausgerichtetes Projekt Informations- und Kommunikationswege. Ein Auslösen von Störungen und Unsicherheiten scheint dabei unvermeidlich. Die von Wäfler und Kollegen (2011) beschriebene „Control Capacity" für den Umgang mit Operational Uncertainty sollte in nachfolgenden Studien Beachtung finden. Zusammenfassend ist der gegenwärtige Kenntnisstand zum Einfluss von Störungen und Unsicherheiten auf die Arbeitstätigkeit von Teams in Projekten gering und konnte durch die vorliegende Dissertation erweitert werden. Die Nennung der möglichen Forschungsthemen entspricht nur einer kleinen Auswahl und sollte aufgrund der großen Popularität von Projektarbeit erweitert werden. Letztlich ist es immer wieder bewundernswert, mit welchem Engagement, Kreativität und manchmal auch Starrsinn Menschen derartige Situationen erfolgreich meistern. So bleibt die Erkenntnis:

Man muss mit allem rechnen – sogar mit dem Guten!

6 LITERATUR

Abele, A. E., Stief, M. & Andrä, M. S. (2000). Zur ökonomischen Erfassung beruflicher Selbstwirksamkeiten – Neukonstruktion einer BSW-Skala. *Zeitschrift für Arbeits- und Organisationspsychologie*, 44 (3), 145-151.

Aguinis, H. & Stone-Romero, F. F. (1997). Methodological artefacts in moderated multiple regression and their effects on statistical power. *Journal of Applied Psychology*, 82 (1), 192-206.

Argote, L. (1982). Input uncertainty and organizational coordination in hospital emergency units. *Administrative Science Quarterly*, 27, 420-434.

Aiken, L. S. & West, S. G. (1991). *Multiple regression: Testing and interpreting interactions.* Newbury Park, CA: Sage.

Aldrich, H. E. (1979). *Organizations and environments.* Englewood Cliffs, NJ: Prentice-Hall

Aldrich, H. E. & Mueller, S. (1982). The evolution of organizational forms: Technology, coordination and control. In B. M. Staw & L. L. Cummings (Eds.), *Research in Organizational Behavior*, 4, 33-87.

Alioth, A. (1980). Entwicklung und Einführung alternativer Arbeitsformen. In E. Ulich (Hrsg.), *Schriften zur Arbeitspsychologie* (Band 27). Bern: Huber.

Alper, S, Tjosvold, D. & Law, K. S. (2000). Conflict management, efficacy, and performance in organizational teams. *Personnel Psychology*, 53, 625-642.

Antoni, C. H. (1995). Gruppenarbeit in Deutschland – eine Bestandsaufnahme. In K. J. Zink (Hrsg.), *Erfolgreiche Konzepte zur Gruppenarbeit* (S. 23-37). Neuwied: Luchterhand.

Antoni, C. H. (1996). *Teilautonome Arbeitsgruppen.* Weinheim: Beltz.

Antoni, C. H. (2005). Management by Objectives – an effective tool for teamwork? *International Journal of Human Resources Management*, 16 (2), 174-184.

Ashby, W. R. (1963). *An introduction to cybernetics*. London: Chapman & Hall.

Astley, W. G. & Fombrun, C. J. (1983). Collective strategy: Social ecology of organizational environments. *Academy of Management Review*, 8, 576-587.

Atkinson, J. W. (1957). Motivational determinands of risk-taking behavior. *Psychological Review*, 64, 359-372.

Bandura, A. (1977). Self-efficacy: Toward a unifying theory of behavioural change. *Psychological Review*, 84 (2), 191-215.

Bandura, A. (1986). *Social foundations of thoughts and action. A social cognitive theory*. Englewood Cliffs, N. J.: Prentice Hall.

Baron, R. M. & Kenny, D. A. (1986). The moderator-mediator variable distinction in social psychological research: Conceptual, strategic, and statistical considerations. *Journal of Personality and Social Psychology*, 15 (6), 1173-1182.

Batinic, B. (2001). *Fragebogenuntersuchungen im Internet*. Aachen: Shaker Verlag.

Bass, B. M. (1985). *Leadership and performance beyond expectations*. New York: The Free Press.

Bass, B. M. & Avolio, B. J. (1993). Transformational leadership: A response to critiques. In M.M. Chemers, & R. Ayman. (Eds.). *Leadership theory and research: Perspectives and directions*. Sydney: Academic Press Inc.

Becker, G. (2000). *Arbeits- und organisationspsychologische Analyse und Bewertung eines soziotechnischen Systems und seiner Umwelt*. Diplomarbeit am Institut für Arbeit-, Organisations- und Sozialpsychologie. TU Dresden: Unveröffentlicht

Beer, S. (1985). *Diagnosing the system for organizations*. Chichester, New York, Brisbane, Toronto, Singapore: Wiley & Sons.

Benkhoff, B., Engelien, M., Meißner, K. & Richter, P. (2011). *Erfolgreiche virtuelle Organisationen. Durch Frühwarnung Risiken vermeiden*. Stuttgart: Kohlhammer.

Betz, N. E. & Hackett, G. (1981). The relationship of career-related self-efficacy expectations to perceived career options in college women and men. *Journal of Counselling Psychology*, 28, 399-410.

Bortz, J. (2004). *Statistik für Sozialwissenschaftler*. Heidelberg: Springer.

Bortz, J., Lienert, G. A. & Boehnke, K. (2000). *Verteilungsfreie Methoden in der Biostatistik*. Heidelberg: Springer.

Bortz, J. & Döring, N. (2006). *Evaluation und Forschungsmethoden* (4. Auflage). Heidelberg: Springer.

Brannick, M. T., Prince, A., Prince, C. & Salas, E. (1995). The measurement of team process. *Human Factors*, 37 (3), 641-651.

Brass, D. J. (1985). Technology and the structuring of jobs: Employee satisfaction, performance and influence. *Organizational Behavior and Human Decision Processes*, 35, 216-240.

Brodbeck, F. C. (1994). Intensive Kommunikation lohnt sich für SE-Projekte. In F. C. Brodbeck & M. Frese (Hrsg.), *Produktivität und Qualität in Software-Projekten* (S. 51-67). München, Wien: Oldenburg Verlag.

Brodbeck, F. C. (2001). Communication and performance in software development projects. *European Journal of Work and Organizational Psychology*, 10 (1), 73-94.

Brodbeck, F. C. & Guillaume, Y. R. F. (2009). Umgang mit Informationen und Meinungsbildung in Projekten. In Wastian, M., Braumandl, I. & von Rosenstiel, L. (Hrsg.), *Angewandte Psychologie für Projektmanager. Ein Praxisbuch für die erfolgreiche Projektleitung* (41-60). Heidelberg: Springer.

Brosius, F. (2004). *SPSS 12*. Bonn: MITP-Verlag.

Brown, S. L. & Eisenhardt, K. M. (1995). Product development: Past research, present findings, and future directions. *Academy of Management Review*, 20 (2), 343-378.

Bühner, M. (2006). *Einführung in die Test- und Fragebogenkonstruktion* (2. Auflage). München: Pearson Studium.

Burns, T. (1963). Micropolitics: Mechanism of institutional change. *Administrative Science Quarterly*, 6, 257-281.

Burns, T. & Stalker, G. M. (1961). *The management of innovation.* London: Tavistock.

Campion, M. A., Medsker, G. J. & Higgs, A. C. (1993). Relations between work group characteristics and effectiveness: implications for designing effective work groups. *Personnel Psychology,* 46, 823-850.

Campion, M. A., Papper, E. M. & Medsker, G. J. (1996). Relations between work group characteristics and effectiveness: A replication and extention. *Personnel Psychology,* 49, 429-452.

Chamberlin, E. M. (1950). *The theory of monopolistic competition.* Cambridge, MA.

Child, J. (1972). Organizational structure, environment and performance: The role of strategic choice. *Sociology,* 6, 1-22.

Clegg, C. W., Ravden, S. J., Corbett, J: M. & Johnson, G. I. (1989). Allocation functions in computer-aided manufacturing: A review and a new method. *Behaviour and Information Technology,* 8, 175-190.

Cohen, J. & Cohen, P. (1983). *Applied multiple regression/correlation analysis for the behavioral sciences* (3rd ed.). Mahwah, NJ: Erlbaum.

Cohen, J., Cohen, P., West, S.G. & Aiken, L.S. (2003). *Applied multiple regression/correlation analysis for the behavioral sciences.* Mahwah: Lawrence Erlbaum Associates.

Cordery, J. L., Morrison, D., Wright, B. M. & Wall, T. D. (2010). The impact of autonomy and task uncertainty on the team performance: A longitudinal field study. *Journal of Organizational Behavior,* 31, 240-258.

Cronbach, L. J. (1951). Coeffizient Alpha and the Internal Structure of Tests. *Psychometrika,* 16, 297-334.

Cummings, T. G. (1978). Self-regulating work-groups: A socio-technical synthesis. *Academy of Management Review,* 3, 625-634.

Daft, R. L. (1995). *Organization theory and design.* St. Paul, MA: West.

Dahl, G. (1971). Zur Berechnung des Schwierigkeitsindex bei quantitativ abgestufter Aufgabenbewertung. *Diagnostika,* 17, 139-142.

Danapfel, N. (1999). *Soziotechnische Analyse und Bewertung rechnergestützter Fertigungssysteme am Beispiel eines Produktionsbereiches in der Halbleiterfertigung.* Diplomarbeit am Institut für Arbeits-, Organisations- und Sozialpsychologie. Technische Universität Dresden: unveröffentlichte Diplomarbeit.

Dawson, J. F. & Richter A. W. (2006). Probing three-way interactions in moderated multiple regression: Development and application of a slope different test. *Journal of Applied Psychology,* 91 (4), 917-926.

Debitz, U. (2005). *Die Gestaltung von Merkmalen des Arbeitssystems und ihre Auswirkungen auf Beanspruchungsprozesse.* Hamburg: Verlag Dr. Kovač.

De Dreu, C. K. W., & Weingart, L. R. (2003). Task versus relationship conflict and team effectiveness: A meta-analysis. *Journal of Applied Psychology,* 88, 741-749.

De Sitter, L. U. (1978). *Kenmerken en funkties van de kwaliteit von de arbeid.* Eindhoven: Technische Universiteit, afdeling Bedrijfskunde.

Deutsche Gesellschaft für Projektmanagement & PA Consulting (2006). *Konsequente Berücksichtigung weicher Faktoren.* http://www.gpm-ipma.de/docs/showsite.php?GSAG=cc03d8cff6e044d6eb0f6baaf5ebe3d3&menu=011602&GSAG=11092008110624 [11.09.2008]

Dess, G. G. & Beard, D. W. (1984). Dimensions of organizational task environments. *Administrative Science Quarterly,* 29, 52-73.

Dirks, K. T. & Ferrin, D. L. (2001). *The role of trust in organizational settings.* Organization Science, 12 (4), 450-467.

Döring, N. (2003). *Sozialpsychologie des Internet. Die Bedeutung des Internet für Kommunikationsprozesse, Identitäten, soziale Beziehungen und Gruppen* (2. Aufl.). Göttingen: Hogrefe.

Dörner, D. (2004). *Die Logik des Misslingens* (3. Aufl.). Reinbek: Rowohlt Taschenbuch Verlag.

Downey, H. K., Hellriegel, D. & Slocum, J. W. (1975). Environmental uncertainty. The construct and its applications. *Administrative Science Quarterly*, 20, 613-629.

Duden-Redaktion (2001). *Duden – Das Fremdwörterbuch*. Mannheim: Bibliographisches Institut & F. A. Brockhaus AG.

Duncan, R. B. (1972). Characteristics of organizational environments and perceived environmental uncertainty. *Administrative Science Quarterly*, 17, 313-327.

Dunkel, H., Volpert, W., Zölch, M., Kreutner,U., Pleiss, C. & Hennes, K. (1993). *Kontrastive Aufgabenanalyse im Büro. Der KABA-Leitfaden*. Zürich: vdf.

Emery, F. E. (1959). *Characteristics of the sociotechnical system*. London: Tavistock no. 527.

Engel, A. (2004). *Anpassung und Einsatz von Messverfahren zur Teamqualität und Motivation bei virtuellen Teams*. Unveröffentlichte Diplomarbeit. Technische Universität Dresden, Institut für Arbeits-, Organisations- & Sozialpsychologie.

Faselt, F. (2007). *Die Wirkung personaler Ressourcen im Rahmen von Projektarbeit*. Unveröffentlichte Diplomarbeit. Technische Universität Dresden, Institut für Arbeits-, Organisations- & Sozialpsychologie.

Fitts, P. M. (1951). *Human engineering for an effective air navigation and traffic control system*. Washington, DC: National Research Council.

Flynn, N. & James, J. E. (2009). Relative effects of demand and control on task-related cardiovascular reactivity, task perceptions, performance accuracy, and mood. *International Journey of Psychophysiology*, 72, 217-227.

Fredrickson, J.W. & Mitchell, T.R. (1984). Strategic decision processes: Comprehensiveness and performance in an industry with an unstable environment. *Academy of Management Journal*, 27, 399-423.

Frazier, P. A., Tix, A. P. & Barron, K. E. (2004). Testing moderator and mediator effects in counseling psychology research. *Journal of Counseling Psychology*, 51 (1), 115-134.

Frese, M. (1978). Partialisierte Handlung und Kontrolle: Zwei Themen der industriellen Psychopathologie. In M. Frese (Hrsg.), *Industrielle Psychopathologie* (S. 159-183). Bern: Hans Huber.

Frese, M. (1989). Theoretical models of control and health. In S. L. Sauter, J. J. Hurrell Jr & C. L. Cooper (Eds.), *Job control and worker health* (pp. 107-128). Chichester: Wiley & Sons.

Frese, M. & Semmer, N. (1991). Stressfolgen in Abhängigkeit von Moderatorvariablen: Der Einfluss von Kontrolle und sozialer Unterstützung. In S. Greif, E. Bamberg & N. Semmer (Hrsg.) *Psychischer Stress am Arbeitsplatz* (S. 135-153). Göttingen: Hogrefe.

Galbraith, J. (1977). Organisation design. Reading, MA: Addison-Wesley.

Gebert, D. & Rosenstiel, L. v. (2002). *Organisationspsychologie* (5. Aufl.). Stuttgart: Kohlhammer.

Gemuenden, G. H. & Hoegl, M. (1998). Teamarbeit in innovativen Projekten. *Zeitschrift für Personalforschung*, 12 (3), 277-301.

Gemuenden, G. H. & Hoegl, M. (2000). *Management von Teams. Theoretische Konzepte und empirische Befunde*. Wiesbaden: Gabler.

Gemuenden, H. G. & Lechler, T. (1997). Schlüsselfaktoren es Projekterfolges. Eine Bestandsaufnahme und empirische Forschungsergebnisse. In P. Knauth & A. Wollert (Hrsg.), *Praxishandbuch „Human Resource Management". Neue Formen betrieblicher Arbeitsorganisation und Mitarbeiterführung* (S. 1-30). Köln: Deutscher Wirtschaftsdienst.

Gibson, C.B. 1999. Do they do what they believe they can? Group efficacy beliefs and group performance across tasks and cultures. *Academy of Management Journal*, 42(2), 138-152.

Gigerenzer, G. (2002). *Reckoning with risk: Learning to live with uncertainty*. London, New York: Penguin.

Gladstein, D. L. (1984). Groups in context: A model of task group effectiveness. *Administrative Science Quarterly*, 29, 499-517.

Goodman, P. S., Ravlin, E. & Schminke, M. (1987). Understanding groups in organizations. In L. L. Cummings & B. M. Staw (Eds.), *Research in Organizational Behavior* (Vol. 9, pp. 121-174). Greenwich, CT: JAI Press.

Graen, G. B. & Uhl-Bien, M. (1995). Relationship-based approach to leadership : Development of a leader-member exchange (LMX) theory of leadership over 25 years: Applying a multi-level multi domain perspective. *Leadership Quarterly*, 6, 219-247.

Grote, G. (1997). *Autonomie und Kontrolle. Zur Gestaltung automatisierter und risikoreicher Systeme.* Zürich: vdf.

Grote, G. (2000). Planen in Organisationen: Forschungserfordernisse und –ansätze. In R. K. Silbereisen & M. Reitzle (Hrsg.), *Bericht über den 42. Kongress der Deutschen Gesellschaft für Psychologie in Jena*, 576-586. Berlin: Pabst.

Grote, G., Wäfler, T., Ryser, C., Weik, S., Zölch, M. & Windischer, A. (1999). Wie sich Mensch und Technik sinnvoll ergänzen. Die Analyse automatisierter Produktionssysteme mit KOMPASS. In E. Ulich (Hrsg.), *Schriftenreihe Mensch, Technik, Organisation* (Band 19). Zürich: vdf.

Gully, S. M., Incalterra, K. A., Joshi, A. & Beaubien, J. M. (2002). A metaanalysis of team-efficacy, potency and performance: Interdependence and level of analysis as moderators of observed relationships. *Journal of Applied Psychology*, 87, 819-832.

Gulowsen, J. (1972). A measure of work group autonomy. In L. E. Davis & J. C. Taylor (Eds.), *Design of Jobs* (pp. 374-390). Hardmondsworth: Penguin.

Guzzo, R. A. (1996). Fundamental consideration about work groups. In M. A. West (Ed.), *Handbook of work group psychology*. Chichester, New York: John Wiley & Sons.

Guzzo, R. A. & Dickson, M. W. (1996). Teams in Organizations: Recent research on performance and effectiveness. *Annual Review of Psychology,* 47, 307-338.

Guzzo, R. A. & Shea, G. P. (1992). Group performance and intergroup relations in organizations. In M. D. Dunette & L. M. Hough (Eds.), *Handbook of industrial and organizational psychology* (269-313, 2nd ed.), Palo Alto, CA: Consult. Psychological Press.

Hacker, W. (1994). Arbeitsanalyse und prospektive Gestaltung von Gruppenarbeit. In C. H. Antoni (Hrsg.), *Gruppenarbeit im Unternehmen: Konzepte, Erfahrungen und Perspektiven* (S. 49-80). Weinheim: Beltz.

Hacker, W. (1995). *Arbeitstätigkeitsanalyse.* Heidelberg: Ansgar.

Hacker, W. (2005). *Allgemeine Arbeitspsychologie. Psychische Regulation von Wissens-, Denk- und körperlicher Arbeit* (2. Auflage). Bern: Verlag Hans Huber.

Hacker, W., Fritsche, B., Richter, P. & Iwanowa, A. (1995). *Tatigkeitsbewertungssystem (TBS). Verfahren zur Analyse, Bewertung und Gestaltung von Arbeitstätigkeiten.* Zürich und Stuttgart: vdf und Teubner.

Hacker, W. & Richter, P. (2006). Psychische Regulation von Arbeitstätigkeiten. In B. Zimolong & U. Konradt (Hrsg.), *Enzykloädie der Psychologie, Wirtschafts-, Organisations- und Arbeitspsychologie (Bd.2), Ingenieurspsychologie.* Göttingen, Bern, Toronto, Seattle: Hogrefe Verlag.

Hackman, J. R. (1987). The design of work teams. In J. Lorsch (Ed.), *Handbook of organizational behavior* (pp. 315-342). New York: Prentice Hall.

Hackman, J. R. (1990). *Groups that work (and those that don't).* San Francisco: Jossey-Bass.

Hackman, J. R., & Walton, R. E. (1986). Leading groups in organizations. In P. S. Goodman (Ed.), *Designing effective work groups* (pp. 72-119). San Francisco: Jossey-Bass.

Heckhausen, H. (1989). *Motivation und Handeln.* Berlin: Springer.

Helfert, G. & Gemuenden, H. G. (2000). Relationships Marketing Teams. In G. H. Gemuenden & M. Hoegl (Hrsg.), *Management von Teams. Theoretische Konzepte und empirische Befunde* (S. 129-156). Wiesbaden: Gabler.

Hersey, P. & Blanchard, K. H. (1988). *Management of organizational behaviour: Utilizing human resources.* Englewood Cliffs, NJ: Prentice-Hall.

Hertel, G. (2002). Management virtueller Teams auf der Basis von sozialpsychologischen Theorien: Das VIST-Modell. In E. H. Witte (Hrsg.), *Sozialpsychologie wirtschaftlicher Prozesse* (S. 172-202). Lengerich: Pabst Verlag.

Hertel, G., Konradt, U. & Orlikowski, B. (2004). Managing distance by interdependence, goal setting, task interdependece, and team based rewards in virtual teams. *European Journal of Work and Organizational Psychology*, 13, 1-15.

Hertel, G. & Scholl, W. (2006). Grundlagen kooperativer Arbeit. In B. Zimolong & U. Konradt (Hrsg.), *Ingenieurpsychologie. Enzyklopädie der Psychologie* (Bd. D-III-2, S. 181-216). Göttingen: Hogrefe.

Hoegl, M. & Gemuenden, H. G. (1999). Determinanten und Wirkungen der Teamarbeit in innovativen Projekten: Eine theoretische und empirische Analyse. *Zeitschrift für Betriebswirtschaft*, 12, 277-301.

Hoegl, M. & Gemuenden, H. G. (2001). Teamwork quality and the success of innovative projects: A theoretical concept and empirical evidence. *Organization Science*, 12 (4), 435-449.

Hollenbeck, J. R., Ilgen, D. R., LePine, J. A., Colquitt, J. A. & Hedlund, J. (1998). Extending the multilevel theory of team decision making: Effekts of feedback and experience in hierarchical teams. *Academy of Management Journal*, 41, 269-282.

House, R. J. (1977). A 1976 Theory of charismatic leadership. In J. G. Hunt & L. L. Larson (Eds.), *Leadership: The cutting edge*. Carbondale: Southern Illinois University Press.

House, R. J. & Shamir, B. (1993). Toward the integration of transformational, charismatic and visionary theories. In M.M. Chemers, & R.

Ayman. (Eds.). *Leadership theory and research: Perspectives and Directions* (pp. 81-107). Orlando: Academic Press.

Ilgen, D. R, Hollenbeck, J. R., Johnson, M. & Jundt, D. (2005). Teams in organizations: From Input-Process-Output Models to IMOI Models. *Annual Review of Psychology*, 56, 517-543.

Jackson, S. E. (1989). Does job control control stress. In S. L. Sauter, J. J. Hurrell Jr. & C. L. Cooper (Eds.), *Job control and worker health*. Chichester:Whiley.

James, L. R., Demaree, R. G. & Wolf, D. (1984). Estimating within-group interrater reliability with and without response bias. *Journal of Applied Psychology*, 69, 85-98.

James, L. R., Demaree, R. G. & Wolf, D. (1993). r_{wg}: An assessment of within-group interrater agreement. *Journal of Applied Psychology*, 78, 306-309.

Janz, B. D., Colquitt, J. A.& Noe, R. A. (1997). Knowledge worker team effectiveness: The role of autonomy, interdepence, team development, and contextual support variables. *Personnel Psychology*, 50, 877-904.

Jehn, K. & Bendersky, C. (2003). Intragroup conflict in organizations: A contingencyperspective on the conflict-outcome relationship. *Research in Organizational Behavior*, 25, 187-242.

Jerusalem, M. & Schwarzer, R. (1992). Self-efficacy as a resource factor in stress appraisal processes. In R. Schwarzer (Ed.), *Self-efficacy: Thought control of action* (pp. 195-213). Washington, DC: Hemisphere.

Jex, S. M. (1998). *Stress and Job Performance: Theory, research, and implications for managerial practice*. London: Sage.

Judge, T. A., Jackson, C L., Shaw, J. C., Scott, B. A. & Rich, B. L. (2007). Self-efficacy and self-related performance: The integral role of individual differences. *Journal of Applied Psychology*, 92, 107-127.

Judge, T.A. & Bono J. E. (2001). Relationship of core self-evaluations traits - self-esteem, generalized self-efficacy, locus of control, and emotional stability – with job satisfaction and job performance: A meta analysis. *Journal of Applied Psychology*, 86, 80-92.

Kanfer, R. (1990). Motivation theory and industrial and organizational psychology. In M. D. Dunnette & L. M. Hough (Eds.), *Handbook of industrial and organizational psychology*, Vol. 1. (p. 75-170). Palo Alto, Cal.: Consulting Psychologists Press.

Karasek, R. A. (1979). Job demands, job decision latitude and mental strain: implications for job redesign. *Administrative Science Quarterly*, 24, 285-308.

Karasek, R. A. & Theorell, T. (1990). *Work and mental health*. New York: Basik Books.

Karau, S. J. & Williams, K. D. (1993). Social loafing: A meta-analytic review and theoretical integration. *Journal of Personality and Social Psychology*, 65 (4), 681-706.

Karau, S. J. & Williams, K. D. (2001). Understanding individual motivation in groups: The collective effort model. In M. E. Turner (Ed.), *Groups at work: Advances in theory and research*.113-141. Mahwah, NJ: Erlbaum.

Katzenbach, J. R. & Smith, D. K. (1993). The discipline of teams. *Harvard Business Review*, 71, 111-121.

Kauffeld, S. (2001). *Teamdiagnose*. Göttingen: Verlag für Angewandte Psychologie.

Kauffeld, S., Grote, S. & Lehmann-Willenbrock, N. (2009). Traum oder Albtraum: Zusammenarbeit in Projektteams. In Wastian, M., Braumandl, I. & von Rosenstiel, L. (Hrsg.), *Angewandte Psychologie für Projektmanager. Ein Praxisbuch für die erfolgreiche Projektleitung* (167-185). Heidelberg: Springer.

Kerr, N. L. & Bruun, S.E. (1983). Dispensability of member effort and group motivation losses: free-rider effects. *Journal of Personality and Social Psychology*, 44, 78-94.

Kirchler, E. (2005). *Arbeits- und Organisationspsychologie*. Wien: WUV UTB.

Klein, K. J., Bliese, P. D., Kozlowski, S. W. J., Dansereau, F., Gavin, M. A., Hofman, D. A., James, L. R., Yammarion, F. J. & Bligh, M. C. (2000). Multilevel analytical techniques. Communalities, differences, and continuing questions. In K. J. Klein & S. J. Kozlowski (Eds.), *Multilevel theory, research, and methods in organisations. Foundations, extensions, and new directions* (512-553). San Francisco: Jossey-Bass.

Korunka, C., Zauchner, S. & Weiss, A. (1997). New information technologies, job profiles, and external workload as predictors of subjectively experienced stress and dissatisfaction at work. *International Journal of Human-Computerinteraction*, 9 (4), 407-424.

Kozlowski, S. W. J. & Bell, B. S. (2003). Work groups and teams in organizations. In W. C. Borman, D. R. Ilgen & R. J. Klimoski (Eds.), *Handbook of psychology: Industrial and organizational psychology* (Vol. 12, pp. 333-375). London: Wiley.

Kozlowski, S. W. J. & Klein, K. J. (2000). A multilevel approach to theory and research in organziations: Contextual, temporal, and emergent processes. In K. J. Klein & S. W. J. Kozlowski (Eds.), *Multilevel theory, research, and methods in organizations: Foundations, extentions, and new directions* (pp. 3-90). San Francisco: Jossey-Bass. Handbuch Projektmanagement. Berlin, Heidelberg: Springer.

Kuster, J., Huber, E., Lippmann, R., Schmid, A., Schneider, E., Witschi, U. & Wüst, R. (2006). *Handbuch Projektmanagement* (3. erw. Aufl.). Berlin: Springer.

Lang, J., Thomas, J. L., Bliese, P. D. & Adler, A. B. (2007). Job demand and job performance: The mediating effect of psychological and physical strain and the moderating effect of role clarity. *Journal of Occupational Health Psychology*, 12 (2), 116-124.

Larson, J. R. & Schaumann, L. J. (1993). Group goals, group coordination, and group member motivation. *Human Performance*, 6 (1), 49-69.

Latane, B., Williams, K. & Harkings, S. (1979). Many hands may light the work: The causes and consequences of social loafing. *Journal of Personality and Social Psychology*, 37, 822-832.

Latham, G. P. & Locke, E. A. (1991). Self-regulation through goal setting. *Organizational Behaviour and Human Decision Processes*, 50, 212-247.

Lawler, E. E. III (1973). *Motivation in work organizations*. Monterey: Brooks / Cole.

Lawrence, P. R. & Lorsch, J. W. (1967). *Organization and environment*. Boston Harvard University, Graduate School of Business Administration.

Lechler, T. & Gemuenden, H. G. (1998). Kausalanalyse der Wirkungsstruktur der Erfolgsfaktoren des Projektmanagements. *Die Betriebswirtschaft*, 58,435-450.

Litke, H.-D. (1995). *Projektmanagement: Methoden, Techniken, Verhaltensweisen* (3. überarb. u. erweiterte Aufl.). München, Wien: Hanser.

Lienert, G. A. & Raatz, U. (1998). *Testaufbau und Testanalyse* (6. Aufl.). Weinheim: Beltz, Psychologie Verlags Union.

Lipshitz, R. & Strauss, O. (1997). Coping with uncertainty: A naturalistic decision-making analysis. *Organizational Behavior and Human Decision Processes*, 69 (2), 149-163.

Locke, E. A. (1976). The nature and causes of job satisfaction. In M. D. Dunnette (Ed.), *Handbook of industrial and social psychology*. Chicago.

Locke, E. A. & Latham, G. P. (1990). *A theory of goal setting & task performance*. Englewood Cliffs, N. J.: Prentice Hall.

Lohman, T. A. M., Heusinkveld, T., Dekkers, R., Buyse, J. J., Arens, J. A. A. & in't Velt, J. (1990). *EXCOM Een computerondersteund meetinstrument voor de kwaliteit van de arbeid*. Preprint.

Lohse, K. (2008). *Erfolgreiche Projektarbeit – Einfluss von Teamcharakteristika und Störungen*. Unveröffentlichte Diplomarbeit. Technische Universität Dresden, Institut für Arbeits-, Organisations- & Sozialpsychologie.

Ludwig, M. (2007). *Evaluation eines Frühwarnsystems zur Unterstützung virtueller Teamarbeit*. Unveröffentlichte Diplomarbeit. Technische Universität Dresden, Institut für Arbeits-, Organisations- & Sozialpsychologie.

Lüdtke, O., Robitzsch, A., Trautwein, U., & Köller, O. (2007). Umgang mit fehlenden Werten in der psychologischen Forschung. *Psychologische Rundschau, 58*, 103-117.

Malik, F. (1986). *Strategie des Managements komplexer Systeme. Ein Beitrag zur Management-Kybernetik evolutionärer Systeme*. Bern: Paul Haupt.

Malik, F. (2002). *Strategie des Managements komplexer Systeme* (7. Aufl.). Bern: Paul Haupt.

Mangold, P. (2009). *IT-Projektmanagement kompakt* (3. Aufl.). Berlin: Spektrum Akademischer Verlag.

Manz, C. C. & Sims, H. P. (1987). Leading workers to lead themselves: The external leadership of self-managing work teams. *Administrative Science Quarterly, 32*, 106-128.

Manz, C. C. & Sims, H. P. (1995). Selbststeuernde Gruppen – Führung. In A. Kieser, G. Reber & R. Wunderer (Hrsg.), *Handwörterbuch der Führung* (S. 1873-1894). Stuttgart: Schäffer-Poeschel.

Marks, M. A., Mathieu, J. E. & Zaccaro, S. J. (2001). A temporally based framework and taxonomy of team processes. *Academy of Management Review, 26*, 356-376.

Mayer, R. C., Davis, J. H. & Schoorman, F. D. (1995). An integrative model of organizational trust. *Academy of Management Review, 20* (3), 709-734.

Mayo, E. (1933). *Human problems of an industrial civilization*. New York: McGraw-Hill.

McGrath, J. E. (1964). *Social psychology: A brief introduction*. New York: Holt, Rinehart and Winston.

McGrath, J. E. (1984). *Groups: Interaction and performance*. New York: Holt, Rinehart and Winston.

McGrath, J. E., Arrow, H. Berdahl, J. L. (2000). The study of groups: past, present and future. *Personality and Social Psychological Review, 4*, 95-105.

McKelvey, B. & Aldrich, H. E. (1983). Population, natural selection, and applied organizational science. *Administrative Science Quarterly*, 28, 101-128.

Meyer, J. & Richter, P. (2006). *Das Konzept der Operational Uncertainty im Kontext von Projektarbeit*, Poster, 2. Fachtagung „Psychologie der Tätigkeit", 7.-10. September 2006, Dresden.

Meyer, J., Simon, C. & Richter, P. (2006). *Operational Uncertainty – an important factor for project management*, Poster, 26th International Congress of Applied Psychology, July 16-23, Athens, Greece.

Merkel, S. (2001). *Validierung eines Messverfahrens zur Teamdiagnose: Längsschnittsstudie und Vergleich mehrerer Strukturanalyseverfahren.* Unveröffentlichte Diplomarbeit. Technische Universität Dresden, Institut für Arbeits-, Organisations- & Sozialpsychologie.

Mintzberg, A. H. (1979). *The structuring of organisations*. Englewood Cliffs, NJ: Prentice-Hall.

Milliken, F. J. (1987). Three types of perceived uncertainty about the environment: State, effect, and response uncertainty. *Academy of Management Review*, 12, 133-143.

Mischel, W. & Shoda, Y. (1998). Reconciling processing dynamics and personality disposions. *Annual Review of Psychology*, 49, 229-258.

Mitchell, T. R. (1982). Expectancy-value models in organizational psychology. In N. T. Feather (Ed.), *Expectations and actions: Expectancy value models in psychology*. (293-312). Hillsdale, N. J.: Erlbaum.

Mohr, G. (1986). *Die Erfassung psychischer Befindensbeeinträchtigungen bei Industriearbeitern*. Frankfurt am Main: Lang.

Mohr, G., Müller, A. & Rigotti, T. (2005). Normwerte der Skala Irritation: Zwei Dimensionen psychischer Beanspruchung. *Diagnostica*, 51 (1), 12-20.

Mohr, G., Müller, A., Rigotti, T., Aycan, Z. & Tschan, F. (2006). The assessment of psychological strain in work contexts: Concerning the structural equivalency of nine language adaptions of the Irritation Scale. *European Journal of Psychological Assessment*, 22 (3), 198-206.

Mohr, G., Rigotti, T. & Müller, A. (2005). Irritation – Ein Instrument zur Erfassung psychischer Beanspruchung im Arbeitskontext. Skalen- und Itemparameter aus 15 Studien. *Zeitschrift für Arbeits- und Organisationspsychologie*, 49 (1), 44-48.

Nerdinger, F. W. (1995). *Motivation und Handeln in Organisationen. Eine Einführung.* Stuttgart: Kohlhammer.

Neuberger, O. (1995). *Führen und geführt werden* (5. Aufl.) Stuttgart: Lucius & Lucius.

Neumann, U. (2000). *Zusammenhang zwischen objektiven Leistungskennzahlen und subjektiven Daten zur Validierung eines Messverfahrens zur Teamdiagnose.* Unveröffentlichte Diplomarbeit. Technische Universität Dresden, Institut für Arbeits-, Organisations- & Sozialpsychologie.

O'Leary-Kelly, A. M., Martocchio, J. J. & Frink, D. D. (1994). A review of the influence of group goals on group performance. *Academy of Management Journal*, 37 (5), 1285-1301.

Odiorne, G. S. (1980). *Management by Objectives: Führungssystem für die achtziger Jahre.* München: Verlag Moderne Industrie.

Ortmann, G. & Sydow, J. (2001). *Strategie und Strukturation. Strategisches Management von Unternehmen, Netzwerken und Konzernen.* Wiesbaden: Gabler.

Oesterreich, R. & Volpert, W. (1991). *VERA Version 2. Arbeitsanalyseverfahren zur Ermittlung von Planungs- und Denkanforderungen im Rahmen der RHIA-Anwendung. Handbuch und Manual.* Berlin: Technische Universität.

Parker, S. K., Wall, T. D. & Cordery, J. L. (2001). Future work design research and practice: Towards an elaborated model of work design. *Journal of Occupational and Organizational Psychology*, 74, 413-440.

Perrow, C. (1967). A framework for the comparative analysis of organizations. *American Sociological Review*, 32, 194-208.

Pfeffer, J. & Salancik, G. R. (1978). *The external control of organizations*. New York.

Picot, A., Reichwald, R. & Wiegand, R. T. (2003). *Die grenzenlose Organisation* (3. Aufl.). Wiesbaden: Gabler.

Pinto, M. B. & Pinto, J. K. (1990). Project team communication and crossfunctional cooperation in new programm development. *Journal of Product Innovation Management*, 7, 200-212.

Pohland, A., Richter, P., Jordan, P. & Schulze, F. (1999). Rechnergestütztes Dialogverfahren zur psychologischen Bewertung von Arbeitstätigkeiten (REBA). In H. Dunckel (Hrsg.), *Handbuch psychologischer Arbeitsanalyseverfahren*, 341-363. Zürich: vdf.

Pritchard, R. D., Kleinbeck, U. & Schmidt, K.-H. (1993). *Das Managementsystem PPM. Durch Mitarbeiterbeteiligung zu höherer Produktivität*. München: Beck.

Rau, R. (2004). Job strain or healthy work: A question of task design. *Journal of Occupational Health Psychology*, 9, 322-338.

Rau, R., Morling, K. & Rösler, U. (2010). Is there a relationship between major depression and both objectively assessed and perceived demands and control? *Work & Stress*, 24 (1), 1-18.

Richter, P. (1998). Zur Integration handlungspsychologischer und soziotechnischer Bewertungsansätze von Arbeitstätigkeiten. In W. Hacker & M. Rinck (Hrsg.), *Zukunft gestalten. Bericht über den 41. Kongress der Deutschen Gesellschaft für Psychologie in Dresden*. Lengerich: Pabst.

Richter, P. (2006). Occupational Health Psychology – Gegenstand, Modelle, Aufgaben. In H.-U. Wittchen & J. Hoyer (Hrsg.), *Klinische Psychologie & Psychotherapie*. Heidelberg: Springer.

Richter, P. (2010). FIT-Fragebogen. Erleben von Arbeitsintensität und Tätigkeitsspielraum – Ein Fragebogen zur orientierenden Analyse. In W. Sarges, H. Wottawa & C. Ross (Hrsg.), *Handbuch wirtschaftspsychologischer Testverfahren, Band 2: Organisationspsychologische Instrumente*. Lengerich, Berlin: Pabst Science Publishers.

Richter, P., Hemmann, E., Merboth, H., Fritz, S., Hänsgen, C. & Rudolf, M. (2000). Das Erleben von Arbeitsintensität und Tätigkeitsspielraum – Entwicklung und Validierung eines Fragebogens zur orientierenden Analyse (FIT). *Zeitschrift für Arbeits- und Organisationspsychologie*, 44, 129-139.

Richter, P., Nebel, C. & Wolf, S. (2010). Ja, mach nur einen Plan! Gesundheitsintervention in turbulenten Zeiten. In T. Rigotti, S. Korek & K. Otto (Hrsg.), Gesund mit und ohne Arbeit (S. 73 -90). Lengerich, Berlin: Pabst Science Publishers.

Richter, P., Rudolph, M. & Schmidt, Ch. F. (1996). *FABA: Fragebogen zur Erfassung beanspruchungsrelevanter Anforderungsbewältigung*. Frankfurt/M.: Harcourt Test Service.

Richter, P., Stoll, A. & Pfaff, H. (2007). Job demand-control and effort-reward models, and burnout in hospitals. In P. Richter, J.-M. Peiro & W. B. Schaufeli (Eds.), *Psychosocial resources in human service work* (pp. 111-124). Munich, Mehringen: Hampp.

Robbins, S. P. (2001). Teamarbeit. In S. P. Robbins (Hrsg.), *Organisation der Unternehmung* (S. 309-331). München: Person Studium.

Rodgers, R. & Hunter, J. E. (1992). A foundation of good management practice in government: Management by objectives. *Public Administration Review*, 52, 27-39.

Roethlisberger, F. & Dickson, W. (1939). *Management and the worker*. Cambridge, MA: Harvard University Press.

Rooney, R. A. & Osipow, S. H. (1992). Task-specific occupational self-efficacy scale. *Journal of Vocational Behavior*, 40, 14-32.

Roth, P. L. (1994). Missing Data: A conceptual review for applied psychologists, *Personnel Psychology*, 47, 537-560.

Rosenstiel, L. v. (1978). Arbeitsgruppe. In A. Mayer (Hrsg.), *Organisationspsychologie*: (S. 236-271). Stuttgart: Poeschel Verlag.

Rosenstiel, L. v. (2001). Führung. In H. Schuler (Hrsg.), *Lehrbuch der Personalpsychologie* (S. 317-347). Göttingen: Hogreve.

Rosenstiel, L. v. (2007). *Grundlagen der Organisationspsychologie* (6. Aufl.). Stuttgart: Schäffer-Poeschel.

Rudolf, M. & Müller, J. (2004). *Multivariate Verfahren*. Göttingen: Hogrefe.

Schulz-Hardt, S., Hertel, G. & Brodbeck, F. (2007). Gruppenleistung und Leistungsförderung. In H. Schuler & K.-H. Sonntag (Hrsg.), *Handbuch der Arbeits- und Organisationspsychologie* (S. 698-706). Göttingen: Hogrefe.

Schmidt, F. L. & Hunter, J. E. (1989). „Interrater reliability coefficients cannot be computed when only one stimulus is rated". *Journal of Applied Psycholog*, 74, 368-370.

Schneider, M. & Wastian, M. (2009). Projektverläufe: Herausforderungen und Ansatzpunkte für die Prozessgestaltung. In Wastian, M., Braumandl, I. & von Rosenstiel, L. (Hrsg.), *Angewandte Psychologie für Projektmanager. Ein Praxisbuch für die erfolgreiche Projektleitung* (21-40). Heidelberg: Springer.

Schreyögg, G. (1996). *Organisation. Grundlagen der Organisationsgestaltung* (4. Aufl.). Wiesbaden: Gabler.

Schelle, H. (1998). Projekte und Projektmanagement. In GPM (Hrsg.), *Projektmanagement Fachmann*. Band 1 (S. 25-56).

Schwarzer, R. (1992). *Self-efficacy: Thought control of action*. Washington, DC: Hemisphere.

Schwarzer, R. (2000). *Stress, Angst und Handlungsregulation*. Stuttgart: Kohlhammer.

Semmer, N. (1990). Stress und Kontrollverlust. In F. Frei & I. Udris (Hrsg.), *Das Bild der Arbeit* (S. 190-207). Bern: Hans Huber.

Sende, K. (2007). *Strategien im Umgang mit Störungen bei der Projektarbeit*. Unveröffentlichte Diplomarbeit. Technische Universität Dresden, Institut für Arbeits-, Organisations- & Sozialpsychologie.

Simon, C. (2006). *Arbeit in Projekten. Erfolgsfaktoren und der Einfluss von Störungen*. Unveröffentlichte Diplomarbeit. Technische Universität Dresden, Institut für Arbeits-, Organisations- & Sozialpsychologie.

Sitkin, S. B., Sutcliffe, K. M. & Schroeder, R. G. (1994). Distinguishing control from learning in total quality management: A contingency perspective. *Academy of Management Review*, 19, 537-564.

Sommerville, I. (1982). *Software Engineering*. London: Addison-Wesley Pub. Co.

Sonnentag, S. (1994). Stress in SE-Projekten. In F. C. Brodbeck & M. Frese (Hrsg.), *Projekte und Qualität in Softwareprojekten* (S. 71-85). München: Oldenburg.

Sonnentag, S. & Frese, M. (2003). Stress in organizations. In W. C. Borman, D. R. Ilgen, & R. J. Klimoski (Eds.), *Comprehensive handbook of psychology, Volume 12: Industrial and organizational psychology* (pp. 453-491). Hoboken: Wiley.

Stajkovic, A. & Luthans, F. (1998). Self-efficacy and work-related task performance: A meta-analysis. *Psychological Bulletin*, 124, 240-261.

Staples, D. S., Hulland, J. S. & Higgins, C.A. (1998). A self-efficacy theory explanation for the managementof remote workers in virtual organisations. *Journal of Computer-Mediated Communication*, 3. http://www.ascusc.org/jcmc/vol3/issue4/staples.html. & Organization Science, 10, 758-776.

Starbuck, W. H. (1976). Organizations and their environments. In M. Dunnette (Eds.), *Handbook of industrial and organizational psycholgogy* (pp. 1069-1124). Chicago: Rand McNally.

Starker, U. & von der Weth, R. (2008). Informationsnutzung und erfolgreiche Teamstrategien bei komplexen Anforderungen. In: P. Pawlowsky & P. Mistele. Hochleistungsmanagement. Leistungspotenziale in Organisationen gezielt fördern. Wiesbaden: Gabler.

Steiner, I. D. (1972). *Group process and productivity*. New York: Academic Press.

Stewart, G. L. (2006). A meta-analytic review of relationships between team design features and team performance. *Journal of Management*, 32 (1), 29-54.

Stickel, S. A. & Bonett, R. M. (1991). Gender differences in career self-efficacy. *Journal of College Student Development*, 34, 297-301.

Strohm, O. & Ulich, E. (1997). Unternehmen arbeitspsychologisch bewerten. Ein Mehrebenenansatz unter besonderer Berücksichtigung von Mensch, Technik, Organisation. In E. Ulich (Hrsg.), *Schriftenreihe Mensch, Technik, Organisation* (Band 10). Zürich: vdf.

Strohm, O. & Ulich, E. (1999). Ganzheitliche Betriebsanalyse unter Berücksichtigung von Mensch, Technik, Organisation (MTO-Analyse). In H. Dunckel (Hrsg.), *Handbuch psychologischer Arbeitsanalyseverfahren. Schriftenreihe Mensch, Technik, Organisation*. Zürich: vdf.

Sundstrom, E., De Meuse, K. P. & Futrell, D. (1990). Work teams: Applications and effectiveness. *American Psychologist*, 45, 120-133.

Susman, G. I. (1972). *Autonomy at work: A sociotechnical analysis of participative management*. New York: Praeger.

Tannenbaum, S. I., Beard, R. L. & Salas, E. (1992). Teambuilding and ist influence on team effectiveness: An examination of conceptual and empirical developments. In K. Kelly (Ed.), *Issues, Theory, and Research in Industrial / Organizational Psychology* (pp. 117-154). Amsterdam: Elsevier Science Publishers.

Tannenbaum, S. J., Salas, E. & Cannon-Bowers, J. A. (1996). Promoting team effectiveness. In M. A. West (Ed.), *Handbook of Work Group Psychology*. Chichester, New York: John Wiley & Sons.

Tabachnik, B. G. & Fidell, L. S. (2001; 2006). *Using multivariate statistics*. Boston: Allyn & Bacon.

Thiele, M. (2003). *Validierung eines Messverfahrens zur Teamdiagnose: Längsschnittsstudie und Strukturanalyse*. Unveröffentlichte Diplomarbeit. Technische Universität Dresden, Institut für Arbeits-, Organisations- & Sozialpsychologie.

Thompson, J. P. (1967). *Organizations in action*. New York: McGraw-Hill.

Thomae, H. (1965). Zur allgemeinen Charakteristik des Motivationsgeschehens. In H. Thomae (Hrsg.), *Motivation. Handbuch der Psychologie* (Bd. 2, S. 45-122). Göttingen: Hogrefe.

Tinker, A. M. (1976). A note on 'environmental uncertainty' and a suggestion for our editorial function. *Administrative Science Quarterly*, 21, 506-508.

Tomaschek, A. (2005). *Commitment in virtuellen Teams*. Unveröffentlichte Diplomarbeit. Technische Universität Dresden, Institut für Arbeits-, Organisations- und Sozialpsychologie.

Trist, E. L. (1981). *The evolution of socio-technical systems. Isssues in the quality of working life, no. 2.* Ontario: Ministry of Labor.

Trist, E. L. & Bamforth, K. (1951). Some social and psychological consequences of the longwall method of coalgetting. *Human Relations*, 4, 3-38.

Ulich, E. (1994). Arbeitsgruppen und Kriterien zur Bestimmung ihrer Autonomie – ein Versuch. In B. Bergmann & P. Richter (Hrsg.), *Die Handlungsregulationstheorie*. Göttingen: Hogrefe.

Ulich, E. (1997). Mensch – Technik – Organisation: Ein europäisches Produktionskonzept. In: O. Strohm & E. Ulich (Hrsg.). *Unternehmen arbeitspsychologisch bewerten. Ein Mehrebenenansatz unter besonderer Berücksichtigung von Mensch, Technik, Organisation*. Zürich: vdf.

Ulich, E. (2001). *Arbeitspsychologie* (5. Aufl.). Stuttgart: Schäffer-Pöschel.

Van Dick, R. & West, M. A. (2005). *Teamwork, Teamdiagnose, Teamentwicklung. Praxis der Personalpsychologie* (Hrsg. H. Schuler, R. Hossiep, M. Kleinmann & W. Sarges).Göttingen: Hogrefe.

Van Eerde, W. & Thierry, H. (1996). Vroom's expactancy models and work-related criteria: A meta-analysis. *Journal of Applied Psychology*, 81 (5), 575-586.

Van Eijnatten, F. A. & van der Zwaan, A. H. (1998). The Dutch IOR approach to organizational design. An alternative to business process reengineering? *Human Relations*, 51, 289-318.

Von der Weth, R. (2001). *Management der Komplexität. Ressourcenorientiertes Handeln in der Praxis*. Berlin: Huber.

Vroom, V. (1964). *Work and motivation*. New York: Wiley.

Vroom, V. (1995). *Work and motivation* (Wiederauflage). San Francisco: Jossey-Bass.

Vroom, V. & Yetton, P. W. (1973). Leadership and decision-making. Pittsburgh: University of Pittsburg Press.

Wäfler, T. von der Weth, R., Karltun, J. Starker, U., Gärtner, K., Gasser, R. & Bruch, J. (2011). Human Control Capabilities. In: J. Fransoo, T. Wäfler & J. Wilson (Eds.). Behavioral Operations in Planning & Scheduling. London: Springer.

Wäfler, T., Windischer, A., Ryser, C., Weik, S. & Grote, G. (1999). Wie sich Mensch und Technik sinnvoll ergänzen. Die Gestaltung automatisierter Produktionssysteme mit KOMPASS. In E. Ulich (Hrsg.), *Schriftenreihe Mensch, Technik, Organisation* (Bd 18). Zürich: vdf.

Wagner, J. A. (1995). Studies of individualism-collectivism: Effects on cooperation in groups. *Academy of Management Journal*, 38, 152-172.

Wall, T. D., Corbett, J. L., Martin, R., Clegg, C. W. & Jackson, P. R. (1990). Advanced manufacturing technology, work design and performance: A change study. *Journal of Applied Psychology*, 75, 691-697.

Wall, T. D., Cordery, J. L. & Clegg, C. W. (2002). Empowerment, performance, and operational uncertainty: A theoretical integration. *Applied Psychology: An International Review*, 51 (1), 149-169.

Weber, W. G. (1997). *Analyse von Gruppenarbeit. Kollektive Handlungsregulation in soziologischen Systemen*. Bern: Huber.

Weber, W. G. (2000). Gruppenarbeit in der Produktion. In M. Zölch, W. G. Weber & L. Leder (Hrsg.), *Praxis und Gestaltung kooperativer Arbeit* (S. 13-70). Zürich: vdf Hochschulverlag.

Weber, W. G., Kirsch, K. & Ulich, E. (1997). Analyse und Bewertung von Arbeitsgruppen. In O. Strohm & E. Ulich (Hrsg.), Unternehmen arbeitspsychologisch bewerten. Ein Mehrebenenansatz unter besonderer

Berücksichtigung von Mensch, Technik, Organisation. In E. Ulich (Hrsg.), *Schriftenreihe Mensch, Technik, Organisation* (Bd 10). Zürich: vdf.

Wegge, J. (2004). *Führung von Arbeitsgruppen.* Göttingen: Hogrefe.

Wegge, J. & Schmidt, K.-H. (2009). Der Projektleiter als Führungskraft. In Wastian, M., Braumandl, I. & von Rosenstiel, L. (Hrsg.), *Angewandte Psychologie für Projektmanager. Ein Praxisbuch für die erfolgreiche Projektleitung* (207-224). Heidelberg: Springer.

Weise, G. (1975). *Psychologische Leistungstests.* Göttingen: Hogrefe.

West, M. A. (1996). Reflexivity and work group effectiveness: A conceptual integration. In M. A. West (Ed.), *Handbook of Work Group Psychology.* Chichester, New York: John Wiley & Sons.

West, M. A., Hirst, G., Richter, A. & Shipton, H. (2004). Twelve stepps to heaven. Successfully managing change through developing innovative teams. *European Journal of Work and Organizational Psychology*, 13 (2), 269-299.

Wholey; D. R. & Brittain, J. (1989). Characterizing Environmental Variation. *Academy of Management Journal*, 32, 867-882

Wieczorrek, H. W. & Mertens, P. (2010). *Management von IT-Projekten: Von der Planung zur Realisierung* (4. Aufl.). Berlin: Springer.

Wiedemann, J., v. Watzdorf, E. & Richter, P. (2004). *TeamPuls® - Internetgestützte Teamdiagnose, Methodensammlung Band 15* (3. Auflage). Dresden: Technische Universität Dresden, Institut für Arbeits-, Organisations- & Sozialpsychologie.

Wirtz, M. & Caspar, F. (2002). *Beurteilerübereinstimmung und Beurteilerreliabilität.* Göttingen: Hogrefe.

Wood, R. E. & Locke, E. A. (1990). Goal setting and strategy effects on complex tasks. *Research in Organizational Behavior*, 12, 73-109.

Wright, B. M. & Cordery, J. L. (1999). Production uncertainty as a contextual moderator of employee reactions to job design. *Journal of Applied Psychology*, 84 (3), 456-463.

Wright, B. M. & Snell, S. A. (1998). Toward a unifying framework for exploring fit and flexibility in strategic human resource management. *Academy of Management Review*, 23, 756-772.

Wurst, K. & Hoegl, M. (2000). Führungsaktivitäten in Teams. Ein theoretischer Ansatz zur Konzeptualisierung. In H. G. Gemuenden & M. Hoegl (Hrsg.), *Management von Teams. Theoretische Konzepte und empirische Befunde*. Wiesbaden: Gabler.

Zapf, D. (1989). *Selbst- und Fremdbeobachtung in der psychologischen Arbeitsanalyse*. Göttingen: Hogrefe.

Zapf, D. (1991): Stressbezogene Arbeitsanalyse bei der Arbeit mit unterschiedlichen Bürosoftwaresystemen. *Zeitschrift für Arbeits- & Organisationspsychologie*, 35, 2-14.

7 Anhang

Inhaltsverzeichnis

A 1 Erfassung der Störungen 266
A 1.1 Erläuterung zur der inhaltlichen Dimensionen der Störungs-
   erfassung 266
A 1.2 Interview mit dem Teamleiter 271
A 1.3 Übersicht zur Beurteilung der Störungen durch den Teamleiter 276
A 1.4 Übersicht über die Störungen 277
A 2 Onlinefragebogen zur Erfassung von In- und Output-
   faktoren sowie Operational Uncertainty 278
A 3 Stichprobenbeschreibung 286
A 4 Skalenanalysen 288
A 5 Interkorrelationen 294

Tabellenverzeichnis

Tab. A-1: Stichprobenbeschreibung nach ausgewählten Merkmalen 286
Tab. A-2: Item- und Skalenanalyse der Dimensionen von Operational
   Uncertainty 288
Tab. A-3: Itemanalyse der Unsicherheitseinschätzung 290
Tab. A-4: Skalenanalyse der Leistungsmessung (Tannenbaum, Beard
   & Salas, 1992) 290
Tab. A-5: Skalenanalyse des Teampuls® (Wiedemann, von Watzdorf
   & Richter, 2001) 290
Tab. A-6: Skalenanalyse des VIST-Modells (Hertel, 2002) 292
Tab. A-7: Skalenanalyse des Fragebogens zur Arbeitsanalyse und
   Tätigkeitsspielraum (Richter, 2010) 293

A 1 Erfassung der Störungen

A 1.1 Erläuterung zur der inhaltlichen Dimensionen der Störungserfassung

Die Auswahl ist angelehnt an die Beschreibungen von Becker (2000)

Nr.	Merkmal	Erläuterung
	Produkt / Auftrag	
1	Produktbestandteile	Diese Skala bezieht sich auf Vorprodukte, Einzelteile, Rohstoffe und andere Bestandteile des zukünftigen Produktes, die in dem betreffenden Arbeitssystem zum Endprodukt verarbeitet werden. Hier zu können Hardware- / Softwarekomponenten von Zulieferern, Datensätze usw. zählen. → nicht Informationen oder Zeitverzögerungen
	Verfügbarkeit (Existenz bzw. Erhalten des Vorprodukts) Qualität (erforderliche Qualität des Vorprodukts)	
2	Produktionstechnologie	Diese Skala umfasst Technologien, welche unmittelbar für die Erstellung des Produktes notwendig ist. Hierzu gehören neben allen möglichen Maschinen auch Computer bei der Herstellung von Software oder Messgeräte.
	Verfügbarkeit (Existenz bzw. Funktionieren der Produktionstechnologie) Qualität (erforderliche Qualität der Produktionstechnologie)	
3	Produkt	Hier steht das zu erzeugende Produkt (z.B. Softwarelösung, Bau einer Produktionshalle) oder die zu erzeugende Dienstleistung (z.B. die Organisation eines Kongresses, die Umsetzung einer Mitarbeiterbefragung) im Vordergrund
	Qualität	Die Qualität des zu erstellenden Produkts im Vergleich zu Konkurrenzprodukten oder der im Projektplan verankerten Anforderungen → kann bei Projekten ca. ab der Hälfte der Laufzeit eingeschätzt werden.
	Absatzmöglichkeit	Absatzmöglichkeiten sind aufgrund von Marktveränderungen eingeschränkt oder nicht mehr gegeben
	(technische) Projektunterstützung	
4	Informationstechnik	Hardware und Software zur Aufrechterhaltung der Arbeitsfähigkeit des Projektteams. Hierunter fallen alle MS Office Produkte o.ä., ebenso wie Datenbanksysteme oder ein Internetzugang
	Verfügbarkeit Qualität	Ist die Informationstechnik vorhanden? Funktioniert die Informationstechnik zuverlässig? Können damit alle notwendigen Arbeitsschritte bewältigt werden?

Nr.	Merkmal	Erläuterung
5	**Verbrauchsmaterialien?**	Materialien, die zur Herstellung des Produktes notwendig sind; jedoch nicht Bestandteil des Produkts werden, w.z.b. Büromaterialien, Schmierstoffe, Verpackungsmaterial, etc.
		→ *sehr seltene Kategorie, kann auch weggelassen werden*
	Verfügbarkeit	
	Qualität	
6	**finanzielle Ressourcen?**	finanzielle Ausstattung des Projektes gemessen am Projektvolumen.
		Probleme in diesem Merkmal können zu Störungen in anderen Merkmalen führen. Sofern diese allein auf finanzielle Schwankungen zurückzuführen sind, sind solche Störungen bei der Einstufung der betroffenen Merkmale nicht zu berücksichtigen. Beispielsweise sind Ausfälle bei Lieferungen, die direkt auf mangelnde eigene Zahlungsfähigkeit zurückgehen, nur im Bereich der finanziellen Ressourcen, nicht aber im Bereich der Produktbestandteile zu berücksichtigen.
	Finanzielle Ressourcen	
		→ *Anpassungen des Projektbudgets gelten nicht als Störung. Eine Störung ist es nur dann, wenn das Budget die Ausführung des Projektes beeinträchtigt.*
	Informationen	
7	**Ansprechpartner im Unternehmen?**	Die Skalen beziehen sich auf Personen innerhalb des Unternehmens, jedoch außerhalb des Projektes; Dieses können Vorgesetzte, andere Projektleiter, Mitarbeiter aus Fachabteilungen etc. sein, mit denen direkt Kontakt aufgenommen wird.
	Verfügbarkeit	Die Ansprechpartner sind nur schwer erreichbar (nur zu bestimmten Zeiten, nur über bestimmte IuK-Medien, keine offenen Termine), wechseln ständig oder sind nicht exakt bestimmt.
	Qualität der Informationen	die Güte bzw. die Verwendbarkeit der Informationen ist nicht ausreichend. Es entsteht erhöhter Rückfragebedarf. Der Qualitätsmangel der Informationen führt zu Fehlentscheidungen.
8	**Dokumentationen / Handbücher?**	Der Fokus dieser Skala liegt auf Handbüchern, Dokumentationen, welche unmittelbar für die Erstellung des Produktes notwendig sind. Sie sollten Informationen bieten, wie z.B. Software-Komponenten zu realisieren, welche Aspekte bei der Nutzung von Produktionsteilen zu beachten oder wie Probleme in vorangegangen Projekten gelöst worden sind.
	Verfügbarkeit	Dokumentationen / Handbücher liegen gar nicht oder nur für Teile des Projektes vor.
	Qualität der Informationen	Die Dokumentationen / Handbücher enthalten fehlerhafte oder widersprüchliche Informationen; Beschreibungen sind vage, schlecht strukturiert oder irreleitend.
9	**externe Experten / Berater?**	Externe Experten / Berater entstammen Unternehmensberatungen, unabhängigen Institute, etc. Sie sollen bei der inhaltlichen Strukturierung und der Findung von Lösungen Hilfestellungen bieten.
	Verfügbarkeit	Die externen Experten / Berater gibt es nicht bzw. eine Zusammenarbeit ist z.B. aus finanziellen Gründen nicht möglich.
	Qualität der Informationen	Die Qualität der Informationen von externen Experten / Beratern ist nicht ausreichend (finanzieller / zeitlicher Aufwand und Informationszuwachs stehen nicht im Verhältnis)

Nr.	Merkmal	Erläuterung
	Organisation des Projektes	
10	Klarheit des Projektauftrages	Der Projektauftrag ist nicht eindeutig formuliert. Projektmitglieder berichten, dass sie „nicht wissen, wo das Ganze hinführen soll". In wenigen Fällen ist der Projektauftrag nicht allen Projektmitgliedern zugänglich („Wir wissen nicht, wozu unsere Arbeit im Projekt benötigt wird."). Auch Störungen durch weit gefasste Beschreibungen des Projektziels (aus politischen Gründen?) sind in diese Kategorie zu fassen. Eine Konkretisierung ist während des Projektes notwendig. → *Achtung: Eine Störung liegt nicht vor, wenn das Projekt (Grundlagen-) Forschung ohne ein definiertes Endprodukt betreibt. Hier kann auch der Ausschluss von Lösungsmöglichkeiten ein Projekterfolg sein.*
11	Inhaltliche <u>Planung</u> – Teilziele / Aufgabenpakete	Im Fokus dieser Skala stehen die Teilung des Projektes nach Aufgabenpaketen, die Abhängigkeiten der Aufgaben untereinander (ist ein Verlauf des Projektes ohne Stockungen / lange Wartezeiten auf den Abschluss anderer Aufgabenpakete möglich?) sowie die Dokumentation in einem genauen Projektplan / Pflichtenheft / Spezifikation.
	Zugänglichkeit	Sind die unterschiedlichen Aufgabenpakete allen Projektmitgliedern bekannt? → *Störungen können durch mangelnde Kenntnis der anderen Aufgabenpakete und deren Verbindungen untereinander entstehen: Warum braucht der Kollege wann was?*
	Vollständigkeit	Sind alle Aufgaben (in Aufgabenpaketen) dokumentiert und einzelnen Personen zugewiesen? → *Gibt es Aufgaben, die keiner aus Mangel an Anweisung macht? Wurden Aufgaben grundsätzlich vergessen?*
12	Zeitliche <u>Planung</u>	Ist die zeitliche Dauer der Aufgabenpakte realistisch eingeschätzt worden? Gibt es zeitliche Puffer für Urlaubs- und Krankheitswellen?
	Zugänglichkeit	Ist die zeitliche Planung der unterschiedlichen Aufgabenpakete allen Projektmitgliedern bekannt? → *Störungen können durch mangelnde Kenntnis der Zeitvorgaben anderer und deren Verbindungen untereinander entstehen: Warum braucht der Kollege wann was?*
	Genauigkeit	Sind alle Zeitvorgaben der Aufgabenpakete realistisch und dokumentiert?
13	Organisatorische <u>Regelungen</u> innerhalb des Projektes	Dieser Bereich umfasst Verfahrens- und Vorgehensweisen, Bestimmungen, Regelungen, etc. die innerhalb des Projektes gelten. Hierzu gehören Aufgabenzuordnungen, Vertretensregelungen oder Informationswege.
	Zugänglichkeit	Sind diese organisatorischen Regelungen einsehbar bzw. für alle Projektmitglieder dokumentiert? Entstehen durch fehlende Regelungen Störungen, da nicht klar ist, was getan werden sollte?
	Einhaltung	Entstehen Störungen durch eine (mangelnde) Einhaltung der Regelungen?

Anhang

Nr.	Merkmal	Erläuterung
14	**Organisatorische Regelungen im Unternehmen**	Dieser Bereich umfasst Verfahrens- und Vorgehensweisen, Bestimmungen, Regelungen, etc. die innerhalb des Unternehmens gelten. Hierzu gehören Projektzuordnungen, Vertretensregelungen oder Informationswege.
	Zugänglichkeit	Sind diese organisatorischen Regelungen einsehbar bzw. für alle Projektmitglieder dokumentiert? Entstehen durch fehlende Regelungen Störungen, da nicht klar ist, wer in welchem Projekt mit welcher Priorität arbeitet?
	Einhaltung	Entstehen Störungen durch eine (mangelnde) Einhaltung der Regelungen?
Projektteam		
15	Anzahl	Ist dieses Projekt mit zu vielen / zu wenigen Projektmitarbeitern besetzt? Können hierdurch Aufgaben nicht rechtzeitig / in der gewünschten Qualität bearbeitet werden?
	Kompetenz	Besitzen diese Mitarbeiter die benötigte Kompetenz zur Bearbeitung der Projektaufgabe? Entstehen durch Erarbeitung der Kompetenz zeitliche Verluste? Werden inhaltliche Fehlentscheidungen getroffen?
	Verfügbarkeit	Sind die Projektmitarbeiter in weiteren Projekten eingebunden und können sich nicht ausreichend für dieses Projekt engagieren? Bestehen längerfristige Erkrankungen?
	Zusammenarbeit	Es bestehen Missverständnisse, Meinungsverschiedenheiten, Konflikte, Mobbing im Team.
Zusammenarbeit mit dem Kunden		
16	Ansprechpartner beim Kunden	Die Skalen beziehen sich auf Personen beim Kunden; Dieses können Shareholder (Hauptverantwortliche für das Projekt), dortige Projektleiter, Mitarbeiter aus Fachabteilungen etc. sein, mit denen direkt Kontakt aufgenommen wird.
	Verfügbarkeit	Die Ansprechpartner sind nur schwer erreichbar (nur zu bestimmten Zeiten, nur über bestimmte IuK-Medien, keine offenen Termine), wechseln ständig oder sind nicht exakt bestimmt.
	Qualität der Informationen	die Güte bzw. die Verwendbarkeit der Informationen ist nicht ausreichend. Es entsteht erhöhter Rückfragebedarf. Der Qualitätsmangel der Informationen führt zu Fehlentscheidungen.
17	Absprachen im Unternehmen des Kunden	Wurden alle Betroffenen auf der Seite des Kunden informiert? Werden Informationen weitergegeben? Gibt es ein gemeinsames Verständnis über das Projekt oder möchte z.B. die Fachabteilung eine ganz andere Ausrichtung der Projektaufgabe?

Nr.	Merkmal	Erläuterung
		Standortverteilte Zusammenarbeit
18	Unterschiedliche Standorte	Direkte (face-to-face) Meetings sind mit einem hohen finanziellen und zeitlichen Aufwand verbunden. Mangelhafte Absprachen und fehlendes Vertrauen können die Folge sein.
	Unterschiedliche Zeitzonen	Informationen / Rückantworten können nur zeitverzögert erfolgen – Zeitverluste in der Projektarbeit
	Kommunikation via Informationstechnologie	Kommunikation via Email, Internet und Groupwaresysteme vermittelt nur die reine Information ohne „Zusatzinformationen" durch Stimme, Körperhaltung, Augenkontakt. Missverständnisse können leicht entstehen und zu mangelhafter Koordination des Projektes führen. Ein Aufbau des notwendigen Vertrauens ist erschwert.
		Weitere Störungen
0	Weitere vom Interviewpartner erwähnte Störungen im Projekt	

Anhang   271

A 1.2 Interview mit dem Teamleiter

Angaben zum Team

Name des Projektleiters:	
Bezeichnung des Teams:	

☑	**Bitte vor der Befragung beachten!**
☐	Bearbeitet das Team ein zeitlich eingegrenztes Projekt?
✓ 1	**Zeitdauer** des Projektes: _____
	Seit wie vielen Monaten arbeitet das Team zusammen? _____
☐ 2	Besteht ein klarer Auftrag / ein klares (Entwicklungs-) Ziel? Beschreibung des **Auftrages**: _____
☐ 3	Besteht das Team aus min. 3 Mitarbeitern? **Anzahl der Mitarbeiter** im Projekt: _____
	Frauen: _____	Externe Mitarbeiter: _____
	Kunden: _____	Internationale Mitarbeiter: _____

Angaben zur Zusammenarbeit im Team

4	An wie vielen **Standorten** befinden sich die Teammitglieder? _____ Standorte
5	Wie viele Mitarbeiter befinden sich an welchem Standort?

Standort	Anzahl der Mitarbeiter	Wo befindet sich der Standort aus der Sicht des Projektleiters?		
1		Standort des Projektleiters		
2	_____	O in der selben Stadt	O in Deutschland	O weltweit
3	_____	O in der selben Stadt	O in Deutschland	O weltweit
4	_____	O in der selben Stadt	O in Deutschland	O weltweit
5	_____	O in der selben Stadt	O in Deutschland	O weltweit

✓ 6	**Mobilität** der Teammitglieder. Wie viele Teammitglieder…	
	…arbeiten an einem festen ortsgebundenen Arbeitsplatz?	_____
	…arbeiten sowohl an einem festen, ortsgebundenen Arbeitsplatz; jedoch auch an wechselnden Standorten?	_____
	…wechseln ständig den Arbeitsplatz (z.B. beim Kunden, auf Reisen, zu Hause)?	_____

✓ 7	**Zeitliche Verteilung** des Teams. Die Teammitglieder arbeiten vorwiegend:		
	O zu gleichen Zeit	O zeitlich versetzt	O in unterschiedlichen Zeitzonen

✓ 8	Die Mitglieder des Teams haben		
	O alle eine ähnliche berufliche Ausbildung	O weitestgehend eine ähnliche berufliche Ausbildung	O alle eine unterschiedliche berufliche Ausbildung

✓ 9	Bitte schätzen Sie ein, wie viel Prozent der **Kommunikation** in Ihrem Team über Telefon, Email, Internet oder Groupware realisiert wird: _____ %
✓ 10	Wie häufig trifft sich das gesamte Projektteam im Monat? _____

Angaben zur Projektorganisation	
11	**Wie wurde das Projekt geplant?** z.B. Gibt es einen detaillierten Projektplan? Wird das Projekt durch eine bestimmte Software unterstützt? In wie weit werden die Mitarbeiter / Kunden mit einbezogen?
12	**Wie wird der Projektfortschritt überwacht?** z. B. Gibt es exakte Meilensteine? Werden diese oftmals verändert / verschoben?
13	**Wie sind die Aufgaben der Mitglieder miteinander verbunden?** ☐ die Mitarbeiter arbeiten gemeinsam an einer Aufgabe ☐ jeder Mitarbeiter hat ein Aufgabenpaket, diese werden parallel bearbeitet ☐ die Mitarbeiter bearbeiten die Aufgaben zeitlich nacheinander

Bemerkungen:

An dieser Stelle möchte ich gerne mehr über den Umgang mit Störungen während des Projektverlaufs erfahren.

Störungen *sind Ereignisse, die zu einer Abweichungen bei der geplanten Projektbearbeitung führen.*

Ich werde Ihnen die Störungsquelle nennen und bitte Sie, anzugeben, ob hieraus Störungen entstehen, wie häufig sie auftreten, welche Auswirkungen sie auf die Arbeit im Projekt haben und in wie weit Sie diese Störungen vorhersehen können.
(→ Verweis auf die Übersicht + die Skalierungen)

Bitte beantworten Sie die Fragen für das **derzeitige Projekt**!

Haben Sie noch Fragen?

Anhang 273

Produkt / Auftrag
Bestehen in dem derzeitigen Projekt Störungen des Projektverlaufs durch eine mangelhafte ...

S1 Produktbestandteile?
(Produktteile, Zuarbeiten von externen Personen / Firmen, die zum zukünftigen Produkt verarbeitet werden)

	Häufigkeit	Auswirkung	Vorhersehbarkeit
☐ Verfügbarkeit	selten O O O O O ständig	leicht O O O O O schwer	gut O O O O O nicht
☐ Qualität	selten O O O O O ständig	leicht O O O O O schwer	gut O O O O O nicht

S2 Produktionstechnologie?
(Technologie, welche unmittelbar für die Erstellung des Produktes notwendig ist)

	Häufigkeit	Auswirkung	Vorhersehbarkeit
☐ Verfügbarkeit	selten O O O O O ständig	leicht O O O O O schwer	gut O O O O O nicht
☐ Qualität	selten O O O O O ständig	leicht O O O O O schwer	gut O O O O O nicht

S3 Produkte?
(die Qualität im Vergleich zu Konkurrenzprodukten und Absatzmöglichkeiten sind aufgrund von Marktveränderungen nicht mehr gegeben)

	Häufigkeit	Auswirkung	Vorhersehbarkeit
☐ Qualität	selten O O O O O ständig	leicht O O O O O schwer	gut O O O O O nicht
☐ Absatzmöglichkeit	selten O O O O O ständig	leicht O O O O O schwer	gut O O O O O nicht

(technische) Projektunterstützung
Bestehen in dem derzeitigen Projekt Störungen des Projektverlaufs durch eine mangelhafte ...

S4 Informationstechnik?
(Hardware und Software zur Aufrechterhaltung der Arbeitsfähigkeit des Projektteams)

	Häufigkeit	Auswirkung	Vorhersehbarkeit
☐ Verfügbarkeit	selten O O O O O ständig	leicht O O O O O schwer	gut O O O O O nicht
☐ Qualität	selten O O O O O ständig	leicht O O O O O schwer	gut O O O O O nicht

S5 Verbrauchsmaterialien?
(Materialien, die zur Herstellung des Produktes notwendig sind; jedoch nicht Bestandteil des Produkts werden)

	Häufigkeit	Auswirkung	Vorhersehbarkeit
☐ Verfügbarkeit	selten O O O O O ständig	leicht O O O O O schwer	gut O O O O O nicht
☐ Qualität	selten O O O O O ständig	leicht O O O O O schwer	gut O O O O O nicht

S6 finanzielle Ressourcen?
(finanzielle Ausstattung des Projektes gemessen am Projektvolumen)

	Häufigkeit	Auswirkung	Vorhersehbarkeit
☐ finanzielle Ressourcen	selten O O O O O ständig	leicht O O O O O schwer	gut O O O O O nicht

Informationen
Bestehen in dem derzeitigen Projekt Störungen des Projektverlaufs durch mangelnde ...

S7 **Ansprechpartner im Unternehmen?**
(Personen außerhalb des Projektes; Vorgesetzte, andere Projektleiter, etc.)

	Häufigkeit	Auswirkung	Vorhersehbarkeit
☐ Verfügbarkeit	selten O O O O O ständig	leicht O O O O O schwer	gut O O O O nicht
☐ Qualität der Informationen	selten O O O O O ständig	leicht O O O O O schwer	gut O O O O nicht

S8 **Dokumentationen / Handbücher?**
(Handbücher, Dokumentationen welche unmittelbar für die Erstellung des Produktes notwendig sind)

	Häufigkeit	Auswirkung	Vorhersehbarkeit
☐ Verfügbarkeit	selten O O O O O ständig	leicht O O O O O schwer	gut O O O O nicht
☐ Qualität der Informationen	selten O O O O O ständig	leicht O O O O O schwer	gut O O O O nicht

S9 **externe Experten / Berater?**
(externe Unternehmensberatungen, Experten unabhängiger Institute, etc.)

	Häufigkeit	Auswirkung	Vorhersehbarkeit
☐ Verfügbarkeit	selten O O O O O ständig	leicht O O O O O schwer	gut O O O O nicht
☐ Qualität der Informationen	selten O O O O O ständig	leicht O O O O O schwer	gut O O O O nicht

Organisation des Projektes
Bestehen in dem derzeitigen Projekt Störungen des Projektverlaufs durch eine mangelnde ...

S10 **Klarheit des Projektauftrages?**
(Projektauftrag ist nicht eindeutig oder nicht allen zugänglich; eine Konkretisierung ist während des Projektes notwendig)

	Häufigkeit	Auswirkung	Vorhersehbarkeit
☐ Klarheit des Auftrags	selten O O O O O ständig	leicht O O O O O schwer	gut O O O O nicht

S11 **Inhaltliche Planung – Teilziele / Aufgabenpakete?**
(Aufgabenpakete, Abhängigkeiten der Aufgaben, Vorgaben / Pflichtenhefte etc.)

	Häufigkeit	Auswirkung	Vorhersehbarkeit
☐ Zugänglichkeit	selten O O O O O ständig	leicht O O O O O schwer	gut O O O O nicht
☐ Vollständig	selten O O O O O ständig	leicht O O O O O schwer	gut O O O O nicht

S12 **Zeitliche Planung?**
(Zeitliche Dauer der Aufgabenpakete nicht richtig eingeschätzt, zeitliche Puffer für Urlaubs- & Krankheitswellen etc.)

	Häufigkeit	Auswirkung	Vorhersehbarkeit
☐ Zugänglichkeit	selten O O O O O ständig	leicht O O O O O schwer	gut O O O O nicht
☐ Genauigkeit	selten O O O O O ständig	leicht O O O O O schwer	gut O O O O nicht

S13 **Organisatorische Regelungen innerhalb des Projektes?**
(Wer macht was? Wer vertritt wen? Wer ist über was zu informieren? etc.)

	Häufigkeit	Auswirkung	Vorhersehbarkeit
☐ Zugänglichkeit	selten O O O O O ständig	leicht O O O O O schwer	gut O O O O nicht
☐ Einhaltung	selten O O O O O ständig	leicht O O O O O schwer	gut O O O O nicht

S14 **Organisatorische Regelungen im Unternehmen?**
(Wer arbeitet in welchem Projekt wie viel? Wer ist wann zu benachrichtigen? etc.)

	Häufigkeit	Auswirkung	Vorhersehbarkeit
☐ Zugänglichkeit	selten O O O O O ständig	leicht O O O O O schwer	gut O O O O nicht
☐ Einhaltung	selten O O O O O ständig	leicht O O O O O schwer	gut O O O O nicht

Anhang 275

Projektteam
Bestehen in dem derzeitigen Projekt Störungen des Projektverlaufs durch ...

S 15	**die Mitarbeiter hinsichtlich ihrer...** (nur die Mitarbeiter des Projektteams)		
	Häufigkeit	Auswirkung	Vorhersehbarkeit
☐ Anzahl	selten O O O O O ständig	leicht O O O O O schwer	gut O O O O O nicht
☐ Kompetenz	selten O O O O O ständig	leicht O O O O O schwer	gut O O O O O nicht
☐ Verfügbarkeit	selten O O O O O ständig	leicht O O O O O schwer	gut O O O O O nicht
☐ Zusammenarbeit	selten O O O O O ständig	leicht O O O O O schwer	gut O O O O O nicht

Zusammenarbeit mit dem Kunden
Bestehen in dem derzeitigen Projekt Störungen des Projektverlaufs durch ...

S 16	**Ansprechpartner beim Kunden?** (Zugänglichkeit; Wissensstand der Kontaktpersonen → können die Anforderungen an das Produkt von den Kontaktpersonen vermittelt werden?)		
	Häufigkeit	Auswirkung	Vorhersehbarkeit
☐ Verfügbarkeit	selten O O O O O ständig	leicht O O O O O schwer	gut O O O O O nicht
☐ Qualität der Informationen	selten O O O O O ständig	leicht O O O O O schwer	gut O O O O O nicht

S 17	**Absprachen im Unternehmen des Kunden?** (Information der beteiligten Personen / Abteilungen; gemeinsames Verständnis über das Projekt)		
	Häufigkeit	Auswirkung	Vorhersehbarkeit
☐ Absprachen	selten O O O O O ständig	leicht O O O O O schwer	gut O O O O O nicht

Standortverteilte Zusammenarbeit
Bestehen in dem derzeitigen Projekt Störungen des Projektverlaufs durch ...

S 18			
	Häufigkeit	Auswirkung	Vorhersehbarkeit
☐ Unterschiedliche Standorte	selten O O O O O ständig	leicht O O O O O schwer	gut O O O O O nicht
☐ Unterschiedliche Zeitzonen	selten O O O O O ständig	leicht O O O O O schwer	gut O O O O O nicht
☐ Kommunikation via Informationstechnologie	selten O O O O O ständig	leicht O O O O O schwer	gut O O O O O nicht

Weitere Störungen ?

S0			
	Häufigkeit	Auswirkung	Vorhersehbarkeit
☐	selten O O O O O ständig	leicht O O O O O schwer	gut O O O O O nicht

Herzlichen Dank für das Gespräch!

A 1.3 Übersicht zur Beurteilung der Störungen durch den Teamleiter

Erfassung von Störungen der Projektbearbeitung

Störungen sind Ereignisse, die zu einer Abweichungen von der geplanten Projektbearbeitung führen.

Häufigkeit der Störungen

1	2	3	4	5
selten	etwa 1x monatlich	etwa 1x wöchentlich	etwa 1x täglich	mehrfach täglich

Auswirkung der Störungen

(gemessen in Zeitverlusten und/oder inhaltlichen Veränderungen des ursprünglichen Projektplans)

1	2	3	4	5
leicht	leicht bis mittelschwer	mittelschwer	mittelschwer bis schwer	schwer
Umdisponierungen oder Änderungen werden vorgenommen. Verlauf des Projekts wird nicht beeinflusset.	Es kommt zu leichten Zeitverlusten **oder** inhaltlichen Veränderungen.	mittlere Zeitverluste **oder** Veränderungen d. Projektplans.	größere Zeitverluste **und** inhaltlichen Veränderungen d. Projektplans.	**Massive** Zeitverluste und inhaltliche Veränderungen d. Projektplans.

Vorhersehbarkeit der Störungen

1	2	3	4
vorhersehbar	eher vorhersehbar	bedingt vorhersehbar	Nicht vorhersehbar
Das Auftreten von Störungen ist **vorhersehbar**.	**Konkrete** Zeiträume oder Situationen in denen die Auftrittswahrscheinlichkeit von Störungen erhöht ist.	**Längerfristige** Auftrittswahrscheinlichkeit von Störungen ist abschätzbar	Das Auftreten von Störungen ist **nicht vorhersehbar**.

A 1.4 Übersicht über die Störungen

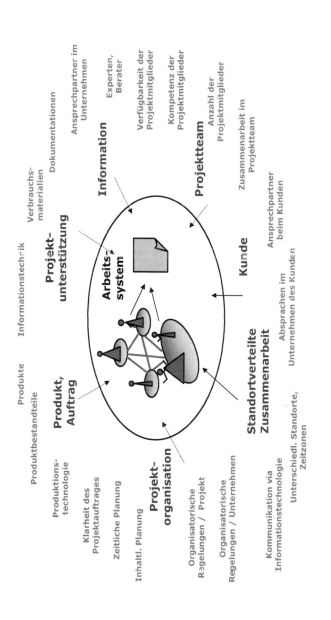

A 2 Onlinefragebogen zur Erfassung von In- und Outputfaktoren sowie Operational Uncertainty

Sehr geehrtes Teammitglied,

wir freuen uns sehr, dass Sie an der Befragung teilnehmen!
Die Bearbeitungszeit des Fragebogens wird etwa 30 Minuten dauern. Wir möchten Sie bitten, den Fragebogen komplett zu bearbeiten und nicht auf mehrere Zeitpunkte aufzuteilen.

Wir möchten Ihnen nochmals versichern, dass wir Ihnen eine völlige Anonymität der Befragung garantieren. Die Auswertung erfolgt anhand von Gruppenmittelwerten, so dass Rückschlusse auf Einzel-personen nicht möglich sind.

Sie finden im Folgenden Fragen und Aussagen zu mehreren Sachverhalten mit verschiedenen Antwortkategorien. Wir möchten Sie bitten, diese entsprechend Ihrer Meinung zu beurteilen.

Das soll an folgender Aussage beispielhaft erläutert werden:

	stimme absolut nicht zu	stimme nicht zu	teils-teils	stimme zu	stimme voll zu
Für mich sind die Ziele des Teams wichtiger als die Ziele meiner anderen Arbeitsbereiche	klick	○	○	○	○

Wenn Sie der eindeutigen Meinung sind, dass Ihnen die Ziele des Teams wichtiger sind als die Ziele Ihrer anderen Arbeitsbereiche, klicken Sie bitte mit der linken Maustaste bei „stimme voll zu".
Sind Sie nicht dieser Ansicht, markieren Sie bitte die Antwort „stimme absolut nicht zu".
Bei weniger eindeutigen Urteilen nutzen Sie bitte die mittleren Antwortkategorien. Es ist jeweils nur ein Kreuz möglich.

Möchten Sie die Antwort einer bereits bearbeiteten Aussage nochmals ändern, so klicken Sie einfach die gewünschte Antwortkategorie an.

Überlegen Sie bei der Beantwortung der Fragen nicht zu lange. Der erste spontane Einfall entspricht oft am besten der Realität. Es gibt keine richtigen und falschen Antworten, Ihre Meinung ist uns wichtig!

Vielen Dank für Ihre Zeit und Unterstützung! Wir wissen Ihre Mühe sehr zu schätzen!

Teamcode	Position im Team	
	Teammitglied,	☐
	Team-/ Projektleiter	☐
	Andere:	☐

Anhang

Zu Beginn unserer Befragung möchten wir etwas über Ihre **Zusammenarbeit im Team** erfahren.
Hierfür bitten wir Sie, folgende Aussagen zu bewerten.
Wie stark stimmen Sie den folgenden Aussagen zu? Bitte beziehen Sie alle Antworten auf Ihre
Zusammenarbeit im Team!

SPSS-Codierung		trifft nicht zu	trifft weniger zu	trifft ziemlich zu	trifft zu
Team_lo1	Die Ziele des Teams sind klar definiert und eindeutig (z.B. Termine, Kosten, Qualität, Markt- und Produktziele).	☐	☐	☐	☐
Team_lo2	Prioritäten der Arbeitsaufgaben sind klar, auch bei hohem Arbeitspensum.	☐	☐	☐	☐
Team_lo3	Das Team erhält regelmäßig nachvollziehbare Rückmeldungen über die gemeinsam erbrachte Leistung. (Rückmeldungen von externen Partnern oder Kunden, aber auch aus dem Team heraus.)	☐	☐	☐	☐
Team_ev1	Es kommt vor, dass sich einzelne Mitglieder des Teams vor der Übernahme persönlicher Verantwortung drücken.	☐	☐	☐	☐
Team_ev2	Die Mitglieder des Teams erkennen erbrachte Leistungen gegenseitig an und machen sich auf Fehler bei ihrer Arbeit aufmerksam.	☐	☐	☐	☐
Team_ev3	Das Team sieht sich geschlossen in der Verantwortung. Dies gilt auch bei Misserfolgen.	☐	☐	☐	☐
Team_k1	Alle geben wichtige Informationen von sich aus an die anderen Teammitglieder weiter.	☐	☐	☐	☐
Team_k2	Konflikte werden konstruktiv und in angemessener Zeit ausgetragen.	☐	☐	☐	☐
Team_k3	Kritik wird konstruktiv geübt. Sie wird als Unterstützung empfunden und angenommen.	☐	☐	☐	☐
Team_k4	Wichtige Entscheidungen werden unter Berücksichtigung aller Meinungen gemeinsam im Team getroffen.	☐	☐	☐	☐
Team_o1	Es ist ausreichend Zeit vorhanden, um gemeinsam neue Ideen und Problemlösungen zu entwickeln.	☐	☐	☐	☐
Team_o2	Der Informationsaustausch zwischen den einzelnen Mitgliedern des Teams ist so geregelt, dass eine optimale Aufgabenerledigung möglich ist.	☐	☐	☐	☐
Team_o3	Alle kennen neben ihren eigenen Aufgaben auch die der anderen Teammitglieder. Die Schnittstellen sind geklärt.	☐	☐	☐	☐
Team_o4	Die gemeinsame Arbeit wird manchmal nicht genügend koordiniert und geplant.	☐	☐	☐	☐
Team_o5	Teambesprechungen werden sorgfältig vorbereitet. Inhalte, Ziel und Ablauf sind klar.	☐	☐	☐	☐
Team_o6	Der Abstimmungs- und Besprechungsaufwand im Team ist angemessen.	☐	☐	☐	☐
Team_f1	Die Teammitglieder werden über alle Belange, die das Team betreffen, vom Projektleiter regelmäßig auf dem Laufenden gehalten.	☐	☐	☐	☐
Team_f2	Der Projektleiter genießt bei allen Mitgliedern des Teams volles Vertrauen.	☐	☐	☐	☐

SPSS-Codierung		trifft nicht zu	trifft weniger zu	trifft ziemlich zu	trifft zu
Team_f3	Der Projektleiter oder die Person, welche die Kommunikation mit dem Kunden übernimmt, vertritt die Interessen des Teams zur vollen Zufriedenheit der Teammitglieder wirksam nach außen.	☐	☐	☐	☐
Team_f4	Konflikte im Team werden vom Projektleiter direkt angesprochen und nicht dem Selbstlauf überlassen.	☐	☐	☐	☐
Team_f5	Der Projektleiter fördert in vorbildlicher Weise den Zusammenhalt im Team.	☐	☐	☐	☐
Team_f6	Der Projektleiter trifft wichtige Entscheidungen, von denen die Teammitglieder betroffen sind, nicht im Alleingang.	☐	☐	☐	☐

Anmerkung: Teampuls®; Wiedemann, v. Watzdorf & Richter (2004)
lo = Ziel- & Leistungsorientierung, ev = Engagement & Verantwortung, k = Kommunikation im Team, o = Teamorganisation, f = Führung

Wie stark stimmen Sie den folgenden Aussagen zu? Bitte beziehen Sie weiterhin alle Antworten auf **Ihre Zusammenarbeit im Team!**

SPSS-Codierung		trifft überhaupt nicht zu	trifft eher nicht zu	teils-teils	trifft eher zu	trifft völlig zu
Vist_v1	Für mich sind die Ziele dieses Teams wichtiger als die Ziele meiner anderen Arbeitsgebiete.	☐	☐	☐	☐	☐
Vist_v2	Für mich ist es sehr wichtig, dass mein Team sein Ziel erreicht.	☐	☐	☐	☐	☐
Vist_v3	Für den Erfolg dieses Teams bin ich bereit, mich besonders stark zu engagieren.	☐	☐	☐	☐	☐
Vist_i1	Ich schätze die Bedeutsamkeit meines persönlichen Beitrags für den Erfolg meines Teams hoch ein.	☐	☐	☐	☐	☐
Vist_i2	Bei fachlichen Problemen werde ich von anderen Mitgliedern meines Teams oft um Hilfe gebeten.	☐	☐	☐	☐	☐
Vist_i3	In fachlich schwierigen Situationen innerhalb meines Teams kommt es besonders auf meinen Beitrag an.	☐	☐	☐	☐	☐
Vist_s1	Ich fühle mich der Durchführung meiner Aufgaben für mein Team gewachsen.	☐	☐	☐	☐	☐
Vist_s2	Für jedes Problem, das sich mir aus der Arbeit im Team ergibt, kann ich eine Lösung finden.	☐	☐	☐	☐	☐
Vist_s3	Wenn im Zusammenhang mit meiner Arbeit im Team eine neue Aufgabe auf mich zukommt, weiß ich, wie ich damit umzugehen habe.	☐	☐	☐	☐	☐
Vist_t1	Die Mitglieder des Teams sind bereit, arbeitsbezogene Probleme/Schwierigkeiten zu erörtern.	☐	☐	☐	☐	☐
Vist_t2	Ich kann mich mit jedem Mitglied meines virtuellen Teams über Ideen, Gefühle und Erwartungen austauschen.	☐	☐	☐	☐	☐
Vist_t3	Ich kann mich darauf verlassen, dass die Mitglieder des Teams zuverlässig und vertraulich mit teambezogenen Informationen umgehen.	☐	☐	☐	☐	☐
Vist_t4	Ich zweifle nicht an der fachlichen Kompetenz der Mitglieder meines Teams.	☐	☐	☐	☐	☐

Anhang

SPSS-Codierung		trifft überhaupt nicht zu	trifft eher nicht zu	teils-teils	trifft eher zu	trifft völlig zu
Vist_t5	Ich kann mich darauf verlassen, dass mir kein zusätzlicher Aufwand aufgrund mangelnder Qualifikation der Mitglieder meines Teams entsteht.	☐	☐	☐	☐	☐
Vist_t6	Ich kann mich darauf verlassen, dass mir kein zusätzlicher Aufwand aufgrund mangelnder Einsatzbereitschaft der Mitglieder meines Teams entsteht.	☐	☐	☐	☐	☐

Anmerkung: VIST-Modell, Hertel (2002)
v = Valenz, i = Instrumentalität, s = Selbstwirksamkeitserwartung, t = Vertrauen

Bitte beurteilen Sie den aktuellen **Leistungsstand des Teams**, gemessen an den bis zum jetzigen Zeitpunkt gesetzten Zielen.

SPSS-Codierung		Ziele nicht erreicht	Ziele kaum erreicht	Ziele teils-teils erreicht	Ziele weitgehend erreicht	Ziele erreicht	Ziele übererfüllt
L_qual	Qualität der gelieferten Ergebnisse	☐	☐	☐	☐	☐	☐
L_quant	Quantität der gelieferten Ergebnisse	☐	☐	☐	☐	☐	☐
L_zeit	Einhaltung von Zeitlinien/Terminen	☐	☐	☐	☐	☐	☐
L_fin	Einhaltung des finanziellen Budgets	☐	☐	☐	☐	☐	☐

Im folgenden Abschnitt möchten wir auf **Störungen der Projektarbeit** eingehen. Unter diesem Begriff verstehen wir verschiedene Ereignisse, **die Sie möglicherweise unsicher machen**, wie Sie in dem Projekt weiter vorgehen sollten.

Beispiel: Mitarbeiter werden aus Ihrem Projekt abgezogen. Damit fehlt Arbeitskraft in Ihrem Projekt. Für Sie entsteht dadurch eine gewisse Unsicherheit, wie das Projekt in der vereinbarten Zeit fertig gestellt werden kann.

Hier finden Sie zunächst eine Liste möglicher Störungen der Projektarbeit. Welches sind für Sie die **drei wichtigsten Störungen, die den Verlauf Ihrer weiteren Projektbearbeitung verunsichern?**

Die 3 wichtigsten Störungen in meiner Projektarbeit sind:

SPSS			SPSS		
st_01	☐	Mangelhafte/fehlende **Produktbestandteile**	st_13	☐	Unklarheit des **Projektauftrages**
st_02	☐	Mangelhafte/fehlende **Technologie zur Erstellung** des Produkts	st_14	☐	Unklare **inhaltliche Planung** des gesamten Projektes
st_03	☐	Eingeschränkte **Absatzmöglichkeit** des Produktes	st_15	☐	Unklare **zeitliche Planung** des gesamten Projektes
st_04	☐	Mangelhafte/fehlende **Informationstechnik** (Hard- und Software)	st_16	☐	Mangelhafte/fehlende organisatorische **Regelungen innerhalb des Projektes**
st_05	☐	mangelhafte/fehlende **Verbrauchsmaterialien**	st_17	☐	Mangelhafte/fehlende organisatorische **Regelungen im Unternehmen**
st_06	☐	mangelhafte/fehlende **Dokumentationen, Handbücher, Spezifikationen**	st_18	☐	Geringe **Anzahl der Mitarbeiter** im Projekt
st_07	☐	Fehlende **Ansprechpartner im Unternehmen**	st_19	☐	Geringe **Kompetenz der Mitarbeiter** im Projekt
st_08	☐	Fehlende **Ansprechpartner beim Kunden**	st_20	☐	Eingeschränkte **Verfügbarkeit der Mitarbeiter** im Projekt
st_09	☐	Fehlende **Experten / Berater**	st_21	☐	Unzureichende **Zusammenarbeit der Projektmitarbeiter**
st_10	☐	Unterschiedliche **Standorte der Projektmitarbeiter**	st_22	☐	Unüberbrückbarkeit der **kulturellen Unterschiede** der Projektmitarbeiter
st_11	☐	Unterschiedliche **Zeitzonen der Projektmitarbeiter**	st_23	☐	Geringe **finanzielle Ausstattung** des Projektes
st_12	☐	Mangelhafte **Kommunikation via Informationstechnologie** (Email, Groupwaresysteme,...)	st_24	☐	Andere:_____ _____(SPSS: st_andere)

Wir möchten nun auf die von Ihnen im vorherigen Block angegebenen Störungen eingehen. Bitte schätzen Sie jeweils für die von Ihnen angegebenen Störungen Folgendes ein:

Störungsquelle 1: _____

		ganz leicht	leicht	mittel	stark	sehr stark
st_0x_1	Wie stark verunsichert Sie diese Störung in Ihrer weiteren Projektbearbeitung?	☐	☐	☐	☐	☐

		trifft überhaupt nicht zu	trifft eher nicht zu	teils-teils	trifft eher zu	trifft völlig zu
st_0x_2	Das Auftreten dieser Störung kann ich rechtzeitig einschätzen.	☐	☐	☐	☐	☐
st_0x_3	Die Auswirkungen dieser Störung auf meine weitere Projektbearbeitung sind für mich gut durchschaubar.	☐	☐	☐	☐	☐
st_0x_4	Ich weiß, wie ich handeln muss, um das Projekt trotz dieser Störung erfolgreich durchzuführen.	☐	☐	☐	☐	☐
st_0x_5	Ich habe genug Spielraum, um eigene Maßnahmen umzusetzen.	☐	☐	☐	☐	☐
st_0x_6	Die Konsequenzen dieser Maßnahmen für die weitere Projektbearbeitung kann ich gut einschätzen.	☐	☐	☐	☐	☐

Anmerkung: x = die Nummer der Störung (entsprechend der Auswahl)

Im Folgenden bitten wir Sie, zu einigen Sachverhalten Stellung zu nehmen, welche die **Arbeits- und Lebensbedingungen an ihrem Arbeitsplatz** betreffen.

		Nein (trifft nicht zu)	Mehr nein als ja	Mehr ja als nein	Ja (trifft zu)
Fit2	Meine Arbeit erfordert von mir vielfältige Fähigkeiten und Fertigkeiten.	☐	☐	☐	☐
Fit3	Das von mir verlangte Arbeitstempo ist sehr hoch.	☐	☐	☐	☐
Fit4	Oft sind die zu lösenden Aufgaben sehr schwierig.	☐	☐	☐	☐
Fit5	Es ist häufig sehr viel, was von mir an Arbeit geschafft werden muss.	☐	☐	☐	☐
Fit9	In der Regel ist die Zeit zu kurz, so dass ich bei der Arbeit oft unter Zeitdruck stehe.	☐	☐	☐	☐
Fit1	Ich kann meine Arbeit selbstständig planen und einteilen.	☐	☐	☐	☐
Fit6	An Entscheidungen meines Vorgesetzten kann ich mitwirken.	☐	☐	☐	☐
Fit7	Ich muss bei meiner Arbeit viele selbstständige Entscheidungen treffen.	☐	☐	☐	☐
Fit8	Bei dieser Arbeit muss man zu viele Dinge auf einmal erledigen	☐	☐	☐	☐

Anmerkung: Fragebogen zum Erleben von Intensität und Tätigkeitsspielraum in der Arbeit (Richter, 2010)
Arbeitsintensität = 2, 3, 4, 5, 9; Tätigkeitsspielraum = 1, 6, 7, 8

Zum Abschluss des Fragebogens möchten wir noch einzelne Aspekte zu Ihrem beruflichen Werdegang bzw. Ihrer Person erfahren. Diese Angaben sind freiwillig und werden natürlich genauso vertraulich behandelt, wie alle Ihre bisherigen Aussagen. Die folgenden Antworten werden weder in die Analyse der Daten noch in die teambezogene Rückmeldung miteinbezogen. Ihre Angaben sind uns jedoch besonders wichtig, um diese Befragung in einen größeren Forschungskontext einzuordnen.

Altersgruppe	
bis 20	☐
21-30	☐
31-40	☐
41-50	☐
51-60	☐
61 und älter	☐

Geschlecht	
Weiblich	☐
Männlich	☐

Ihre Berufsausbildung	
keine Berufsausbildung	☐
abgeschlossene Berufsausbildung / Fachschule	☐
Meisterschule / Fachhochschule	☐
Hochschule	☐

Berufsgruppe (Bsp. Informatik, Betriebswirtschaft, ...)

Seit wann arbeiten Sie in... *(Angaben in Monat und Jahr, z.B. 08/05 für August 2005)*	
- dieser Tätigkeit?	
- diesem Team?	
- diesem Unternehmen?	

Mit wie vielen der anderen Mitglieder dieses Teams haben Sie bereits einmal in der Vergangenheit zusammengearbeitet?	
In wie vielen Projekten arbeiten Sie derzeit?	
In wie vielen Projektteams haben Sie bisher mitgearbeitet (das laufende ausgeschlossen)?	
Wie viel Prozent Ihrer Arbeitszeit entfällt auf die Arbeit in diesem Projekt?	

Bitte geben Sie an, bei welchen Aussagen Sie Probleme mit der Beantwortung hatten. Warum? Was möchten Sie kritisieren? Was würden Sie verbessern? Gibt es weitere Informationen, die Sie uns mitteilen möchten?

Zum Absenden klicken Sie bitte auf den Button!
Vielen Dank für Ihre Mühe!

A 3 Stichprobenbeschreibung

Tab. A-1: Stichprobenbeschreibung nach ausgewählten Merkmalen

Teamnr.	Erhebung	Beschreibung	Zeitdauer des Projektes	Dauer der Zusammenarbeit	Teammitglieder	Davon Frauen	Rücklauf	Rücklauf in %	Anzahl Störungen	Störungsindex	Operational Uncertainty*
1	CS	Produktentwicklung	24	12	13	1	13	100	16	37.17	3.00
2	CS	Logistiksoftware	18		8	0	5	62.50	8	28.42	2.88
3	CS	Procurementsystem	6	12	3	1	3	100	6	16.50	3.06
4	CS	Online Shop	2		5	0	5	100	10	20.67	2.98
5	CS	Erstellung von Softwarekomponenten	12	24	4	0	4	75.00	7	10.83	3.06
6	CS	Systementwicklung			7	1	5	71.43	8	17.67	2.47
7	CS	Bestellsystem	12		4	0	4	100	11	26.75	3.46
8	CS	Softwareentwicklung		18	6	0	6	100	12	34.75	2.91
9	CS	Unternehmenssteuerung			12	0	6	50.00	4	9.17	2.84
10	CS	Testsystem	24	12	3	3	3	100	10	26.42	3.26
11	CS	Wirtschaftlichkeitsanalyse	3		4	1	4	100	5	11.67	3.38
12	CS	Entwicklung einer Vertriebsstrategie	6	4	3	1	3	100	12	34.67	3.29
13	CS	Kundenzufriedenheitsanalyse	4		3	0	3	100	3	7.83	2.81
14	CS	Herstellung von Substanzen			5	3	5	100	9	27.75	3.37
15	FF	Strukturplanung	18		7	0	7	100	7	15.58	3.42
16	FF	Information über Produkte	42	24	7	2	7	100	15	33.33	3.16
17	FF	Infiltrationsanalyse	39		5	1	5	100	10	24.17	2.65
18	FF	Design für Halbleiter	9		4	0	4	100	8	14.58	3.31
19	FF	Laborumbau	12		5	0	3	60.00	3	4.50	3.20
20	FF	Stadtumbau	36		9	3	3	33.33	7	13.00	2.60
21	FF	Analyse von Textdokumenten	6		6	0	6	100	3	8.17	3.51
22	FF	Implementierung von Online Editoren	6	5	9	0	9	100	1	2.17	3.22
23	FF	Überarbeitung einer Webanwendung	6	5	4	0	4	100	5	12.83	3.61
24	FF	technisches Projekt	4		4	1	4	100	5	14.92	2.96
25	FF	Produktentwicklung	12	24	3	0	3	100	10	23.00	2.81
26	FF	Broschüre	5	5	6	5	4	66.67	7	23.50	2.49
27	FF	Entwicklung einer Software	5		12	0	8	66.67	17	49.75	3.27
28	FF	Betreuung der Kunden	6		12	0	11	91.67	15	28.50	3.09

Anhang

Teamnr.	Erhebung	Beschreibung	Zeitdauer des Projektes	Dauer der Zusammenarbeit	Teammitglieder	Davon Frauen	Rücklauf	Rücklauf in %	Anzahl Störungen	Störungsindex	Operational Uncertainty*
29	KS	Produktuntersuchung an einer Landmaschine	48	30	3	0	3	100	4	11.00	1.63
30	KS	Kostenreduzierung	60	30	7	0	4	57.14	5	17.33	3.24
31	KS	Organisation einer Tour	12	12	7	1	4	57.14	5	12.75	3.33
32	KS	Groupwaresystem	6	7	11	3	10	90.91	6	16.92	2.88
33	KS	Systemintegration	12		10	2	9	90.00	15	37.25	2.86
34	KS	Verbindung mehrerer IT-Strukturen	8		7	1	4	57.14	10	26.33	3.96
35	KS	Produkterprobung	24	12	4	0	4	100	9	17.58	2.93
36	KS	Partyplanung	6		6	0	3	50.00	1	1.08	2.41
37	KS	Maschinenentwicklung			3	0	3	100	5	15.92	3.57
38	KS	Maschinenentwicklung			4	0	4	100	6	19.75	2.93
39	KS	Bau einer Analage	84	30	13	0	13	100	8	23.08	2.92
40	KS	Entwicklung eines Softwaresystems	13	7	5	0	4	80.00	14	37.75	3.06
41	KS	Planung einer Abschlussfahrt	2		4	0	4	100	6	18.50	2.81
42	KL	Unternehmensstrategientwicklung	6	6	6	2	6	100	13	28.33	2.49
43	KL	Softwareentwicklung	5	2	19	10	8	42.11	4	11.08	2.52
44	KL	Entwicklung einer Webanwendung	18	12	4	2	3	75.00	8	22.25	3.20
45	KL	Produktmigration	7	6	20	4	10	50.00	4	8.00	2.66
46	KL	Kundenmanagement	7	6	5	0	5	100	4	10.08	2.25
47	KL	Unternehmensverwaltung	7	6	14	3	6	42.86	6	17.33	2.79
48	KL	Erstellung einer Software	12	4	5	2	3	60.00	7	16.50	3.27
49	KL	Softwareimplementierung	12	5	16	4	5	31.25	9	25.58	2.56
50	KL	Software-Entwicklung	12	8	5	0	4	80.00	14	44.00	3.30
51	KL	Materialuntersuchungen	36	12	3	2	3	100	3	7.50	2.57
		Mittelwert	15,9	12,1	6,9				7,8	20,1	3,0
		Standardabweichung	16,8	8,8	4,2				4,0	10,8	0,4
		Gesamt				354	59	268			
		in %					16.7	75.7			

Anmerkungen: CS = Claudia Simon, FF = Franziska Faselt, KS = Katharina Sende, KL = Kristin Lohse,
* nur Mitarbeiter

A 4 Skalenanalysen

Tab. A-2: Item und Skalenanalyse der Dimensionen von Operational Uncertainty

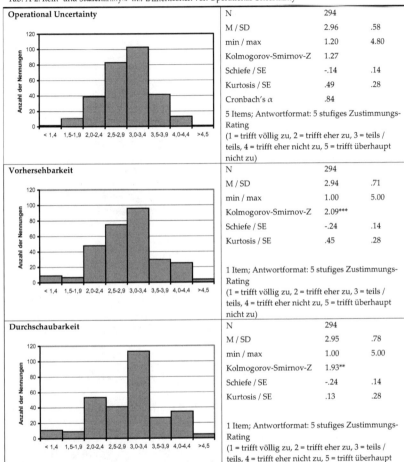

Operational Uncertainty		
N	294	
M / SD	2.96	.58
min / max	1.20	4.80
Kolmogorov-Smirnov-Z	1.27	
Schiefe / SE	-.14	.14
Kurtosis / SE	.49	.28
Cronbach's α	.84	
5 Items; Antwortformat: 5 stufiges Zustimmungs-Rating (1 = trifft völlig zu, 2 = trifft eher zu, 3 = teils / teils, 4 = trifft eher nicht zu, 5 = trifft überhaupt nicht zu)		

Vorhersehbarkeit		
N	294	
M / SD	2.94	.71
min / max	1.00	5.00
Kolmogorov-Smirnov-Z	2.09***	
Schiefe / SE	-.24	.14
Kurtosis / SE	.45	.28
1 Item; Antwortformat: 5 stufiges Zustimmungs-Rating (1 = trifft völlig zu, 2 = trifft eher zu, 3 = teils / teils, 4 = trifft eher nicht zu, 5 = trifft überhaupt nicht zu)		

Durchschaubarkeit		
N	294	
M / SD	2.95	.78
min / max	1.00	5.00
Kolmogorov-Smirnov-Z	1.93**	
Schiefe / SE	-.24	.14
Kurtosis / SE	.13	.28
1 Item; Antwortformat: 5 stufiges Zustimmungs-Rating (1 = trifft völlig zu, 2 = trifft eher zu, 3 = teils / teils, 4 = trifft eher nicht zu, 5 = trifft überhaupt nicht zu)		

Beeinflussbarkeit		
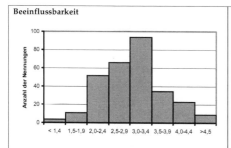		
N	294	
M / SD	3.00	.74
min / max	1.00	5.00
Kolmogorov-Smirnov-Z	2.06***	
Schiefe / SE	.25	.14
Kurtosis / SE	.47	.28
1 Item; Antwortformat: 5 stufiges Zustimmungs-Rating (1 = trifft völlig zu, 2 = trifft eher zu, 3 = teils / teils, 4 = trifft eher nicht zu, 5 = trifft überhaupt nicht zu)		

Spielraum		
N	294	
M / SD	3.07	.73
min / max	1.00	5.00
Kolmogorov-Smirnov-Z	2.57***	
Schiefe / SE	-.16	.14
Kurtosis / SE	.10	.28
1 Item; Antwortformat: 5 stufiges Zustimmungs-Rating (1 = trifft völlig zu, 2 = trifft eher zu, 3 = teils / teils, 4 = trifft eher nicht zu, 5 = trifft überhaupt nicht zu)		

Konsequenzen		
N	294	
M / SD	2.89	.73
min / max	1.00	5.00
Kolmogorov-Smirnov-Z	1.44*	
Schiefe / SE	-.02	.14
Kurtosis / SE	.03	.28
1 Item; Antwortformat: 5 stufiges Zustimmungs-Rating (1 = trifft völlig zu, 2 = trifft eher zu, 3 = teils / teils, 4 = trifft eher nicht zu, 5 = trifft überhaupt nicht zu)		

Anmerkungen: *** $p \leq .001$; ** $p \leq .01$; * $p \leq .05$

Tab. A-3: Itemanalyse der Unsicherheitseinschätzung

Unsicherheitseinschätzung		
N	294	
M / SD	3.08	.63
min / max	1.00	5.00
Kolmogorov-Smirnov-Z	2.13***	
Schiefe / SE	-.22	.14
Kurtosis / SE	.34	.28
1 Item; Antwortformat: 5 stufiges Zustimmungs-Rating (1 = trifft überhaupt nicht zu, 2 = trifft eher nicht zu, 3 = teils / teils, 4 = trifft eher zu, 5 = trifft völlig zu)		

Anmerkungen: *** p ≤ .001; ** p ≤ .01; * p ≤ .05

Tab. A-4: Skalenanalyse der Leistungsmessung (Tannenbaum, Beard & Salas, 1992)

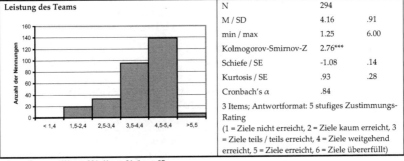

Leistung des Teams		
N	294	
M / SD	4.16	.91
min / max	1.25	6.00
Kolmogorov-Smirnov-Z	2.76***	
Schiefe / SE	-1.08	.14
Kurtosis / SE	.93	.28
Cronbach's α	.84	
3 Items; Antwortformat: 5 stufiges Zustimmungs-Rating (1 = Ziele nicht erreicht, 2 = Ziele kaum erreicht, 3 = Ziele teils / teils erreicht, 4 = Ziele weitgehend erreicht, 5 = Ziele erreicht, 6 = Ziele übererfüllt)		

Anmerkungen: *** p ≤ .001; ** p ≤ .01; * p ≤ .05

Tab. A-5: Skalenanalyse des Teampuls® (Wiedemann, von Watzdorf & Richter, 2001)

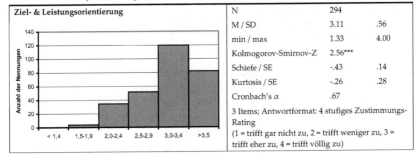

Ziel- & Leistungsorientierung		
N	294	
M / SD	3.11	.56
min / max	1.33	4.00
Kolmogorov-Smirnov-Z	2.56***	
Schiefe / SE	-.43	.14
Kurtosis / SE	-.26	.28
Cronbach's α	.67	
3 Items; Antwortformat: 4 stufiges Zustimmungs-Rating (1 = trifft gar nicht zu, 2 = trifft weniger zu, 3 = trifft eher zu, 4 = trifft völlig zu)		

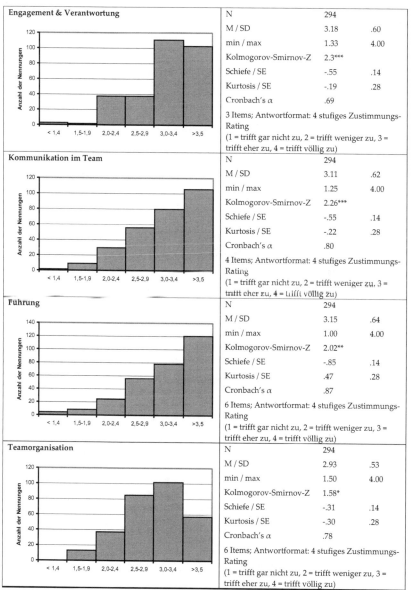

Anmerkungen: *** p ≤ .001; ** p ≤ .01; * p ≤ .05

Tab. A-6: Skalenanalyse des VIST-Modells (Hertel, 2002)

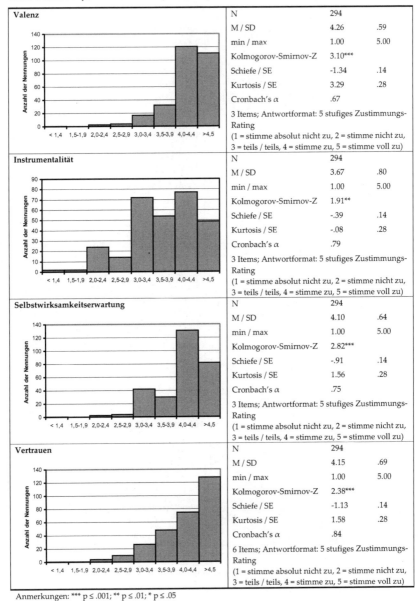

Valenz		
N	294	
M / SD	4.26	.59
min / max	1.00	5.00
Kolmogorov-Smirnov-Z	3.10***	
Schiefe / SE	-1.34	.14
Kurtosis / SE	3.29	.28
Cronbach's α	.67	
3 Items; Antwortformat: 5 stufiges Zustimmungs-Rating (1 = stimme absolut nicht zu, 2 = stimme nicht zu, 3 = teils / teils, 4 = stimme zu, 5 = stimme voll zu)		

Instrumentalität		
N	294	
M / SD	3.67	.80
min / max	1.00	5.00
Kolmogorov-Smirnov-Z	1.91**	
Schiefe / SE	-.39	.14
Kurtosis / SE	-.08	.28
Cronbach's α	.79	
3 Items; Antwortformat: 5 stufiges Zustimmungs-Rating (1 = stimme absolut nicht zu, 2 = stimme nicht zu, 3 = teils / teils, 4 = stimme zu, 5 = stimme voll zu)		

Selbstwirksamkeitserwartung		
N	294	
M / SD	4.10	.64
min / max	1.00	5.00
Kolmogorov-Smirnov-Z	2.82***	
Schiefe / SE	-.91	.14
Kurtosis / SE	1.56	.28
Cronbach's α	.75	
3 Items; Antwortformat: 5 stufiges Zustimmungs-Rating (1 = stimme absolut nicht zu, 2 = stimme nicht zu, 3 = teils / teils, 4 = stimme zu, 5 = stimme voll zu)		

Vertrauen		
N	294	
M / SD	4.15	.69
min / max	1.00	5.00
Kolmogorov-Smirnov-Z	2.38***	
Schiefe / SE	-1.13	.14
Kurtosis / SE	1.58	.28
Cronbach's α	.84	
6 Items; Antwortformat: 5 stufiges Zustimmungs-Rating (1 = stimme absolut nicht zu, 2 = stimme nicht zu, 3 = teils / teils, 4 = stimme zu, 5 = stimme voll zu)		

Anmerkungen: *** p ≤ .001; ** p ≤ .01; * p ≤ .05

Tab. A-7: Skalenanalyse des Fragebogens zur Arbeitsanalyse und Tätigkeitsspielraum (Richter, 2010)

Arbeitsintensität		
N	217	
M / SD	3.00	.56
min / max	1.00	4.00
Kolmogorov-Smirnov-Z	1.50*	
Schiefe / SE	-.59	.17
Kurtosis / SE	.88	.33
Cronbach's α	.77	
5 Items; Antwortformat: 4 stufiges Zustimmungs-Rating (1 = nein (trifft nicht zu), 2 = mehr nein als ja, 3 = mehr ja als nein, 4 = ja (trifft zu))		

Tätigkeitsspielraum		
N	217	
M / SD	3.33	.51
min / max	1.00	4.00
Kolmogorov-Smirnov-Z	2.19***	
Schiefe / SE	-.93	.17
Kurtosis / SE	1.59	.33
Cronbach's α	.68	
4 Items; Antwortformat: 4 stufiges Zustimmungs-Rating (1 = nein (trifft nicht zu), 2 = mehr nein als ja, 3 = mehr ja als nein, 4 = ja (trifft zu))		

Anmerkungen: *** p ≤ .001; ** p ≤ .01; * p ≤ .05

A 5   Interkorrelationen

	1	2	3	4	5	6	7	8	9	10	11	12	13
1 Operational Uncertainty													
2 Störungsindex	.207												
3 Leistung (Teamleiter)	-.252	-.377**											
4 Ziel- & Leistungsorientierung	-.138	-.410**	.451**										
5 Engagement & Verantwortung	-.091	-.230	.163	.495***									
6 Kommunikation	-.134	-.327*	.118	.595***	.698***								
7 Führung	-.091	-.159	.232	.686***	.710***	.734***							
8 Teamorganisation	-.148	-.365**	.474***	.701***	.486***	.510***	.539***						
9 Valenz	-.127	.111	.240	.248	.493***	.236	.303*	.358*					
10 Instrumentalität	-.122	.181	.185	.138	.157	.022	.202	.075	.475***				
11 Selbstwirksamkeitserwartung	-.090	.085	.235	.140	.181	.123	.157	.140	.361**	.609***			
12 Vertrauen	-.184	-.028	.070	.429**	.831***	.694***	.686***	.424**	.523***	.240	.310*		
13 Arbeitsintensität	.105	.293	-.042	-.022	-.037	-.151	-.069	-.398**	.099	.290	.176	.103	
14 Tätigkeitsspielraum	-.012	-.078	.145	.351*	.418*	.582***	.531**	.402**	.249	.458**	.597***	.487***	-.103

Anmerkungen: N=51; Arbeitsintensität und Tätigkeitsspielraum N=37; zweiseitig getestet; *** $p \leq .001$; ** $p \leq .01$; * $p \leq .05$

Aus unserem Verlagsprogramm:

Lars Borgmann
Führung mit Kick
Transaktionale und transformationale Führung im professionellen Fußball
Hamburg 2013 / 368 Seiten / ISBN 978-3-8300-6919-5

Lena Kluge
How Beliefs Shape Thoughts:
Implicit Theories Impact the Self-Regulation of Goal Setting
Hamburg 2013 / 92 Seiten / ISBN 978-3-8300-6830-3

Christian Nitzl
Vertrauen zwischen Manager und Controller
Eine empirische Untersuchung der Einflussfaktoren
mithilfe der Partial Least Square (PLS)-Methode
Hamburg 2012 / 284 Seiten / ISBN 978-3-8300-6579-1

Florian Schuhmacher
Einfluss vertikaler, lateraler und struktureller Führung
auf organisationales Commitment und Produktivität
Hamburg 2012 / 252 Seiten / ISBN 978-3-8300-6411-4

Guido Heckmann
Der Einfluss des Organisationsmodells auf die Effektivität
des Variantenmanagements in der Nutzfahrzeugindustrie
Hamburg 2012 / 240 Seiten / ISBN 978-3-8300-6375-9

Mirjam Barnert
Die personale Dimension der Projektarbeit
Commitment, abweichendes Verhalten und Erfolg im Fokus
Hamburg 2012 / 468 Seiten / ISBN 978-3-8300-6280-6

Verena Mell
„Denn sie wissen nicht, was sie tun" –
Eine Arbeit über das Verständnis von Führung und Management
unter besonderer Berücksichtigung unbewusster Prozesse
und psycho-sozialer Dynamik in Organisationen
Hamburg 2012 / 246 Seiten / ISBN 978-3-8300-6214-1

Christof Schneck
Narzisstische Phänomene und Management
Coaching als Initial einer erfolgreichen Unternehmensevolution
Hamburg 2012 / 660 Seiten / ISBN 978-3-8300-6127-4

Postfach 57 01 42 · 22770 Hamburg · www.verlagdrkovac.de · info@verlagdrkovac.de